权威·前沿·原创

皮书系列为
“十二五”“十三五”国家重点图书出版规划项目

BLUE BOOK

智库成果出版与传播平台

甘肃蓝皮书

BLUE BOOK OF GANSU

# 甘肃经济发展分析与预测（2020）

ANALYSIS AND FORECAST ON ECONOMIC DEVELOPMENT OF GANSU (2020)

主　编／安文华　王晓芳

社会科学文献出版社
SOCIAL SCIENCES ACADEMIC PRESS (CHINA)

图书在版编目(CIP)数据

甘肃经济发展分析与预测. 2020 / 安文华，王晓芳主编. -- 北京：社会科学文献出版社，2020. 1
（甘肃蓝皮书）
ISBN 978-7-5201-5837-4

Ⅰ. ①甘… Ⅱ. ①安… ②王… Ⅲ. ①区域经济-经济分析-甘肃-2019 ②区域经济-经济预测-甘肃-2020 Ⅳ. ①F127.42

中国版本图书馆 CIP 数据核字（2019）第 272327 号

甘肃蓝皮书
甘肃经济发展分析与预测（2020）

主　　编／安文华　王晓芳

出 版 人／谢寿光
责任编辑／宋　静

出　　版／社会科学文献出版社·皮书出版分社（010）59367127
　　　　　地址：北京市北三环中路甲 29 号院华龙大厦　邮编：100029
　　　　　网址：www.ssap.com.cn
发　　行／市场营销中心（010）59367081　59367083
印　　装／天津千鹤文化传播有限公司

规　　格／开 本：787mm × 1092mm　1/16
　　　　　印 张：18.25　字 数：235 千字
版　　次／2020 年 1 月第 1 版　2020 年 1 月第 1 次印刷
书　　号／ISBN 978-7-5201-5837-4
定　　价／128.00 元

# 《甘肃经济发展分析与预测（2020）》
# 编辑委员会

# 主要编撰者简介

**安文华** 甘肃省社会科学院副院长。主要研究领域为政治学、哲学社会学史、科研管理等。主要成果有《反贫困之路》《中国百县市经济社会调查·静宁卷》《传统农业县的变迁》《中国社会科学论纲》等著作，《试论领导干部的“参用”思想》《敦煌艺术哲学论纲》《中国美学的新起点》《社科管理的性质及对管理者的素质要求》《科学、社会学的由来与发展》《自然科学与社会科学的融合是科学体系健康发展的必然》《中国社会科学的历史追寻》《传承优秀文化，构建中国特色社会主义话语体系》《当代中国哲学社会科学话语体系研究》等论文。主编出版了《甘肃经济发展分析与预测》（2011～2020卷）。

**王晓芳** 甘肃省社会科学院区域经济研究所所长，研究员，甘肃省领军人才。主要从事区域经济学、信息经济学、流通经济学研究。主要著作包括《西部欠发达地区县域经济研究》《西北地区少数民族信息资源开发与阅读文化构建》《西北地区信息用户满意度与信息素质教育》等10多部，在《中国农村经济》《甘肃日报》《甘肃社会科学》等刊物发表论文60多篇。先后主持完成国家社科基金项目、甘肃省社科规划项目、甘肃科技基金软科学项目、“陇原青年创新人才扶持计划”项目、兰州市科技基金软科学项目、福特基金项目等20多项。先后获第十届、第十一届、第十三届甘肃省社会科学优秀成果奖，中国社会科学情报学会论文奖，甘肃省图书情报学会论文等奖项10多项。主编出版了《甘肃商贸流通发展报告》（2016～2019卷）。

# 总 序

“甘肃蓝皮书”从诞生至今，走过了十四年风雨历程，成为全面反映甘肃经济建设、社会建设、文化建设、生态建设等各领域发展最新情况的系列蓝皮书。其社会影响力日益扩大，已由最初的省社会科学院科研平台，发展成为服务党委、政府决策和全省经济社会发展的甘肃省内重要的智库品牌、甘肃社会科学界的学术品牌、甘肃文化领域的标志品牌、甘肃重要行业及市（州）工作的展示品牌。

“甘肃蓝皮书”的诞生与发展，既生动记录了甘肃省经济社会的巨大变迁和人民群众关注点的时代变化，又充分展现了传统社会科学研究机构向现代特色智库、高端智库、数字智库转型的发展历程。2006 年，我院编研的《甘肃经济社会发展分析与预测》《甘肃舆情分析与预测》面世，标志着“甘肃蓝皮书”的正式诞生。至“十一五”末，《甘肃经济发展分析与预测》《甘肃社会发展分析与预测》《甘肃县域发展分析与预测》《甘肃文化发展报告》相继面世，“甘肃蓝皮书”由原来的 2 种增加到 5 种，覆盖了经济、政治、社会、县域、文化等研究领域。2011 年，我院首倡甘肃、陕西、宁夏、青海、新疆西北五省（区）社会科学院联合编研出版的《中国西北发展报告》面世，使我院系列蓝皮书的研究范围拓展到了“丝绸之路经济带”的国内主要相关区域。

从 2014 年起，我院持续发挥“甘肃蓝皮书”品牌效应，加强与省内重要部门和市州的合作。先后与省住房和城乡建设厅、省民族事务委员会、酒泉市政府、省商务厅、省统计局等积极合作，共同编研出版住建、民族、商务、酒泉等蓝皮书。2018 年与省精神文明办、平凉市合作，新增了《甘肃精神文明发展报告》《平凉经济社会发展报告》。2018 年 7 月，新增的《甘肃文化建设成果报告》在第三届丝绸之路（敦煌）国际文化博览会上成功发布。2019 年，我院又与省文化和旅游厅、临夏州合作，新增了《甘肃旅游业发展报告》《临夏回族自治州经济社会发展形势与预测》。至此，我院年度“甘肃蓝皮书”的编研规模拓展到“5 +9 +1”共计 15 部。

2019 年是新中国成立 70 周年，我院继续秉持稳定规模、完善机制，提升质量、扩大影响的编研理念，在出版发行的 15 部“甘肃蓝皮书”的选题和框架设计方面，紧密结合甘肃省 70 年来发展成就，做到了紧跟时代、反映当下。这也体现了“甘肃蓝皮书”始终坚持的宗旨：一是始终坚持原创，注重学术观点和科研方法的创新。坚持研究在先，编写在后，在继承中创新，注重连续性；从源头上抓质量，注重可靠性；在深入研究上下功夫，注重科学性；在服务上抓效果，注重影响力。二是始终坚持追踪前沿，注重选题创新。追踪前沿就是让专家学者更多地参与社会实践，发现问题、研究问题、解决问题，最终通过蓝皮书为人们提供正确的指导，展示社科专家服务社会的能力和实力，提高蓝皮书的知名度和美誉度。三是始终坚持打造品牌，创新编研机制。十四年来，我们始终把蓝皮书的质量看作蓝皮书的生命线，组织有研究能力的专家开展深入研究，向社会提供事实根据充分、分析深入准确、结论科学可靠、对策具体可行的研究成果。

展望未来，作为省属综合性社会科学研究机构和智库，将沿着打造西部最具国内外影响力的现代特色智库、高端智库、数字智库的方向迈进，进一步围绕甘肃经济社会发展的实际，开展应用研究、战略研究、对策研究，发挥好决策咨询、咨政建言、服务地方的作用。“甘肃蓝皮书”作为我院打造陇原特色新型智库的主要载体之一，也将开启服务省委省政府决策，为甘肃改革发展提供智力支撑的新航程。相信在各方共同努力下，“甘肃蓝皮书”将继续提升品牌影响力，成为服务党委、政府决策的更有作用的参考书，成为让社会各方面更有参考价值的应用成果。

此为序。

王福生

2019 年 12 月 6 日

# 摘 要

《甘肃经济发展分析与预测（2020）》，立足甘肃省抢抓“一带一路”最大发展机遇，深度融入国际陆海贸易新通道，积极打造文化、枢纽、技术、信息、生态“五个制高点”，大力发展“十大生态产业”等政策背景，重点研究了甘肃宏观经济运行、区域发展战略、产业发展、投入产出、营商环境等经济发展方面，分析和总结了2019年甘肃经济发展现状和问题，预测和展望了2020年甘肃经济发展走势与前景，并针对现状、问题、发展目标提出了理论与实践相结合的应用对策建议。

《甘肃经济发展分析与预测（2020）》共分总报告、区域战略篇、产业发展篇、投入产出篇、专题调研篇五大部分13个专题。总报告分析了2019年甘肃农业、工业、第三产业、投资、消费、进出口、城乡居民收入、财政金融、物价等主要指标变化状况，指出了存在的两大突出问题，并对2020年甘肃经济指标预期进行了分析，提出了宏观发展政策建议。区域战略篇主要就甘肃融入“一带一路”抢占“五个制高点”重大问题、甘肃推进供给侧结构性改革重点问题进行了理论探索和相应的比较研究。产业发展篇主要针对甘肃农业和农村经济、工业经济、第三产业、数据信息产业四个方面，深度调查分析，提出了促进发展相关产业的理论对策。投入产出篇主要就甘肃城乡居民收入状况、各县（市、区）固定资产投资评价、上市公司发展状况等问题进行了数据分析和理论评价。专题调研篇主要针对甘肃五个国家级经济技术开发区发展状况、民营企业发展环境、各县（市、区）营商环境评价等进行了专题重点调查分析。

本书认为，2019 年甘肃省坚持推动经济高质量发展理念，加大经济领域重点改革力度，统筹推进稳增长、促改革、调结构、惠民生、防风险、保稳定各项工作，全省经济运行总体平稳，经济稳增长的基础逐步趋于稳固。甘肃宏观经济呈现如下方面发展态势：粮食持续稳定增产，“牛、羊、菜、果、薯、药”六大特色产业快速发展；工业下行速度放缓，支柱行业稳定发展；第三产业平稳增长，邮政电信软件业和教育服务业加速增长；固定资产投资回暖加快，工业投资持续快速增长；社会消费品零售总额平稳增长，消费对经济增长的拉动作用凸显；对外贸易下行压力持续加大，进出口全面下滑；城乡居民收入稳步增加，农村居民收入增长快于城镇居民；财政收入与企业贷款双双增长放缓，财政支出与各类存款稳定提高等。同时，宏观经济还存在如下突出问题：投资低迷，经济增长的基础支撑力不强；出口不振，经济增长的张力较弱；食品类价格涨势强劲，CPI 趋高影响消费对经济增长拉动作用的进一步释放等。针对 2019 年经济运行状况，本书提出了 2020 年主要经济指标发展预期预测及宏观政策建议。

《甘肃经济发展分析与预测（2020）》秉承客观务实、严谨科学的原则，深度分析了 2019 年甘肃经济发展态势、差距和问题，提出了理论对策和战略建议，体现了专家视野，突出了田野调查和应用价值，具有学术性、前瞻性和权威性。

**关键词：** 甘肃经济　生态产业　甘肃

# Abstract

Based on the important policy backgrounds including the largest development opportunity of the "Belt and Road", the deeply integration of the new channel of the international trade between inland and overseas areas, as well as the actively creation of "Five obvious advantages" in culture, hub, technology, information, ecological, and the rapid development of "top ten ecological industries" etc. Analysis and forecast on economic development of Gansu (2020) focuses on the economic development of Gansu Province, such as macro-economic operation, regional development strategy, industrial development, input-output, business environment and so on, it analyzes and summarizes the present situation and problems of Gansu Province economic development in 2019, and it also forecasts and looks forward to the trend and prospect of Gansu Province economic development in 2020, and it puts forward some practical countermeasures and suggestions for the combination of theory and practice in view of the present situation, problems and development goals.

Analysis and forecast on economic development of Gansu (2020) is divided into five parts: general report, regional strategy, industrial development, input-output and special research, including 13 subjects. The general report analyzes the changes of main indicators in 2019, such as agriculture, industry, tertiary industry, investment, consumption, import and export, urban and rural residents' income, finance and price, and points out two outstanding problems, this section as well as analyzes the expectation of economic indicators in 2020 and puts forward macro development policy suggestions. The regional strategy chapter mainly focuses on the major issues such as integrating the "Belt and road", forging the "Five obvious advantages", and the key issues of the promotion in supply side structural reform in Gansu Province. The chapter of industrial development makes in-depth investigation and analysis on four aspects including the agriculture and rural economy, the Industrial economy, the tertiary industry, the data and information industry, and finally puts forward theoretical countermeasures to promote the development of related industries. In the input-output part, the data analysis and the theoretical evaluation are made on the income status of urban and rural residents, fixed asset investment evaluation of each counties (cities, districts), and development status of listed companies. The special investigation part mainly focuses on the development of five national economic and technological development zones in Gansu Province, the development environment of private enterprises, and the evaluation of the business environment of each county (city) and so on.

In 2019, Gansu Province adheres to the concept of promoting high-quality economic development, strengthens key reforms in the economic field, and comprehensively promotes various works of stabilizing growth, promoting reform, adjusting structure, benefiting people's livelihood, preventing risks and ensuring stability. The economic operation is overall stable, and the foundation of economic growth is gradually becoming stable. The macro economy of Gansu Province presents the following development trend: the grain production is increased continually, The six characteristic industries of "cattle, sheep, vegetables, fruits, potatoes and Herbal medicine" are developed rapidly; Industrial downturn is slows down and pillar industries are developed steadily; the tertiary industry is steadily growth, postal telecommunication software industry and education service industry are accelerate growth; Investment in fixed assets is gradually accelerated, and industrial investment continued to grow rapidly; Total retail sales of social consumer goods are steady growth, the pull of consumption on the growth of the economy is prominent; Downward pressure on foreign trade continues to increase and the import and export overall to decline; The income of urban and rural residents has steadily increased, and the income of rural residents is growing faster than urban residents; The growth of fiscal revenue and enterprise loans has slowed, and the fiscal expenditure and various kinds of deposits are steadily increased. At the same time, there are some outstanding problems in the macro-economy: The investment is weak, and the base supporting force of economic growth is not strong; also the exports are weak and the economic growth is not strong; The rising trend of food prices is strong, and the higher CPI makes the further release of consumption to the pulling effect of economic growth, and so on. In view of the economic operation in 2019, this book puts forward the forecast of the main economic indicators in 2020 and the macro policy suggestions.

Analysis and Forecast on Economic Development of Gansu (2020) adhering to the principle of objective, pragmatic, rigorous and scientific, it deeply analyzes the situation, gap and problems of the economic development of Gansu Province in 2019, and puts forward theoretical countermeasures and strategic suggestions, also embodies the expert vision, highlights the value of field investigation and application. Therefore, this book is academic, forward-looking and authoritative.

**Keywords**: Gansu Economy; Ecological Industry; Gansu

# 目　录

## Ⅰ　总报告

## Ⅳ 投入产出篇



## Ⅴ 专题调研篇



皮书数据库阅读使用指南

# CONTENTS

## Ⅰ General Report



## Ⅱ Regional Strategy Reports



## Ⅲ Industry Development Reports

## Ⅳ Input-output Reports



## Ⅴ Special Research Reports

# 总 报 告

General Report

## B.1 2019~2020年甘肃宏观经济运行分析报告

王晓芳*

**摘 要：** 2019年，甘肃宏观经济呈现如下发展态势：粮食持续稳定增产，“牛、羊、菜、果、薯、药”六大特色产业快速发展；工业下行速度放缓，支柱行业稳定发展；第三产业平稳增长，邮政电信软件业和教育服务业加速增长；固定资产投资回暖加快，工业投资持续快速增长；社会消费品零售总额平稳增长，消费对经济增长的拉动作用凸显；对外贸易下行压力持续加大，进出口全面下滑；城乡居民收入稳步增加，农村居民收入增长快于城镇居民；财政收入与企业贷款双双增长

* 王晓芳，甘肃省社会科学院区域经济研究所所长，研究员，研究方向为区域经济、制度经济、流通经济。

放缓，财政支出与各类存款稳定提高等。同时，宏观经济还存在如下突出问题：投资低迷，经济增长的基础支撑力不强；出口不振，经济增长的张力较弱；食品类价格涨势强劲，CPI趋高影响消费对经济增长拉动作用的进一步释放等。针对2019年经济运行状况，本报告提出了2020年主要经济指标发展预期预测及宏观政策建议。

**关键词：** 宏观经济　运行分析　甘肃省

2019年，甘肃省抢抓“一带一路”最大发展机遇，深度融入国际陆海贸易新通道，积极打造文化、枢纽、技术、信息、生态“五个制高点”，坚持推动经济高质量发展理念，加大经济领域重点改革力度，统筹推进稳增长、促改革、调结构、惠民生、防风险、保稳定各项工作，全省经济运行总体平稳，经济稳增长的基础逐步趋于稳固。

## 一　2019年甘肃宏观经济运行分析

2019年1～9月，甘肃省实现生产总值6426.0亿元，同比增长6.1%，比上年同期下降0.2个百分点。其中，第一产业增加值790.3亿元，增长5.9%，比上年同期提高1.3个百分点；第二产业增加值2128.7亿元，增长5.2%，比上年同期提高0.7个百分点；第三产业增加值3507.0亿元，增长6.7%，比上年同期下降1.3个百分点。

### （一）粮食持续稳定增产，“牛、羊、菜、果、薯、药”六大特色产业快速发展

新中国成立70年来，甘肃着力改善农业生产条件，优化农业产

业布局，农林牧渔业总产值增长了76倍。在稳定提高粮食总产量的基础上，初步形成了在全国有名的“牛、羊、菜、果、薯、药”六大特色产业，正加速由传统农业向现代农业转变。

1. 粮食稳定持续增产，总产量日益攀升

2018年全省粮食总产量达1151.4万吨。2019年，全省夏粮产量327.5万吨，同比增长2.0%；预计秋粮产量838.6万吨，增长1.0%，全年粮食总产量有望达到1166.1万吨，自2011年突破1000吨以来，连续9年持续稳定增长，预计同比增长1.3%，粮食总产量是1949年206万吨的5.7倍，是改革开放前1978年500.6万吨的2.3倍。

2. 肉类总产量不断创新高，牛羊存出栏双双快速增长

2018年全省肉类总产量102.2万吨，是1949年的6.8倍。2019年1～9月，全省牛存栏同比增长3.8%，出栏增长4.8%；羊存栏增长5.8%，出栏增长6.1%。

3. “高原夏菜”“陇上金果”走向全国，菜果产量高速增长

2018年全省蔬菜产量1292.6万吨，比上年增产6.6%，是1978年的22.4倍；园林水果产量370.0万吨，是1949年的38.4倍，是1978年的31.7倍。2019年1～9月，全省蔬菜产量1224.7万吨，同比增长15.9%；水果产量236.1万吨，同比增长16.2%。

4. “中国药都”“中国薯都”声名鹊起，薯药产量位居全国前茅

改革开放以来，甘肃省中药材面积由22万亩增长到451.58万亩，面积和产量均居全国第1位；马铃薯面积和产量分别居全国第3位和第2位。2018年全省中药材产量101.7万吨，增产9.7%，是1949年的599.1倍，是1978年的79.6倍。2019年，预计中药材产量113.14万吨，增长11.2%。

## （二）工业下行速度放缓，支柱行业稳定发展

经过近70年的发展，甘肃工业增加值从1952年的0.86亿元增

长到2018年的1949.0亿元，增长了2265.3倍。2019年上半年，全省规模以上工业增加值同比增长3.4%，较2018年上半年回落0.2个百分点，较1~5月回落0.5个百分点（见图1）。6月当月同比增长1.2%，较上年同期回落1.7个百分点，较5月当月回升7.6个百分点。前三季度，全省规模以上工业增加值同比增长6.1%，增速比上半年回升2.7个百分点。9月，全省规模以上工业增加值同比增长8.6%，增速比8月提高10.4个百分点。

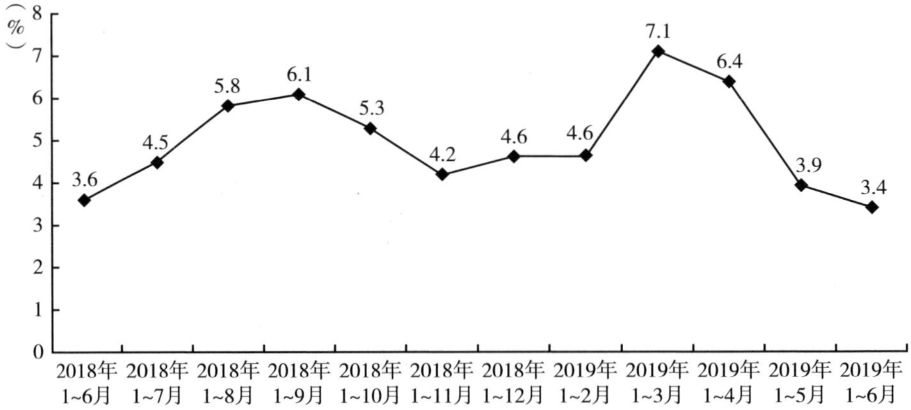


**图1　2018年至2019年上半年规模以上工业增加值增速**

1. 一半以上的行业增势良好，15个行业仍实现了两位数增长

从行业大类来看，2019年上半年全省41个行业大类中，有21个行业增加值保持增长态势。其中非金属矿物制品业、黑色金属冶炼和压延加工业、有色金属矿采选业等15个行业增势良好，均保持两位数增长。6月，增加值占比较大的行业中，电力生产、石油开采、非金属矿物、有色金属冶炼、烟草制品、煤炭开采、黑色金属冶炼等行业均保持增长态势。石油煤炭及其他燃料加工业、化学原料和化学制品制造业受兰州石化逐步复工的影响，增加值增速降幅收窄，分别收窄35.9个、17.7个百分点。

2. 支柱行业发展总体稳定，建材、冶金等仍保持高位增长

上半年，全省支柱行业中建材、冶金、有色、电力、机械、装备制造业等8个行业均保持增长，其中，建材、冶金均呈现两位数增长态势，分别同比增长16.5%和14.0%。但纺织、医药、石化、煤炭增速下降，其中纺织同比下降9.9%，医药、石化、煤炭分别下降2.6%、2.5%、0.9%（见图2）。

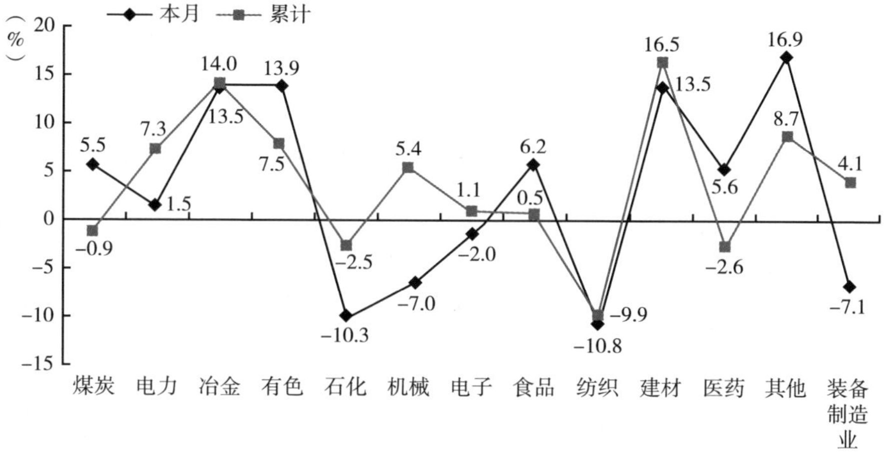


**图2　2019年6月支柱行业工业增加值增速**

从增加值占比看，石化高居榜首，占全省工业增加值的31.7%，其次是电力、食品、有色、建材、冶金，占比分别达到16.1%、11.2%、8.9%、8.0%、7.6%，这六项增加值占甘肃工业增加值的83.5%（见图3）。

3. 战略性新兴产业增速回落，新增企业家数增长较快

上半年，规模以上战略性新兴产业工业增加值占全省比重7.7%，同比下降2.5%，降幅较1～5月扩大0.3个百分点；6月当月同比下降3.2%，较5月回落23.7个百分点。高新技术产业工业增加值占全省比重2.6%，同比下降4.7%，降幅较1～5月收窄1.1个百分点；6月同比增长1.6%，较5月回落8.1个百分点。

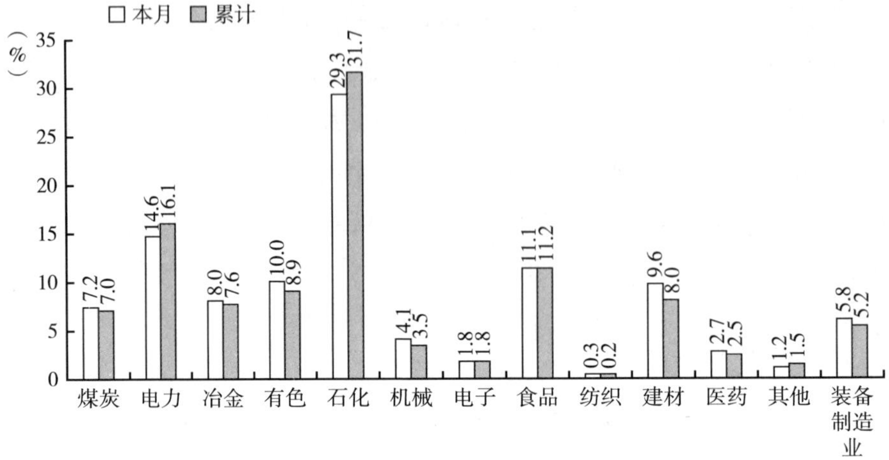


**图3　2019年6月支柱行业工业增加值累计占比及当月占比**

上半年，全省规模以上工业新增企业169家，工业增加值占全省比重2.7%，同比增长80.5%，较1～5月加快6.4个百分点；6月增长82.3%，较5月提高17.0个百分点。

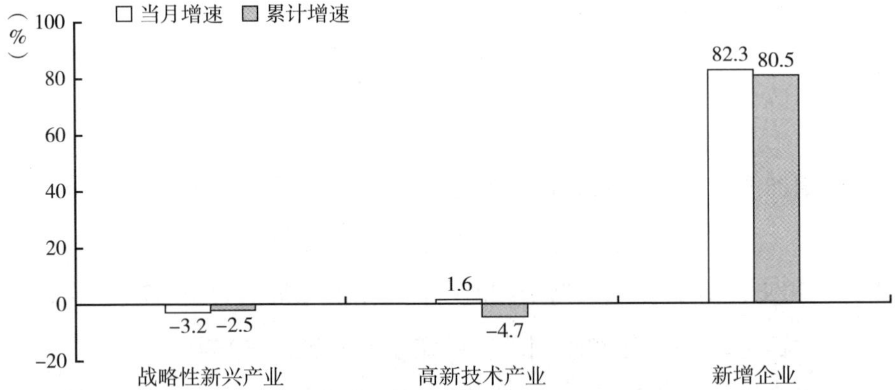


**图4　2019年1～6月战略性新兴产业增加值增速及企业家数增速**

4. 重工业"重"轻工业"轻"，重工业增速好于轻工业

上半年，全省规模以上重工业累计实现工业增加值733.6亿元，占全省比重85.4%，同比增长4.2%，较1～5月回落0.7个百分点；

6 月当月同比增长 0.7%，较 5 月回升 8.6 个百分点。轻工业累计实现工业增加值 125.7 亿元，占全省比重 14.6%，同比下降 0.5%，降幅较 1～5 月收窄 1.0 个百分点；6 月当月同比增长 4.1%，较 5 月回落 1.5 个百分点。

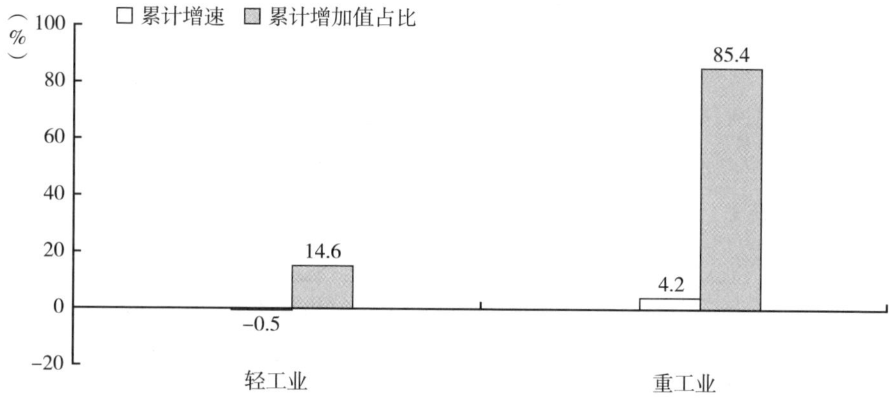


**图 5　2019 年 1～6 月轻重工业增加值占比及增速**

## （三）第三产业平稳增长，邮政电信软件业和教育服务业加速增长

2018 年第三产业增加值 4530.1 亿元，是 1952 年 2.9 亿元的 1546 倍[①]，是 1978 年 12.5 亿元的 363 倍。2019 年 1～8 月，第三产业增加值 3507.0 亿元，同比增长 6.7%。

1. 铁路客运稳中有进，公路货运小幅提升

2019 年 1～8 月，甘肃省境内各中国铁路局集团有限公司（包括中国铁路兰州局集团有限公司、西安局集团有限公司、乌鲁木齐局集团有限公司、青藏集团有限公司、呼和浩特局集团有限公司、兰州新

① 由于小数点保留一位，1952 年应为 2.93 亿元，据此计算，倍数为 1546 倍，特此说明，本文以下情况同此。

区铁投公司）完成客运量4111.3万人次，同比增长8.3%，增速比上年同期回落20.5个百分点，增速较1~7月提高0.5个百分点；客运周转量298.7亿人公里，增长5.4%，增速比上年同期回落5.6个百分点，较1~7月回落0.1个百分点。完成货运量3488.1万吨，同比下降13.5%，增速比上年同期下降14.1个百分点，较1~7月降幅收窄0.5个百分点；货运周转量995.4亿吨公里，增长3.1%，增速比上年同期回落5.7个百分点，与1~7月持平（见表1）。

**表1　2019年1~8月全省铁路运输增长速度变动情况**

单位：%

| 时间 | 客运量增速 | 客运周转量增速 | 货运量增速 | 货运周转量增速 |
|---|---|---|---|---|
| 1月 | 8.0 | 22.1 | -12.1 | 8.4 |
| 1~2月 | 13.2 | 17.0 | -19.1 | 3.5 |
| 1~3月 | 5.4 | 4.4 | -17.1 | 0.3 |
| 1~4月 | 3.7 | 2.9 | -15.2 | 2.2 |
| 1~5月 | 6.6 | 4.1 | -14.9 | 2.7 |
| 1~6月 | 7.2 | 4.9 | -14.2 | 3.1 |
| 1~7月 | 7.8 | 5.5 | -14.0 | 3.1 |
| 1~8月 | 8.3 | 5.4 | -13.5 | 3.1 |

资料来源：甘肃省统计局服务业处。

1~8月，甘肃省境内，中国铁路兰州局集团有限公司累计完成客运量4020.4万人次，同比增长8.3%，增速比上年同期回落21.3个百分点，增速较1~7月提高0.6个百分点；客运周转量274.8亿人公里，同比增长6.2%，增速比上年同期回落9.3个百分点，增速较1~7月回落0.4个百分点。其中，高铁客运量1787.6万人次，同比增长11.8%，增速较1~7月提高1.1个百分点；客运周转量58.1亿人公里，同比增长10.8%，增速与1~7月持平。货运量2731.8万吨，同比下降16.8%，增速比上年同期回落23.1个百分点，增速较1~7月回升0.2个百分点；货运周转量835.3亿吨公里，同比增长2.9%，增速比上年同期回落8.4个百分点，增速较1～7月回落0.1个百分点。

1～8月，累计完成公路客运量2.5亿人次，同比下降1.4%，降幅比上年同期收窄0.6个百分点，较1～7月扩大0.3个百分点；客运周转量159.9亿人公里，下降2.0%，降幅比上年同期收窄2.4个百分点，较1～7月扩大0.1个百分点。货运量4.4亿吨，增长6.0%，增速比上年同期回落2.2个百分点，较1～7月提高0.1个百分点；货运周转量745.9亿吨公里，增长6.2%，增速比上年同期回落1.0个百分点，与1～7月增速持平（见表2）。

**表2　2019年1～8月全省公路运输增长速度变动情况**

单位：%

| 时间 | 客运量增速 | 客运周转量增速 | 货运量增速 | 货运周转量增速 |
|---|---|---|---|---|
| 1月 | 1.2 | 1.7 | 2.8 | 3.0 |
| 1～2月 | 0.02 | 0.3 | 3.0 | 3.0 |
| 1～3月 | -0.3 | -0.2 | 3.4 | 3.7 |
| 1～4月 | -0.7 | -0.9 | 5.9 | 6.3 |
| 1～5月 | -0.6 | -1.0 | 5.2 | 6.0 |
| 1～6月 | -0.9 | -1.5 | 5.6 | 6.1 |
| 1～7月 | -1.1 | -1.9 | 5.9 | 6.2 |
| 1～8月 | -1.4 | -2.0 | 6.0 | 6.2 |

资料来源：甘肃省统计局服务业处。

2. 航空旅客吞吐量平稳运行，邮政电信软件业快速增长

1～8月，甘肃省累计完成旅客吞吐量1216.0万人次，同比增长12.9%；货邮吞吐量4.6万吨，同比增长14.4%。

1～7月，完成邮政业务量19.6亿元，同比增长15.6%，增速比上年同期回落2.7个百分点，较1～6月提高2.5个百分点。电信业务量完成1054.5亿元，同比增长84.8%，增速比上年同期下降91.5

个百分点，增速较 1～6 月回落 5.9 个百分点。完成快递业务量 4894.4 万件，同比增长 6.2%（见表 3）。移动互联网用户达到 2342.2 万户，同比增长 16.2%；4G 移动电话用户 2191.3 万户，同比增长 11.4%。固定互联网宽带接入用户 844.2 万户，同比增长 28.7%。其中固定互联网光纤宽带接入用户 799.1 万户，同比增长 33.0%。新增手机用户 909.4 万户，较 1～6 月多增加 132.1 万户。

**表 3　2019 年 1～7 月全省完成快递业务量及同比增长情况**

单位：万件，%

| 时间 | 快递业务量 | 增速 |
|---|---|---|
| 1 月 | 702.5 | 4.7 |
| 1～2 月 | 1082.7 | 3.2 |
| 1～3 月 | 1788.5 | 2.9 |
| 1～4 月 | 2473.4 | 2.9 |
| 1～5 月 | 3196.8 | 2.8 |
| 1～6 月 | 3981.0 | 3.2 |
| 1～7 月 | 4894.4 | 6.2 |

资料来源：甘肃省统计局服务业处。

1～7 月，全省规模以上软件和信息技术服务业企业共计 152 家。实现软件业务收入合计 22.1 亿元，同比增长 12.8%。其中，软件产品收入达到 6.8 亿元，同比增长 11.4%；信息技术服务收入达到 14.8 亿元，同比增长 11.6%；嵌入式系统软件收入达到 3811.8 万元，同比增长 86.6%。

3. 服务业继续保持平稳增长态势，教育、租赁和商务服务业增速最高

2019 年 1～7 月，全省规模以上服务业实现营业收入 602 亿元，同比增长 6.0%，增速较 1～6 月降低 0.4 个百分点。分门类看，十大门类中 8 个门类营业收入保持不同程度增长，其中 2 个门类增速超过两位数。营业收入增速最高的是教育，同比增长 24.7%；租赁和商

务服务业同比增长16.3%。降幅最大的是居民服务、修理和其他服务业，同比下降13.9%。其中，非营利性服务业中营利活动（科学研究和技术服务业，水利、环境和公共设施管理业，教育，卫生和社会工作）四个行业门类共实现营业收入76.7亿元，同比下降0.7%，增速较1～6月降低0.74个百分点。主要是科学研究和技术服务业本期实现营业收入53.2亿元，占四大门类营业收入的69.4%，同比下降4%，拉动四大门类营业收入同比下降2.9个百分点。

**表4　2019年1～7月甘肃省规模以上服务业分行业营业收入情况**

单位：亿元，%

| 行业 | 营业收入 | | |
|---|---|---|---|
| | 总量 | 占比 | 增速 |
| 总计 | 602.0 | 100.0 | 6.0 |
| 交通运输、仓储和邮政业 | 326.7 | 54.3 | 9.4 |
| 信息传输、软件和信息技术服务业 | 130.2 | 21.6 | 0.4 |
| 房地产业(不含房地产开发经营) | 13.7 | 2.3 | 0.1 |
| 租赁和商务服务业 | 42.3 | 7.0 | 16.3 |
| 科学研究和技术服务业 | 53.2 | 8.8 | -4.0 |
| 水利、环境和公共设施管理业 | 8.8 | 1.5 | 5.6 |
| 居民服务、修理和其他服务业 | 1.4 | 0.2 | -13.9 |
| 教育 | 3.4 | 0.6 | 24.7 |
| 卫生和社会工作 | 11.4 | 1.9 | 5.0 |
| 文化、体育和娱乐业 | 10.9 | 1.8 | 3.8 |

资料来源：甘肃省统计局服务业处。

## （四）固定资产投资回暖加快，工业投资持续快速增长

1979～2018年全省固定资产投资年均增长17.9%，投资对经济增长的贡献率从1952年的40.6%提高到2017年的51.0%。2019年1～7月，全省固定资产投资比上年同期增长2.7%，增幅比上年同

期、上半年分别提高 12.0 个和 0.3 个百分点（见图 6）。其中，项目投资增长 1.6%，增幅比上年同期提高 16.4 个百分点，比上半年回落 0.2 个百分点；房地产开发投资增长 5.6%，增幅比上年同期回落 4.5 个百分点，比上半年提高 1.5 个百分点。

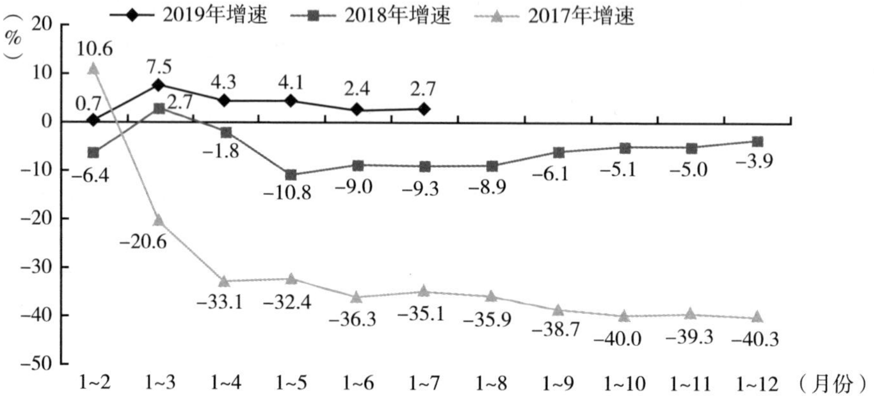


**图 6　2017～2019 年全省固定资产投资增速对比**

1. 第一产业投资止滑，第三产业投资缓慢增长

1～7 月，全省第一产业投资比上年同期下降 26.6%，降幅比去年同期扩大 46.7 个百分点，与上半年持平，其中除渔业增长 46.1% 外，其余 4 个行业仍呈下降态势，农、林、牧、渔服务业下降幅度最大，下降 49.3%。第二产业投资增长 18.4%，增幅比上年同期提高 35.1 个百分点，比上半年回落 0.5 个百分点。第三产业投资增长 1.6%，增幅比上年同期、上半年分别提高 10.9 个和 0.4 个百分点。

三次产业占固定资产投资的比重分别为 4.1%、18.5%、77.5%，与上年同期比较，第一、三产业占比分别降低 1.6 个和 0.8 个百分点，第二产业占比提高 2.5 个百分点。

2. 工业投资继续保持快速增长，三大行业投资全面增长

自一季度起，全省工业投资一直保持两位数的高增长态势。1～7 月，全省工业投资比上年同期增长 24.5%，增速比全部固定资产投

资高21.8个百分点，占全部固定资产投资的比重为18.5%，比上年同期、上半年分别提高3.3个和0.2个百分点。

构成工业的三大行业投资全面增长。其中，采矿业投资增长22.1%，增幅比上年同期、上半年分别回落40.6个和10.1个百分点；制造业投资增长12.9%，增幅比上年同期、上半年分别提高31.2个和0.9个百分点；电力、热力、燃气及水的生产和供应业投资增长40.5%，增幅比上年同期提高77.9个百分点，与上半年基本持平。

3. 基础设施投资增速稳中略缓，重大项目投资平稳增长

2019年以来，全省基础设施投资整体呈现波动上升的态势。1~7月，全省基础设施投资增长7.7%，增速比上年同期提高28.3个百分点，比上半年回落1.0个百分点。分行业看，上半年9个行业呈增长态势。其中，邮政业、多式联运和运输代理业、管道运输业、装卸搬运4个行业成倍增长，分别增长5.7倍、2.5倍、2.1倍、1.7倍；道路运输业增长23.0%，增幅比上半年提高2.0个百分点，占全部基础设施投资的比重已达59.9%，比上年同期提高7.5个百分点，是基础设施投资增长的主要原因，贡献率达到1.6倍，拉动基础设施增长12.1个百分点。下降的2个行业分别是：公共设施管理业下降20.3%，降幅比上半年扩大1.6个百分点，下拉基础设施投资增长6.3个百分点；水利管理业下降5.3%，降幅比上半年收窄0.3个百分点，下拉基础设施投资增长0.5个百分点。

1~7月，全省计划总投资500万元及以上项目个数6937个，比上年同期增加80个，完成投资比上年同期增长1.6%。其中，5000万元及以上项目1834个，比上年同期增加83个，完成投资增长9.0%。全省500万元及以上新开工项目个数3319个，比上年同期减少359个，新开工项目计划总投资增长13.8%，完成投资下降3.9%。其中，5000万元及以上新开工项目个数407个，比上年同期增加18个，完成投资增长20.6%。

### （五）社会消费品零售总额平稳增长，消费对经济增长的拉动作用凸显

2018 年社会消费品零售总额 3428. 3 亿元，是 1949 年 1. 5 亿元的 2309 倍，是 1978 年 20. 7 亿元的 165 倍，年均增长 13. 6%。2019 年 1 ~8 月，全省消费品市场总体运行平稳，全省实现社会消费品零售总额 2382. 2 亿元，同比增长 7. 1%。

1. 基本生活类商品销售增长加快，汽车及石油制品类销售小幅回落

2019 年 1 ~8 月，粮油、食品类商品销售额同比增长 10. 2%，其中，肉禽蛋类同比增长 13. 1%，水产品类同比增长 17. 4%，蔬菜类同比增长 20. 4%，干鲜果品类同比增长 17. 8%；烟酒类同比增长 3. 5%；日用品类同比下降 0. 5%；饮料类同比下降 0. 7%；服装、鞋帽、针纺织品类同比下降 9. 9%。消费升级类商品销售稳定增长。中西药品类同比增长 4. 6%；化妆品类同比增长 4. 3%；体育、娱乐用品类同比增长 1. 8%；通信器材类同比增长 0. 7%。

汽车类和石油及其制品类商品销售额小幅回落。汽车类同比下降 2. 3%，降幅比 1 ~7 月扩大 0. 8 个百分点。石油及其制品类同比增长 0. 9%，增速比 1 ~7 月回落 0. 2 个百分点。

2. 零售增速高于批发，餐饮增速快于住宿

1 ~8 月，限额以上批发业实现销售额 3098. 6 亿元，同比增长 9. 2%，增速比上年同期回落 13. 3 个百分点，比 1 ~7 月提高 1 个百分点。限额以上零售业实现销售额 537. 0 亿元，同比下降 1. 4%，增速比上年同期回落 4. 8 个百分点，比 1 ~7 月扩大 0. 3 个百分点。

限额以上住宿业实现营业额 24. 7 亿元，同比增长 1. 6%，增速比上年同期回落 6. 3 个百分点，比 1 ~7 月回落 0. 2 个百分点。限额以上餐饮业实现营业额 26. 0 亿元，同比增长 6. 4%，增速比上年同期提高 10. 3 个百分点，比 1 ~7 月回落 1. 8 个百分点。

## （六）对外贸易下行压力持续加大，进出口全面下滑

2018 年全省进出口总值 60 亿美元，是 1978 年 3454 万美元的 173.7 倍。2019 年 1～8 月，甘肃省累计进出口总值 246.4 亿元人民币，较上年同期下降 8.0%。其中，出口总值 86.9 亿元，下降 7.1%；进口总值 159.5 亿元，下降 8.4%。

1. 资源型和机电高新产品进出口下降，农产品进出口小幅增长

2019 年 1～8 月，占全省进出口总值 55.6% 的资源型产品，实现进出口 137.1 亿元，下降 17.4%；占全省进出口总值 27.8% 的机电高新产品，实现进出口 68.6 亿元，下降 4%；占全省进出口总值 5.2% 的农产品，实现进出口 12.7 亿元，增长 2.2%。

**表 5　2019 年 1～8 月甘肃省进出口产品结构**

单位：亿元，%

| | 出口产品结构 | 进口产品结构 |
|---|---|---|
| 资源型产品进出口额 | 10.7 | 126.4 |
| 同比 | -41.3 | -14.5 |
| 占比 | 12.3 | 79.2 |
| 机电高新产品进出口额 | 51.3 | 17.3 |
| 同比 | -7.9 | 9.2 |
| 占比 | 59.0 | 10.8 |
| 农产品进出口额 | 9.8 | 2.9 |
| 同比 | -9.9 | 85.9 |
| 占比 | 11.3 | 1.8 |
| 其他产品进出口额 | 15.2 | 12.9 |
| 同比 | 70.3 | 44.0 |
| 占比 | 17.5 | 8.1 |

资料来源：甘肃省商务厅。

2. 资源型产品进口下跌明显，机电高新和农产品进口快速增长

资源型产品进口 126.4 亿元，下降 14.5%；机电高新产品实现进口 17.3 亿元，增长 9.2%，其中，高新产品进口 4.6 亿元，增长 74.4%；农产品进口 2.9 亿元，增长 85.9%。

3. 出口全面下滑，资源型产品断崖式下跌

资源型产品实现出口 10.7 亿元，下降 41.3%；机电高新产品实现出口 51.3 亿元，下降 7.9%；农产品出口 9.8 亿元，下降 9.9%，占出口总值 11.3%。

4. 与共建“一带一路”国家贸易占比进一步提高，东盟国家成为甘肃主要出口市场

1～8 月，与共建“一带一路”国家进出口总值 150.8 亿元，增长 0.4%（见图 7），占全省进出口总值的 61.2%，比上年同期提高 4.2 个百分点。哈萨克斯坦一跃成为甘肃第一大贸易伙伴，与哈萨克斯坦贸易总额 33.9 亿元，占甘肃省进出口总值的 13.8%。与东盟国家实现贸易总值 25.8 亿元，增长 29.6%；其中进口 8.5 亿元，增长 164.1%；出口 17.3 亿元，增长 3.5%，占全省出口总额的 1/5。

### （七）城乡居民收入稳步增加，农村居民收入增长快于城镇居民

甘肃城镇居民收入从 1957 年的 191 元增长到 2018 年的 29957 元，增长了 155.8 倍，农村居民收入从 1949 年的 55 元增长到 2018 年的 8804 元，增长了 159.1 倍。2019 年上半年，农村人均可支配收入 4177 元，同比增长 9.0%，比全国平均水平高 0.1 个百分点，收入增速位居全国第 19，农村居民可支配收入绝对值居全国第 30 位，全国倒数第 2 位，仅高于西藏。城镇居民人均可支配收入 24045 元，同比增长 7.9%，增速比上半年回落 0.1 个百分点。

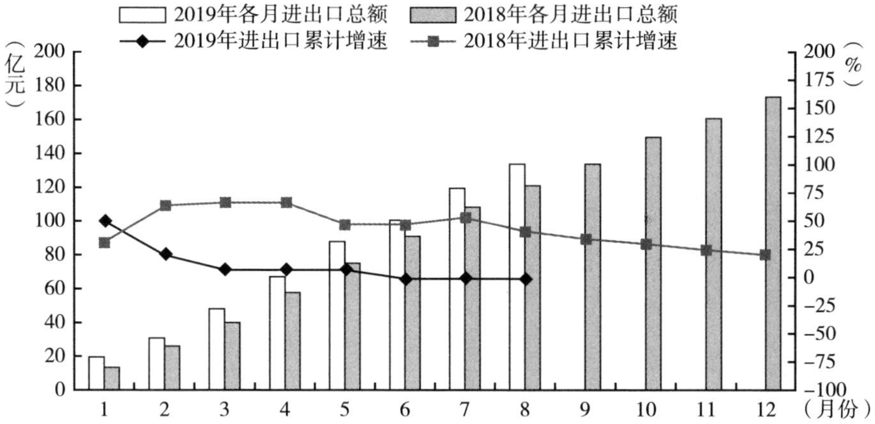


**图7 2018年及2019年1～8月甘肃省与共建“一带一路”国家贸易量和增速**

资料来源：甘肃省商务厅综合处。

1. 惠农及扶贫政策助推作用显现，农村居民转移净收入大幅增长

从农村居民收入构成看，除财产净收入增速下降外，工资性收入、经营净收入、转移净收入均保持较高的增速，分别增长了9.3%、8.8%、10.9%。上半年农村居民人均转移净收入增长最快，主要得益于农村养老保险、医疗保险、最低生活保障、特困群体救助等公共服务产品逐渐完善，养老金和离退休金以及政策性生活补贴大幅增长；外出务工人员寄回带回收入增加。

2. 夏粮丰收和畜牧产品价格上扬，农村居民经营净收入占比和贡献率最高

从收入占比看，经营净收入仍是农村居民收入的主要来源，占可支配收入的35.3%，转移净收入、工资性收入、财产净收入占比分别为31.1%、31.0%、2.6%。从收入贡献看，转移净收入和经营净收入的贡献率分别为37.2%、34.7%，对农村居民增收起到重要作用。

**表 6　2019 年上半年农村居民可支配收入增长状况**

单位：元，%

| 指　标 | 绝对值 | 增长率 | 贡献率 |
|---|---|---|---|
| 可支配收入 | 4177 | 9.0 | 100 |
| 其中：工资性收入 | 1294 | 9.3 | 32.0 |
| 经营净收入 | 1476 | 8.8 | 34.7 |
| 财产净收入 | 110 | -10.7 | -3.9 |
| 转移净收入 | 1297 | 10.9 | 37.2 |

资料来源：甘肃省城乡调查总队。

3. 新增就业及行政事业单位工资调整，成为拉动城镇居民收入增长的主要推动力

上半年，城镇居民人均工资性收入 10212 元，同比增加 888 元，增长 9.5%，占可支配收入的 66.6%，是城镇居民可支配收入占比最大的部分。拉动工资性收入增长的主要因素有以下三点。一是城镇新增就业拉动工资性收入增长。据人社部门资料，上半年实现城镇新增就业 34 万人。二是机关事业单位工作人员正常晋升工资。上半年，全省机关公务员正常晋升 18 万人，月人均增资 56 元；职务（技术等级）晋升 1.7 万人，月人均增资 145 元。全省事业单位工作人员正常晋升 58 万人，月人均增资 58 元；岗位晋升 6.4 万人，月人均增资 108 元。三是调整机关事业单位工作人员基本工资标准。按照国家统一部署，每两年调整一次机关事业单位工作人员基本工资标准，全省机关事业单位工作人员共 95 万人，月人均增资 315 元，上半年增加城镇居民收入 18 亿元。

4. 社会保障水平普遍提高，城镇居民转移净收入快速增长

上半年，城镇居民人均转移净收入 2506 元，同比增加 146 元，增长 6.2%，占可支配收入的 16.3%。拉动转移净收入增长的主要因

素有以下两点。一是提高了退休人员养老金标准。2019 年以来，全省 125 万企业退休人员月人均增加养老金约 136 元；30.5 万机关事业单位退休人员月人均增加养老金约 186 元，增加城镇居民收入 13.6 亿元。二是提高了城市低保补助标准。城市低保补助标准由月人均 390 元提高到 420 元，增长 7.7%，涉及约 55 万人，增加城镇居民收入约 1 亿元。

**表 7　2019 年上半年城镇居民可支配收入增长状况**

单位：元，%

| 指　标 | 绝对值 | 增长率 |
|---|---|---|
| 可支配收入 | 15334 | 8.0 |
| 其中：工资性收入 | 10212 | 9.5 |
| 经营净收入 | 1347 | 4.7 |
| 财产净收入 | 1269 | 3.6 |
| 转移净收入 | 2506 | 6.2 |

资料来源：甘肃省城乡调查总队。

### （八）财政收入与企业贷款双双增长放缓，财政支出与各类存款稳定提高

受经济增长持续承压以及减税降费政策效应进一步显现等因素影响，全省财政收入连续五个月负增长，但下行趋势有所减缓；财政支出增速逐月回落，但扶贫、教育、卫生、交通等重点民生支出继续保持较高强度，全省财政收支运行延续稳中趋缓态势。全省金融机构各项贷款增长继续放缓，其中单位中长期贷款增速持续回落，单位短期贷款负增长，个人贷款增速缓慢下降；各项存款保持稳定增长，其中企业存款继续负增长，个人存款增速大幅提高，财政性存款同比增多。

1. 地方税收增幅回落，一般公共预算收入小幅下降

1～8月，全省一般公共预算收入累计563.1亿元，完成年初预算的62.2%，比上年同期减收20亿元，下降3.4%。其中，税收收入393.1亿元，下降6.8%；非税收入170亿元，增长5.3%。

1～8月，全省地方级税收收入累计393.1亿元，下降6.8%，增幅比上年同期和上月末分别回落24个和0.3个百分点，低于同期全省一般公共预算收入增幅3.4个百分点。分税种看：三大主体税种“降幅扩大”，合计完成254.9亿元（占税收总额的64.9%），比上年同期减收26.3亿元，同比下降9.3%，占税收减收总额的92.3%，拉低全省收入增幅4.5个百分点。其中，国内增值税188.8亿元，下降3.5%，增幅比上年同期回落16.8个百分点，与上月末持平；企业所得税52.2亿元，下降16.6%，比上年同期和上月末分别回落35.7个和1.7个百分点；个人所得税13.9亿元，下降39.4%，比上年同期和上月末回落63.3个和0.9个百分点。其他中小税种“增减各半”，合计完成138.2亿元，同比下降1.6%。其中，资源税、车船税、耕地占用税、契税和环境保护税分别增长0.4%、0.7%、0.5%、40.4%和28.7%，五项税种合计增收7.9亿元，拉动全省税收增幅1.9个百分点；城市维护建设税、房产税、土地增值税、印花税和城镇土地使用税分别下降5%、7.6%、20.6%、2.6%和12.9%，这五项税种合计减收9.7亿元，拉低全省税收增幅2.3个百分点。

2. 财政支出增速稳中趋缓，扶贫、交通、教育等民生支出保障有力

1～8月，全省一般公共预算支出累计2579.7亿元，增长9.7%，增幅比上月末和上年同期分别回落2.3个和1.7个百分点。在2019年减税降费的大背景下，各级财政部门严控一般性支出，坚持有保有压，聚焦重点领域、重点环节加大财政投入力度，有效确保国家和省上确定的各项民生支出政策落实到位。1～8月，11类民生支出累计

2110.2 亿元，比上年同期增支 198.6 亿元，增长 10.4%，占变动预算的 70.9%，超过序时进度 4.2 个百分点，占财政支出比重为 81.8%，比上年同期提高 1.1 个百分点。

3. 各项贷款增长继续放缓，企业短期贷款与个人经营贷款明显减少

至 8 月末，全省金融机构本外币各项贷款余额 20331 亿元，同比增长 7.3%，较上月和上年同期分别下降 0.13 个和 2.21 个百分点，各项贷款增速自 3 月以来继续放缓。8 月全省金融机构新增各项贷款 18 亿元，同比减少 22 亿元，1～8 月新增各项贷款 879 亿元，同比减少 58 亿元。

单位中长期贷款增速持续回落。至 8 月末，全省金融机构单位中长期贷款余额 9704 亿元，同比增长 7.9%，较上年同期下降 0.5 个百分点，呈现持续回落的态势。

单位短期贷款负增长。至 8 月末，全省金融机构单位短期贷款余额 3564 亿元，同比下降 0.65%，较上年同期下降 5.31 个百分点，单位短期贷款增速下降明显。

个人贷款增速缓慢下降。至 8 月末，全省金融机构住户贷款余额 5342 亿元，同比增长 4.94%，较上月和上年同期分别下降 0.10 个和 8.60 个百分点，增速缓慢下降。8 月新增住户贷款 20 亿元，同比少增 4 亿元，其中个人消费贷款新增 27 亿元，个人经营性贷款减少 7 亿元。

4. 企业存款持续负增长，个人存款大幅提高

至 8 月末，全省金融机构各项存款余额 19895 亿元，同比增长 7.1%，较上年同期提高 4.3 个百分点，连续三个月存款增速维持在 7% 以上，保持稳定增长。8 月新增各项存款 81 亿元，同比少增 54 亿元，1～8 月新增各项存款 1212 亿元，同比多增 420 亿元。

企业存款继续负增长。至 8 月末，全省金融机构企业存款余额 5013 亿元，同比下降 1.4%，连续 2 个月负增长。8 月企业存款减少

42 亿元，同比少减 9 亿元。

个人存款增速大幅提高。至 8 月末，全省金融机构住户存款余额 10790 亿元，同比增长 13.8%，较上年同期提高 6.6 个百分点，是全省各项存款稳定增长的主要动力。8 月新增个人存款 51 亿元，同比少增 33 亿元。

财政性存款同比多增。至 8 月末，全省金融机构财政性存款余额 441 亿元，同比下降 11.39%，8 月新增财政性存款 108 亿元，同比多增 28 亿元。

## 二　经济运行反映的突出问题

前三季度，甘肃经济运行总体平稳。但当前国际环境更趋严峻复杂，经济增长面临的外部不确定、不稳定、不持续因素依然较多，经济下行压力仍然较大。

### （一）投资低迷，经济增长的基础支撑力不强

新中国成立 70 周年，改革开放 40 年来，投资一直是甘肃经济发展的第一推动力。2019 年 1 ~7 月数据显示，甘肃投资领域仍存在第一产业投资持续下降，房地产投资大幅滑落，民间投资回暖缓慢，城市基础设施投资明显下滑等突出问题。

1. 第一产业投资降幅大，农业生产基础条件持续改善乏力

1 ~7 月，全省第一产业投资比上年同期下降 26.6%，降幅与上半年持平。除渔业（增长 46.1%）外，其余 4 个行业仍呈下降态势。其中，农、林、牧、渔服务业下降幅度最大，下降 49.3%。全省第一产业投资项目个数以及新开工项目个数均少于上年同期。同时 5000 万元及以上重大项目建设资金匮乏现象仍没有得到缓解，1 ~7 月，第一产业投资 5000 万元以上项目到位资金下降 24.0%，降幅比

上半年扩大4.9个百分点，其中，新开工项目到位资金下降幅度达49.4%。项目个数的接续不足以及资金的持续缺乏将严重影响第一产业投资后续企稳回升。

2. 房地产开发投资低位运行，关联产业发展约束因素趋强

自上半年起，全省房地产开发投资开始大幅回落，1～7月，全省房地产开发投资增长5.6%，增幅虽比上半年大，但仍处于低位运行的状态（见图8）。从实物量情况看，房屋竣工面积下降49.5%，降幅比上年同期、上半年分别扩大67.0个和0.5个百分点；实现商品房销售面积下降4.5%，降幅比上年同期、上半年分别扩大8.5个和1.8个百分点。由于房地产涉及建材等许多行业及地方财政收入、就业及城乡居民收入等多个方面，投资低迷将会严重影响到上述领域稳定发展，会降低吸纳就业能力和收入预期。

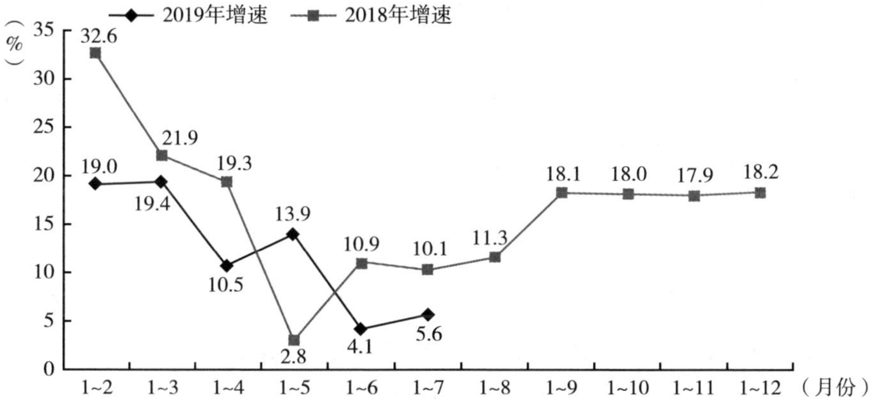


**图8　2018～2019年房地产开发投资增速对比**

3. 民间投资继续下降，城市基础设施投资大幅下滑

1～7月，全省民间投资比上年同期下降6.6%，降幅比上年同期扩大6.6个百分点，比上半年收窄1.1个百分点。其中，项目民间投资下降16.3%，降幅比上半年扩大0.7个百分点；房地产开发民间

投资增长3.0%，增幅比上半年提高2.8个百分点。分行业看，有6个行业保持增长，分别是采矿业，教育，科学研究和技术服务业，交通运输、仓储和邮政业，公共管理、社会保障和社会组织，水利、环境和公共设施管理业；其余行业全部下降，其中占比较大且下降的行业分别为制造业下降6.1%，农、林、牧、渔业下降39.6%，电力、热力、燃气及水生产和供应业下降18.3%，批发和零售业下降40.1%。

1~7月，以城市基础设施投资为主的公共设施管理业持续下降。由于受项目个数减少，新开工项目投入不足；协调征拆难度较大，影响施工进程；融资困难，项目建设资金短缺等方面因素的影响，公共设施管理业投资下降20.3%，占全部基础设施投资的比重为22.9%，比上年同期降低8.0个百分点。

### （二）出口不振，经济增长的张力较弱

1~8月，甘肃实现出口总值86.9亿元，下降7.1%，其中资源型产品出口下降41.3%，机电高新产品出口下降7.9%，农产品出口下降9.9%。

#### 1. 大宗商品价格走势低迷，主要资源型产品出口额下降

大宗商品价格走势低迷，主产的镍、铜等商品国际市场价格持续回落，其中，镍矿砂及其精矿下跌16.9%，铜精矿下跌5.1%，集成电路下跌7.4%。上半年，钢材出口5983万元，下降89.6%；硅铁出口4950万元，下降59%；稀土产品出口3826万元，下降8.9%；其他资源型产品出口8.4亿元，下降17.2%。

#### 2. 中美贸易摩擦加大，机电产品出口全面受阻

上半年，对美进出口3.8亿元，下降51%。其中，出口3亿元，下降51%，拉低全省进出口增速2个百分点。其中，受影响最大的是机电产品。机电高新产品出口51.3亿元，下降7.9%，其中，碳

素制品出口24.5亿元，下降14.0%；集成电路及其组件出口11.9亿元，下降7.5%；轴承出口1.5亿元，下降8.5%；其他机电高新产品出口11.0亿元，下降11.8%。对美出口主要商品炉用炭电极、未锻轧钴、轴承、阴极铜等，占对美出口总值的比重由2018年的82%下降到2019年前5个月的63%。同时，上半年对美出口企业较2018年减少26家，大型出口企业如金川集团2019年未与美国客户签订出口订单。

3. 产品国际市场竞争力不强，主要农产品出口下滑

上半年，鲜苹果、苹果汁、坚果子仁、花卉种子、红枣出口均走跌，其中，红枣出口136万元，下降84.9%；苹果汁出口3621万元，下降75.1%；鲜苹果出口2.86亿元，下降26.2%；坚果子仁出口3006万元，下降26.1%；花卉种子出口2015万元，下降14.1%。

### （三）食品类价格涨势强劲，CPI趋高将影响消费对经济增长拉动作用的进一步释放

2019年前三季度，在非洲猪瘟疫情暴发，猪肉价格飞涨带动肉类价格全面上涨的背景下，甘肃居民消费价格总水平上涨2.1%，为近五年来同期次高水平。其中城市上涨2.0%，农村上涨2.2%；食品价格上涨6.2%，工业消费品价格上涨0.7%，服务项目价格上涨1.4%。

1. 主要消费品价格全面上涨，食品价格上涨是主要推动力

前三季度，甘肃居民消费价格八大类商品及服务呈现“七升一降”态势。其中，食品烟酒价格上涨4.4%，衣着类价格上涨1.0%，居住类价格上涨1.7%，生活用品及服务价格上涨0.9%，教育文化和娱乐价格上涨0.6%，医疗保健类价格上涨2.4%，其他用品及服务价格上涨2.3%。

前三季度，甘肃食品价格上涨6.2%，影响全省居民消费价格上涨1.24个百分点；消费品价格上涨2.5%，影响全省居民消费价格

上涨1.59个百分点；服务价格指数上涨1.4%，影响全省居民消费价格上涨0.50个百分点；工业品价格上涨0.7%，影响全省居民消费价格上涨0.24个百分点。2018年前三季度，食品价格上涨0.2%，消费品价格上涨1.1%，服务价格上涨4.2%，工业消费品价格上涨1.6%。对比来看，2019年前三季度食品价格涨幅明显扩大，服务及工业消费品价格涨幅明显收窄。拉动总指数上涨的主要推动力，由2018年的非食品价格主导转为食品价格主导，食品价格2019年前三季度呈现高位增长。

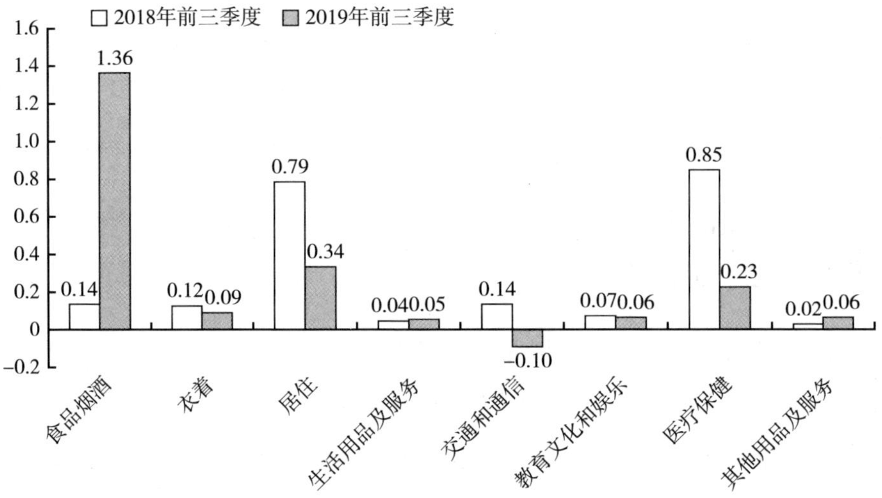


**图9　2018～2019年主要消费品及服务价格指数上涨影响对比**

2. 药品价格刚性上涨，服务项目价格温和上涨

前三季度，药品及医疗器具价格上涨4.6%，涨幅较上年同期扩大0.2个百分点，中药、西药价格均上涨5.2%，滋补保健品价格上涨3.1%，保健器具价格上涨4.0%，医疗卫生器具价格下跌1.2%。其中，中药材价格上涨4.0%，中成药价格上涨6.3%，消化系统用药价格上涨10.1%，呼吸系统用药价格上涨14.1%，激素及影响内

分泌药价格上涨7.0%，心血管系统用药价格上涨4.7%，维生素矿物质类药价格上涨4.2%。

前三季度，服务项目价格上涨1.4%，涨幅比2018年同期4.2%，收窄2.8个百分点。其中，医疗服务价格上涨13.4%；衣着加工费、住房装潢维修费、家庭维修服务费、高中（中职）教育费、课外教育费价格依然保持刚性上涨态势，前三季度分别上涨7.1%、5.4%、4.6%、3.4%、1.1%；旅游费用由跌转涨，拉动飞机票价格上涨14.9%、旅行社收费价格上涨0.8%、其他旅游价格上涨0.7%。

工业消费品价格保持温和上涨。前三季度，工业品价格上涨0.7%，其中，服装类价格上涨1.0%，家具及室内装饰品价格上涨0.6%，家用纺织品价格上涨1.2%，家庭日用杂品价格上涨1.5%，个人护理用品价格上涨1.0%，金饰品价格上涨9.4%。

## 三 2020年甘肃经济指标增长预期及宏观发展政策思考

面对中国经济由高速增长阶段转向高质量发展的重要阶段，2019年，经济下行压力依然巨大，但无论国内还是省内经济呈现一定的增长韧性，主要指标总体上仍显现出平稳增长、逐渐向好的势头。

### （一）2020年甘肃主要经济指标增长预期

#### 1. 十大生态产业发展将助推GDP提高0.5个百分点，经济增长率将上行到6.5%左右

2019年1～9月，甘肃省十大生态产业增加值同比增长6.0%，增速比上半年提高1.0个百分点，占全省地区生产总值的20.3%，比重比上半年提高0.2个百分点。在国家整体进入小康社会和全面解

决农村贫困问题的宏观背景下，在抢占融入“一带一路”的“五个制高点”等综合性、前瞻性区域政策的助推下，2020 年甘肃经济增长率将会比 2019 年提高 0.3～0.5 个百分点，GDP 增长率将会上行到 6.5%左右。

2. 随着工业投资增长潜能的释放和大宗工业品价格恢复，工业增加值增长率将会提高到6%左右

2019 年 1～9 月，甘肃工业投资增长 27.8%，其中制造业投资增长 22.5%，增速提高 10.6 个百分点。这些投资将会在 2020 年及以后数年逐步释放出更多的产能和增长潜力，加之如国际贸易摩擦减弱，世界经济逐渐复苏，大宗工业品价格走出持续低迷状态，对于甘肃资源导向性工业发展无疑是最大的强心剂，助推甘肃工业增长比 2019 年提高 3 个百分点。如国际经济环境仍没有大的改善，甘肃工业增加值增长率有可能在 4.5%～5%运行。

3. 投资环境改观预期不强，固定资产投资增长尤为困难

综合分析国家宏观经济政策、财政、金融发展形势及房地产走势，招商引资环境和投资环境日益趋紧，2020 年，确保固定资产投资保持 5%增长率，力争突破 6%。

4. 食品、药品价格走高将抑制城乡居民消费水平的提高，社会消费品零售总额增长率有进一步下降的空间

虽然大宗消费品如汽车、住宅价格走跌，但食品、药品等生活必需品价格企高，势必会抵消城乡居民收入增长效应与扩内需、促消费政策影响力，特别是进入 10 月后，兰州牛肉面跟风涨价，且肉面同涨会降低消费者的预期，如果 CPI 继续走高，2020 年，社会消费品零售总额增长率将会在 7.1%～7.5%。

5. “稳外贸”压力日益增强，进出口增长率会略有提升

现阶段，中美贸易谈判取得初步的、阶段性成果，对外贸易环境将随之略有改善，但改善的进度会很缓慢，改善的力度也不会太大。

随着中国－东盟自贸区升级版谈判加快，国际陆海贸易新通道建设，甘肃融入“一带一路”进程加快，甘肃与共建“一带一路”国家贸易占比逐年提高，进口扩大会带动甘肃进出口总额有所提升，但出口新动能不强，对外贸易将会出现止跌回稳，乐观些，还有可能出现恢复性增长的态势。

## （二）甘肃经济发展的宏观政策思考

国务院发展研究中心“中长期增长”课题组认为中国经济开始从高速增长进入高难度增长阶段，只有着力建设高标准市场经济，并从低效率部门的改进、低收入阶层的收入增长和人力资本提升、消费结构和产业结构升级、前沿性创新、绿色发展等五个方面[①]，释放增长潜力，改进发展模式，以实现新的增长来源，争取中速平台上有活力、可持续、韧性强的增长。中国（海南）改革发展研究院甘肃融入“一带一路”抢占“五个制高点”课题组认为，甘肃应紧紧抓住“一带一路”建设这个最大机遇，以抢占“一带一路”文化、通道、技术、信息、生态“五个制高点”统领经济社会发展全局，突出资源优势，放大区位优势，培育产业优势，全面深化改革开放，重塑甘肃经济发展新优势，走出一条内陆欠发达地区经济转型升级的新路子[②]。这些研究成果都以极开阔的视野和具有前瞻性的远见为甘肃乃至中国经济发展从理论上做出了探索，极具参考价值。

### 1. 把脉高质量发展阶段经济运行规则，实施优先扩大经济总量的营商环境主导型经济发展战略

改革开放40年来，甘肃如同全国一样，分享了经济高速增长所

① 刘世锦：《中国经济增长十年展望（2019～2028）：建设高标准市场经济》，中信出版社，2019。

② 中国（海南）改革发展研究院课题组：《新时代甘肃融入“一带一路”打造“五个制高点”》，研究报告。

带来的“红利”，各项经济指标成倍增长。新时代，经济高速增长必然要进入高质量发展阶段，高质量发展就意味着高难度增长时代的来临。高难度增长，即经济指标增长难度非同以往，简单的要素投入，或者积极实施政策优先、资源依赖、出口导向等单一的发展战略都无法使经济保持高质量发展水平，必须搭建一个主导型的经济发展战略，扎扎实实毕其功于一役，短则五年长则十多年坚持，不因时移，不因人变。新中国成立 70 年来，甘肃重点经济发展战略出现过很多，比如“开发河西”、“再造河西”、商贸兴省、工业强省、文化大省等，虽有成就但都因时而变，因人而弃，并没有结出一个大果实。自然条件差，地理区位不突出，都不能成为经济落后的借口。不要说放眼全球，看看国内，许多省份自然条件比甘肃更恶劣，地理区位更偏僻，经济基础更为薄弱，近几年发展都超越甘肃，在一些关键指标上走在全国前列。甘肃经济发展方面种种的不足，深究起来最根本的原因是效率太低，制度创新效率、投入产出效率、人力资源使用效率等，都无法降低企业交易成本，高投入往往演变成高成本，高成本反映在市场上就是负效益，负效益的企业就谈不上增长，就无法保持发展活力。因此，以提高效率为主导推动甘肃深层次改革仍是经济发展的首要任务，包括国有经济战略性调整、产业结构工业化调整、工业结构轻型化调整等，打造法治化、国际化、便利化的营商环境，靠高效率、低成本的营商环境吸引资本、聚集产业、壮大经济总量。只有经济总量上个台阶，才能谈高质量发展。

2. 工业也只有工业才是改变甘肃发展甘肃的根本出路和命脉

甘肃具有较完整的工业体系，在独特的资源禀赋基础上已发展成国家重要的能源、原材料基地。常说的带动经济增长的“三驾马车”，对于甘肃来说，城乡居民人均收入接近全国垫底，消费对经济增长的贡献还很弱，短期内也无法实现质的突破；2018 年甘肃进出口总额 394.7 亿元，占全国 305050.4 亿元的 0.13%，这样低的份额，对甘肃经济增长的贡献本身就很低，还期待国家给予优惠的自贸区政策，几无可能。回看新中国成立后甘肃经济增长的历程，所有高增长年份，无不是在工业高强度投入推动下实现的，因此说，工业也只有工业才是改变甘肃、发展甘肃的根本出路和命脉，始终如一地坚持工业立省、工业兴省、工业强省这一大方向、大战略，甘肃才有可能顺利走上高质量发展的转型之路。

3. 以新型城镇化为方向，加快统筹区域经济一体化进程

当前，要加快推进兰白区域经济一体化、酒嘉区域经济一体化进程，率先形成两个大型城市，共同构筑带动甘肃经济发展的区域经济增长极。一要务实推进兰白经济一体化进程。推进兰州与白银的融城效应和同城化，强化兰州都市圈在整个丝绸之路经济带建设中的中枢地位。借鉴乌昌模式的经验，跨行政区设置兰白党委，打破行政区划限制，率先将两市财政统一、规划统一、市场统一，通过行政一体化推进区域经济一体化[①]。到2025年，力争把兰州都市经济圈打造成具有较强竞争力的国际门户、我国西北地区现代服务业集聚区、科教中心、具活力的经济增长极、带动丝绸之路经济带建设的“火车头”，着力打造大兰州、大窗口、大商贸、大枢纽、大产业。二要务实推进酒嘉行政一体化。河西走廊五市形成了酒嘉、张掖、金昌、武威四个板块发展的格局，尚未作为一个整体的经济发展板块实现统筹发展，在基础设施、产业发展等诸多方面仍存在各自为政、建设项目和内容重复度大等现象。酒泉和嘉峪关两市在产业、土地、资源、城市功能等方面有很强的关联性和互补性，应积极推动两市融合，实现酒嘉行政一体化更有利于打造一个重要的区域枢纽和重要增长极。

① 中国（海南）改革发展研究院课题组：《打造国际陆海贸易新通道北端战略枢纽——甘肃融入国际陆海贸易新通道研究》，研究报告。

# 区域战略篇

Regional Strategy Reports

## B.2
## 甘肃融入“一带一路”抢占“五个制高点”重大问题研究

课题组*

**摘　要：** 甘肃积极融入“一带一路”大体上经历了两个重要时期，即打造“丝绸之路经济带”黄金段时期和抢占文化、枢纽、技术、信息、生态“五个制高点”战略发展时期。抢占“五个制高点”难点与重点主要体现在五个方面：着力壮大文化产业规模，重点解决抢占文化制高点支撑力不足的问题；着力完善商贸流通平台建设，重点解决抢占枢纽制高点牵引力不足的问题；着力提升

* 该文是甘肃省社会科学院参加中国（海南）改革发展研究院主持的课题“新时代甘肃融入‘一带一路’打造‘五个制高点’”项目阶段性成果，课题组组长为王福生，甘肃省社会科学院院长，研究员，主要研究方向为改革学、经济体制改革。执笔人：王晓芳。

自主创新能力，重点解决抢占技术制高点承载力不足问题；着力完善信息基础设施建设，解决抢占信息制高点数字经济发展落后制约问题；着力发展十大生态产业，解决抢占生态制高点绿色经济发展不足问题。

**关键词：** “一带一路”　五个制高点　丝绸之路经济带

习近平总书记强调，甘肃发展的最大机遇在于“一带一路”。甘肃省提出抢占“一带一路”建设“文化、枢纽、技术、信息、生态”五个制高点的战略对策。通过抢占“五个制高点”，就是要塑造甘肃发展新优势，使甘肃在一些领域从“跟跑”转变为“并跑”，在部分领域争取“领跑”，真正把资源优势和区位优势转变为发展优势和竞争优势，最终实现绿色发展崛起，努力推动甘肃经济发展质量变革、效率变革、动力变革，不断提高甘肃经济创新力和竞争力①。

## 一　甘肃融入“一带一路”抢占“五个制高点”战略思路的提出及推进

随着“一带一路”建设的全线拓展，甘肃积极融入“一带一路”建设步伐日益加快，目前大体上可分为开启和深化两个阶段。

### （一）抢抓“一带一路”历史机遇，开启打造“丝绸之路经济带”甘肃黄金段时期（2013～2017年）

丝绸之路在甘肃省境内贯通东西长达1600余公里，占丝绸之路

① 吕宝林：《唐仁健：抢占“五个制高点”，塑造甘肃发展新优势》，《甘肃日报》2012.27。

总长的22.9%，占国内总长的34.8%。甘肃处于承东启西、南拓北展的重要地位，是通向中亚、西亚以及欧洲的重要交通枢纽、商贸物流和能源输送大通道①。因此，学界将甘肃称为丝绸之路经济带“黄金段”。

1. 战略规划先行，以“五通”为重点拉开甘肃“丝绸之路经济带”建设大幕

2014年5月，甘肃省委、省政府抢抓机遇，强化顶层设计，及时制定出台了《“丝绸之路经济带”甘肃段建设总体方案》，以落实“五通”为重点，拉开了甘肃“丝绸之路经济带”建设的大幕。作为“丝绸之路经济带”的重要组成部分，国家赋予了甘肃“联结欧亚大陆桥的战略通道和沟通西南、西北的交通枢纽，西北乃至全国的重要生态安全屏障，全国重要的新能源基地、有色冶金新材料基地和特色农产品生产和加工基地，中华民族重要的文化资源宝库，促进各民族共同团结奋斗、共同繁荣发展示范区”，以及“构建我国向西开放的重要门户和次区域合作战略基地，丝绸之路经济带重要组成部分”的战略定位②。

2015年，国家发展改革委与外交部、商务部联合发布《推动共建丝绸之路经济带和21世纪海上丝绸之路的愿景与行动》后，甘肃省委、省政府随即制定出台了《甘肃省参与建设丝绸之路经济带和21世纪海上丝绸之路的实施方案》，提出了“13685”总体规划，即充分发挥综合经济文化优势和向西开放纵深保障支撑作用，围绕打造“丝绸之路经济带”甘肃黄金段的构想，构建以兰州新区为重点的经济平台、以丝绸之路（敦煌）国际文化博览会和华夏文明传承创新

---

① 中国（海南）改革发展研究院：《新时代甘肃融入“一带一路”打造“五个制高点”》，研究报告。

② 中国（海南）改革发展研究院：《新时代甘肃融入“一带一路”打造“五个制高点”》，研究报告。

区为重点的文化交流合作平台、以中国兰州投资贸易洽谈会为重点的经贸合作平台，建设面向新亚欧大陆桥经济走廊、中蒙俄经济走廊、中国—中亚—西亚经济走廊、中国—中南半岛经济走廊、中巴经济走廊、孟中印缅经济走廊为重点的经贸产业合作和人文交流窗口，将兰白、平庆、天水、定西、金武、张掖、酒嘉、敦煌作为节点城市，推进基础设施互联互通、经贸产业合作、人文交流、生态建设、金融创新支持五项重大工程建设①。

2. 优先搭建对外开放平台，加速建设三大国际陆港、三大国际空港

在“一带一路”背景下，甘肃省提出了建设兰州、天水、武威三大国际陆港和兰州、嘉峪关、敦煌三大国际空港的具体行动。兰州国际陆港、酒泉嘉峪关国际物流园区等一批综合型物流园区发挥了物流资源整合和示范带动作用；武威保税物流中心、兰州新区综合保税区等保税物流基础设施投入运营并取得显著成效。

兰州国际陆港属于全国城镇体系 9 大综合交通枢纽、21 个物流节点、18 个铁路集装箱中心站之列，是一个包括产业发展、用地布局、综合交通、市政工程、环境保护等，集历史风貌特色、交通枢纽特色、产业发展特色于一体的综合性国际港务区，也是甘肃省扩大对外开放，服务国家向西开放战略的重要门户和平台②，还是“一带一路”上重要的国际物流中转枢纽和国际贸易物资集散中心，我国面向欧洲和中西亚、南亚陆路进出口货运班列编组枢纽，先后被确定为甘肃国际陆港的龙头、甘肃实施“十三五”规划的标志性工程③。目前，已实施建设核心功能项目、基础道路设施及物流配套项目 27 个，

① 李杨：《甘肃省参与建设丝绸之路经济带和 21 世纪海上丝绸之路的实施方案公布》，《西部商报》2015 年 12 月 9 日。

② 甘肃（兰州）国际陆港简介，《甘肃（兰州）国际陆港》2017 年 3 月 16 日。

③ 《“丝路新枢纽　南亚新通道”——甘肃（兰州）国际陆港国家向西开放的枢纽和重要平台》，《兰州日报》2017 年 7 月 4 日。

累计完成固定资产投资273亿元①。

武威国际陆港地处“一带一路”黄金节点和中新南向大通道建设重要节点，是服务甘肃、辐射西北、链接亚欧的现代化国际物流平台和加强向西合作交流的重要载体，也是甘肃省“十三五”重点建设的三大国际陆港之一。目前，武威保税物流中心已封关运营，进口肉类指定查验场已通过原国家质检总局正式验收，正在招商启动运营，进境木材检验检疫监管区已报请海关总署正式验收，铁路口岸已列入甘肃省“十三五”口岸发展规划，武威铁路国际集装箱场站项目委托中国铁路兰州局集团有限公司下属公司代建，初步设计已获批复，正在编制施工图设计和办理文物保护手续。航空口岸依托武威民用机场建设同步申报审批。粮食、整车内陆进口口岸正在积极对接申报前期工作。

天水国际陆港是根据国家“一带一路”倡议，甘肃省委省政府打造“丝绸之路经济带”甘肃黄金段重点项目建设的三大国际陆港之一，是天水市“十三五”规划的重点项目，目前，正在加紧建设中。

3. 国际货运班列加密提速，四大国际贸易通道建设全面推进

目前，甘肃省获得了中亚国际贸易通道、中欧国际贸易通道、南亚国际贸易通道三大通道班列常态化运营，国际贸易陆海新通道班列密度逐步加大的新局面。

2016年，甘肃境内先后开通了“兰州号”“天马号”“嘉峪关号”等面向中欧、中亚、南亚的国际货运班列，当年共发运132列，发运货物货值2.4亿元。

2017年，发运国际货物班列310列，发运货物35万吨，货值11

① 严存义、杜雪琴：《大交通　大枢纽　大物流——甘肃（兰州）国际陆港打造“一带一路”综合物流枢纽综述》，《甘肃日报》2018年9月12日。

亿美元。其中中亚班列 258 列，货值 8. 6 亿美元；南亚班列 46 列，货值 1. 9 美亿元；东盟班列 5 列，货值 0. 5 亿美元；中欧班列 1 列，货值 189. 4 万美元。

2018 年，发运国际货物班列 209 列，发运货物 15. 5 万吨，货值 8. 1 亿美元。其中，中亚共发运 60 列 3061 车，累计货运 5. 2 万吨，货值 1. 5 亿美元；南亚共发运 103 列 4492 车，累计货运 6. 6 万吨，货值 2. 3 亿美元；中欧回程国际班列共发运 5 列 240 车，累计货运 6157 吨，货值 134. 4 万美元；中新南向通道国际货运班列累计发运 35 列 936 车，累计货运 3. 1 万吨，货值 4. 4 亿美元。

截至 2019 年 8 月底，发运国际货运班列 225 列共 9478 车，累计货运 23. 8 万吨，货值 3. 6 亿美元，总发运车数同比增长 89. 7%。其中，中欧回程班列 56 列共 3355 车，累计货运 9. 96 万吨，货值 2753. 3 万美元。中亚班列共发运 17 列 1020 车，累计货运 3. 7 万吨，货值 6448. 1 万美元。南亚班列共发运 134 列 4926 车，累计货运 8. 5 万吨，货值 2. 4 亿美元；陆海新通道共发运 18 列 447 车，累计货运 1. 7 万吨，货值 2688 万美元。

4. 构建国际货运网络体系，与共建“一带一路”国家贸易不断取得新突破

2016 年，与共建“一带一路”主要国家贸易额突破 100 亿元人民币，达到 101. 1 亿元人民币，同比增长 10. 2%，占全省进出口总额的 22. 3%。

2017 年，与共建“一带一路”国家贸易额达到 145. 2 亿元人民币，同比增长 43. 6%，占全省进出口总额的 42. 4%，其中与东亚国家进出口 23. 7 亿元，同比增长 34. 1%，与中亚国家进出口 70. 4 亿元，同比增长 31. 7%，占比上升到 20. 6%。

2018 年，与共建“一带一路”主要国家贸易额 173. 0 亿元，同比增长 19. 2%，其中进口 112. 2 亿元，增长 5. 7%，出口 60. 7 亿元，

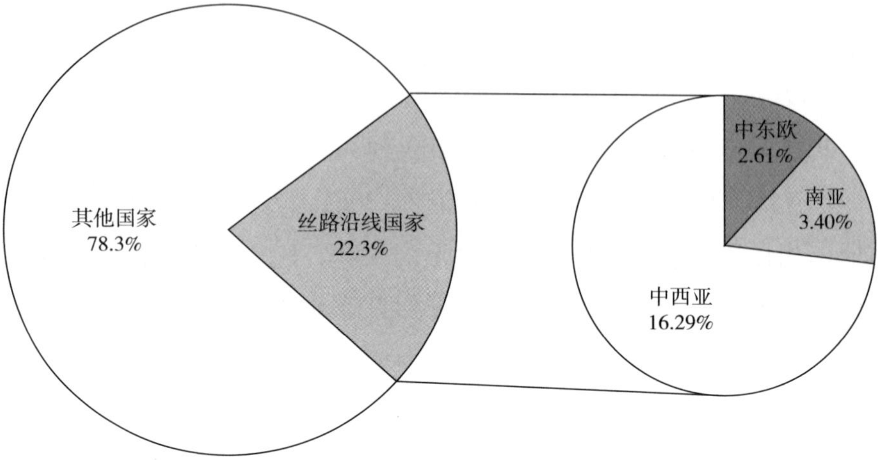


**图1　2016年甘肃与丝绸之路沿线国家贸易占比**

资料来源：《甘肃商贸流通发展报告（2017）》。

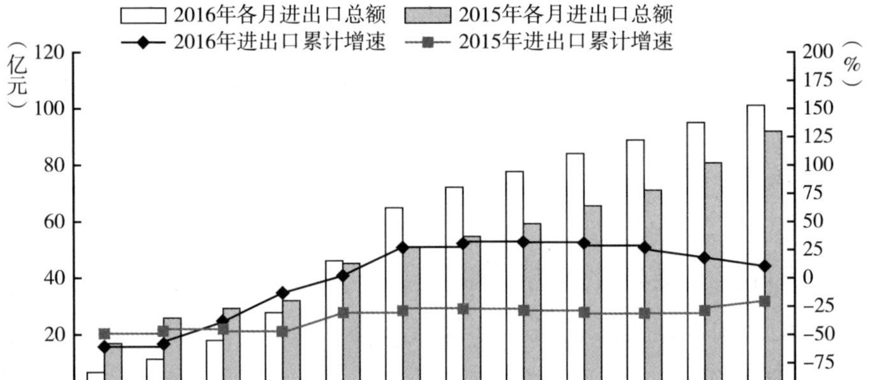


**图2　2015～2016年甘肃与丝绸之路沿线国家进出口增长**

资料来源：《甘肃商贸流通发展报告（2017）》。

增长52.8%。与中东欧、西亚、东亚、东南亚增长加速，分别增长了69.2%、46.2%、25.1%、23.3%。

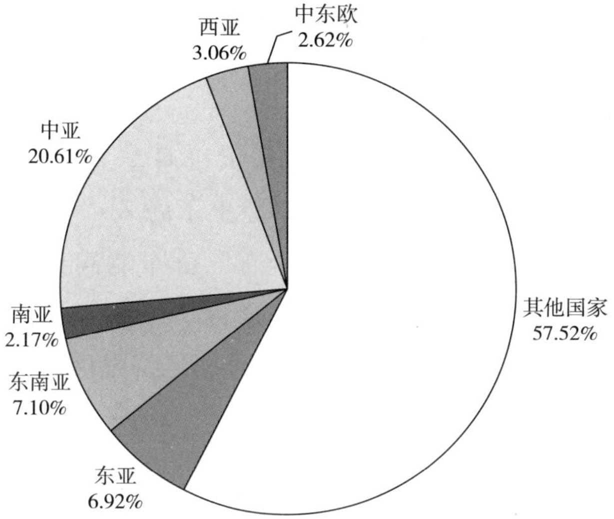


**图3　2017 年甘肃与共建“一带一路”国家进出口占比**

资料来源：《甘肃商贸流通发展报告（2018）》。

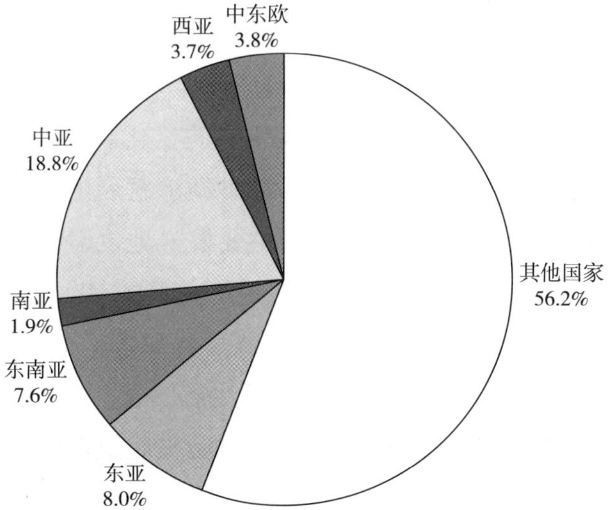


**图4　2018 年甘肃与共建“一带一路”国家进出口占比**

资料来源：《甘肃商贸流通发展报告（2019）》。

### （二）全面融入“一带一路”，抢抓“五个制高点”战略发展时期（2018年至今）

习近平总书记强调，甘肃发展的最大机遇在于“一带一路”，甘肃省委、省政府积极落实这一精神，提出了融入“一带一路”建设抢占“文化、枢纽、技术、信息、生态”五个制高点，积极对接国家战略行动。2019 年 8 月省政府审议通过了《新时代甘肃融入“一带一路”抢占“五个制高点”规划》，重塑经济发展新优势，蹚出一条内陆欠发达地区经济转型升级的新路子。2019 年 2 月，评审验收了中国改革发展研究院主持的“新时代甘肃融入‘一带一路’打造‘五个制高点’”。甘肃是华夏文明与域外文明交流融合之地，也是中国与欧亚各国经贸往来、文化交流、交通运输的必经之道，在促进中外交流与发展方面具有举足轻重的地位①。“一带一路”为甘肃高质量转型发展提供了重大历史机遇，将为甘肃经济转型升级提供“弯道超车”的机会，将推动甘肃的通道优势转化为枢纽型经济发展的新优势，将为甘肃以文化旅游为重点的特色优势产业发展提供巨大的市场空间。

1. 突出发挥文化资源富集优势，务必抢占文化制高点

拥有厚重的丝绸之路文化底蕴是甘肃经济发展的最大特色和突出优势。甘肃是中华民族和华夏文明的主要发祥地之一，也是中国、印度、希腊、伊斯兰四大古文明的交汇地。依托甘肃“丝绸之路黄金段”沿线丰富的文化资源，利用多民族、多宗教、多文化交汇融合的特点，打造“丝绸之路文化产业带”核心区，形成多样、共存、包容、共赢的文化价值共同体，塑造甘肃历史底蕴深厚、各民族多元一体、文化多样和谐的文化大省形象，建设文化旅游强省。

甘肃具有独特的敦煌文化、秦源文化、丝路文化、始祖文化、民

① 李雨思：《甘肃打造丝路经济黄金段：特色产业异军突起》，中国经济网，2014 年 7 月 15 日。

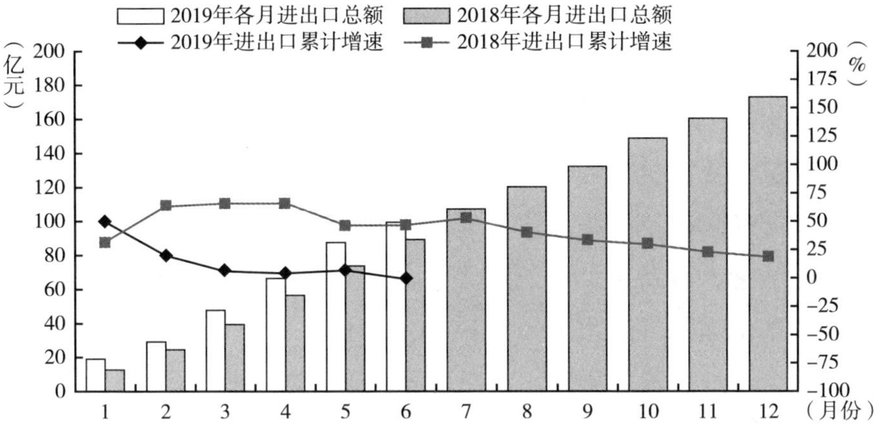


**图 5　2018～2019 年甘肃与丝绸之路沿线国家进出口增长**

资料来源：《甘肃商贸流通发展报告（2019）》。

族民俗文化、农耕文化、草原文化、大漠文化、冰川文化、红色文化等人文资源优势，文化资源的富集度居全国前五位。甘肃有世界文化遗产 7 处（锁阳城遗址、炳灵寺石窟、麦积山石窟、玉门关遗址、悬泉置遗址、敦煌莫高窟、万里长城嘉峪关），是我国世界文化遗产分布的主要大省，其中国家级重点文物保护单位有 72 处，省级文物保护单位有 512 处。当前，华夏文明传承创新区建设正在推进，丝绸之路（敦煌）国际文化博览会平台效应不断扩大，以《读者》、敦煌莫高窟为代表的文化产业正在日益壮大，文化旅游业日益兴盛。

2. 突出三大战略联结区位优势，优先抢占通道制高点

甘肃独特的区位优势，有利于在加强与中亚、西亚、中东欧与东盟之间的有效联结中扮演战略角色。优先抢占通道制高点，将会实现“丝绸之路经济带”与“21 世纪海上丝绸之路”的有效联结、西北地区与西南地区的有效联结。

甘肃不仅具备联结西北、西南的省域综合交通网络。陇海、兰新、宝兰、兰青等铁路干线和连霍高速公路贯穿甘肃全省，全省 14 个市州已全部实现高速公路贯通；兰渝铁路、十天高速公路已全线开通，形

成以兰州为中心的铁路、公路交通运输网络；共拥有9座民用机场，运营的航空公司达到42家，已累计执行客运航线221条、货运航线4条，通航城市达102个，通达至欧洲、中亚、西亚、东南亚等国家和地区，架起了“一带一路”建设的空中桥梁。[①] 而且甘肃拥有覆盖全省的国际交通物流基础设施平台体系，初步形成了兰州、天水、武威三大国际陆港，以及兰州、敦煌、嘉峪关三大国际空港的战略布局；相继开通多个国际货运班列以及前往南亚国家的公铁联运国际货运列车，开通至迪拜、法兰克福、莫斯科等国际和地区航线25条。

3. 突出发挥科技资源优势，积极抢占技术制高点

甘肃是科技资源大省，甘肃科技实力居全国第18位，有2000多所研究机构、10个国家重点实验室、5个国家工程技术研究中心、109个甘肃省重点实验室和160个省级工程技术中心，还有中科院“一院三所”，中国航天、中国核工业研究机构，中国农业科学院兽医所、兽药所等国家级专业性研发机构，两院院士14名。重离子物理、真空、冰川冻土、沙漠化防治、育种制种等方面的技术代表了全国最高水平。另外全省有601家高新技术企业，科技从业人员达到12.5万人，是全国科技资源大省。且拥有国家自主创新示范区，科技投入不断加大，高技术产业较快发展。综合科技创新水平指数为51.38%，排在全国第18位；R&D投入强度（R&D经费与GDP的比值）为1.22%，位列全国第17。根据《中国区域科技创新评价报告2018》，甘肃“高技术产业利润率”居全国第4位，“高新技术产业化效益”居全国第8位，“高技术产品出口额占商品出口额比重”居全国第13位；另外，高新技术产业化居全国第18位，高新技术产业化水平居全国第19位，高技术产业劳动生产率居全国第22位[②]。

① 《上半年省民航机场集团旅客吞吐量超767万人次》，《甘肃日报》2018年7月16日。

② 中国（海南）改革发展研究院：《新时代甘肃融入“一带一路”打造“五个制高点”》，研究报告。

4. 突出丝绸之路信息港项目建设，全力打造信息制高点

甘肃省丝绸之路信息港股份有限公司成立，标志着丝绸之路信息港步入实质性建设阶段。大数据中心建设不断加快，中国移动兰州新区集团级数据中心、甘肃电信兰州新区数据中心、甘肃金昌紫金云大数据产业园、天水浪潮云计算大数据中心、酒泉云计算数据中心、西北丝绸之路大数据产业园等项目建设进展顺利。甘肃培育了具有国内领先水平的信息企业。西北中小企业云已建成国内领先的云计算平台，在国内云计算领域的知名度及领先度持续提升。甘肃芯片总产量仅次于江苏，有天水华天电子集团这样的行业领先企业，还有长城电工、北科维拓等全国知名电子企业，具有良好的发展信息产业的软硬件基础。

5. 突出生态安全屏障建设，逐步抢占生态制高点

甘肃是黄河、长江的重要源头，甘南草原湿地素有黄河“蓄水池”和“中华水塔”之称，祁连山被称为河西走廊的“母亲山”，是西北乃至全国的重要生态屏障。但甘肃生态环境脆弱，是我国生态最为脆弱的地区之一，地质灾害频繁发生，水土流失严重，草场退化，雪线上升，地下水位下降，沙漠和沙尘源地扩大等仍严重威胁着甘肃生态安全，也对国家坚持的绿色发展道路提出了不少挑战，只有突出生态安全屏障建设，抢占生态制高点，才能走上可持续、高质量发展的路子。

## 二　甘肃融入“一带一路”抢占“五个制高点”难点与重点

甘肃虽然拥有独特的区位优势和重要的资源优势，但由于各种瓶颈因素，以及改革开放的相对滞后，这些优势尚未转化为经济社会发展的突出优势。甘肃抢占“一带一路”“五个制高点”，就是要把握全局，着眼难点，抓住重点，深化改革，扩大开放，以点带面，逐次推进。

## （一）着力壮大文化产业规模，重点解决抢占文化制高点支撑力不足的问题

甘肃文化资源丰富，在推进华夏文明传承创新示范区建设过程中，提出了建设文化大省、文化强省等相关口号，但实施起来仍面临相当多的困难。当前，甘肃文化产业发展面临文化产业总体发展不平衡，文化产业结构不合理，缺乏龙头骨干企业，规模以上企业数量少，中小微企业培育孵化难度大，文化产业创新创意研发能力弱，文化产业发展环境有待优化等突出问题，解决这些问题，需要在加强组织领导，落实发展规划，优化发展环境，积极培育大型骨干企业，加快发展全域旅游，促进文化与旅游深度融合，大力培育孵化中小微文化企业等方面下功夫。

### 1. 文化产业增加值占比偏低

文化产业是甘肃十大生态产业中首位产业，已成为甘肃省经济社会发展的支柱产业之一。2018 年，甘肃文化产业增加值 178.2 亿元，增长 8.9%，占 GDP 比重 2.2%，占十大生态产业增加值比重 11.8%。与 2015 年文化产业增加值占比 2.4% 和 2016 年的 2.8%，分别下降了 0.2 个和 0.6 个百分点。与陕西省 2014～2015 年文化产业增加值占比分别为 3.7%、4.0%、4.1%，差距明显①。

### 2. 文化产业园区建设缓慢

甘肃省现有 8 个国家级文化产业示范基地园区，2017 年，包括基地其他产业在内才实现营业收入 3.4 亿元。兰州创意文化产业园是文化部首批十家国家文化产业示范园区，目前入园企业 175 家，累计投资 6.5 亿元，园区从业人员 3179 人，新增就业 245 人。张掖市祁连玉文化产业园入驻企业 107 家，从业人员 1000 余人，年纯收入 1000 万元。可见，一个文化产业园，聚集企业上百家，但普遍处于

① 马廷旭、戚晓萍：《甘肃文化发展分析与预测（2019）》，社会科学文献出版社，2019。

小而杂、小而弱的发展局面，从产值、营业收入、就业规模来说，都还处于初期起步阶段，未来增长的力量来源还不明显。

3. 文化企业国际竞争力很弱

近年来，甘肃先后与80多个国家和地区开展了文化交流活动，并向海内外积极推广宣传甘肃的“一本书、一碗面、一台戏、一个窟”。但甘肃文化产品在国际文化贸易价值链中一直处于低端地位，文化产品创新能力和品牌知名度都不高。从2015～2018年《国家文化出口重点企业和重点项目》来看，甘肃只有“庆阳香包迪拜推广项目”“庆阳香包手工市场加工基地”“舞剧《丝路花雨》对外文化交流”“华源·纽约东方创客平台”四个项目入选国家文化出口重点项目，但没有一家企业入选国家文化出口重点企业[①]。

4. 新型文化业态尚处于初级阶段

以动漫、网络游戏、文化资源数字化、文化创意等为代表的新型文化业态在甘肃还处于初级发展阶段。全省只有7家国家动漫认定企业，没有一家企业进入国家重点动漫企业和动漫进出口企业序列。目前，有点影响的动漫产品和网络游戏产品很少，只有《敦煌传奇》、敦煌艺术经典的动漫阐述《降魔成道》及网游《紫塞秋风》等。网红、手游等新型文化业态在甘肃还没有相关报道和统计数据。

5. 文化旅游收入在全国位次不高

2018年，甘肃接待国内外游客30190.9万人次，比上年增长26.4%；国内旅游收入2058.3亿元，增长30.4%。接待入境游客10.0万人次，增长27.0%。其中，接待外国游客5.7万人次，增长34.8%；接待港澳台同胞4.3万人次，增长17.4%。国际旅游外汇收入2740万美元，增长31.4%[②]。文化旅游产业收入已占到全省

① 海敬：《甘肃文化“走出去”的国际品牌培育研究》，载《甘肃文化发展分析与预测（2019）》，社会科学文献出版社，2019。

② 甘肃省统计局：《2018年甘肃省国民经济和社会发展统计公报》。

GDP 的 7%，但旅游总收入却仅相当于贵州的 22.2%、广西的 28.3%、陕西的 32.8%；游客入境规模与收入不相称，入境人数位列全国第 22，介于京津之间，收入却为全国倒数第 5 位，游客人均消费仅为全国平均水平的 62%，排在全国倒数第 2 位[①]。

## （二）着力完善商贸流通平台建设，重点解决抢占枢纽制高点牵引力不足的问题

随着国家“一带一路”建设的实施，甘肃抓住了向西开放及向南开放的历史机遇，出台了多项规划及政策着力完善商贸流通平台，支持物流基地建设，先后开通了中亚、中欧、中新、南亚国际货运班列，努力吸引货源，积极降低物流成本。

1. 全方位立体化交通基础设施网络化建设程度偏低

全省虽在交通基础设施建设方面取得了一定成绩，但还存在综合交通运输体系建设缓慢、交通网络化程度低、“断头路”和“瓶颈路”较多等问题。目前，铁路运输网络贯通全省，公路路网初步形成，县县通高速还未实现。

2. 省级之间的交通联动不足

受自然资源和地理位置所限，西北地区与东部沿海地区相比经济发展落后，对外联系薄弱。甘肃兰州作为大西北铁路、公路、航空的综合交通枢纽，应该与青海省、宁夏回族自治区等西北省区加强基础设施和发展战略互联互通，共同推动建设西北城市群经济圈，释放黄金段的吸附效应和带动效应。同时，加强与渝桂黔三省市（区）及省内相关部门协作联动，积极推进南向通道建设，发挥物流大通道在拉动经济增长中的优势。

3. 物流基地建设进展缓慢

省列重大物流基地（园区）项目绝大多数完成了选址、可行性研

① 中国（海南）改革发展研究院：《新时代甘肃融入“一带一路”打造“五个制高点”》，研究报告。

究等前期工作，并基本完成总体规划和控制性详细规划编制，开工时间总体滞后成为甘肃项目建设中存在的突出现象。部分省列重大物流基地（园区）项目仍处于可行性论证阶段，缺乏有实力民间投资主体的参与和支持，延期开工现象普遍存在。此外，部分基地处于季节性闲置状态，物流基地（园区）与综合保税区集聚辐射效应尚未完全发挥。

4. 物流企业发展规模小，管理落后，专业人才短缺，运营成本高

物流企业经济规模小，高端物流企业数量少。与外省相比，省内物流企业知名度不够，效益不够突出。企业融资渠道不畅，流动资金不足仍是困扰企业发展的最大难题。小型物流企业难以保证采购、生产、质量、物流等方面同时高质量发展，无法为那些外资企业、医药企业等特殊行业提供高端物流服务。加之，甘肃身处内陆，区内地形复杂，自然地理条件极大程度地约束了甘肃物流企业的发展。地理区位偏远，区内交通不便利，增加了物流企业的发展成本。同时，很多物流企业在经营策略方面偏向短期发展，缺乏长期战略。多数企业在物流管理及物流控制方面的实践经验较浅，且缺乏相应的技术，因此整体物流运作效率较低，无法凸显明显的优势。另外，物流专业人才短缺。物流企业对人才的需求涉及销售及供应商管理、体系维护等相关领域，目前我国在高校物流专业所设置的招生数量远远不能满足市场需求量。物流人才本就不足，再加上外资物流企业储备和垄断物流人才的影响，不仅是甘肃省，全国的物流企业都面临物流人才短缺的问题，并且在短期时间内很难解决。

5. 冷链物流等服务业态发展滞后

目前冷链物流业态在甘肃省尚处于起步阶段，业态发展缓慢，制约行业发展。一是冷链物流成本高，制约生鲜电商行业发展。目前，冷链运输主要分为从产地运输到城市的干线物流和城市内部的物流两部分，存在产地“最先一公里”和城市配送“最后一公里”的突出问题。“全程冷链、送货上门”要求生鲜电商增加产品包装成本、员工培训成本，甚至为了提高客户物流体验自建物流。高昂的成本严重

制约生鲜电商行业发展。二是冷链物流产业链难打通，对农畜产品精品化、高端化路线支撑不足。冷链物流设施不健全，尚未形成完整的产业链条，直接制约了农产品“走出去”的时效性和现代农业的发展。全省粮食、蔬菜、瓜果、中药材等农作物种植和畜牧养殖已初具规模，其中高原夏菜、苹果、中药材等农产品对带动农民增收致富作用明显，亟须冷链物流等业态加快发展，提升农畜产品的附加值和竞争力。三是行业技术人员严重匮乏。大部分企业缺乏冷藏保鲜的专业人才，很多企业的机房管理和操作技工没有经过培训，专业知识匮乏。

### （三）着力提升自主创新能力，重点解决抢占技术制高点承载力不足问题

2017 年，甘肃省部级以上科研成果登记数为 1070 项，许多成果都达到“国内领先水平”和“行业领先水平”，但是甘肃科研成果转移转化的机制尚未完全建立起来，一些发端于甘肃的高技术成果“墙里开花墙外香”，在其他省份转化应用①。

1. 创新力指数在全国居后

根据《中国城市和产业创新力报告 2017》，甘肃省 2016 年创新力指数排名第 27，仅高于新疆、宁夏、青海和西藏；创业指数排名第 28，仅高于宁夏、青海和西藏，处于全国第三梯队。

2. R&D 经费支出占 GDP 比重低

2017 年，甘肃 R&D 经费支出占 GDP 比重比全国平均水平（2.1%）低 0.9 个百分点；地方财政科技支出占地方财政支出比重比全国平均水平（2.4%）低 1.6 个百分点。

3. 企业科研投入不足

目前甘肃大多数企业科研投入不足，科技创新高层次人才缺乏，

① 中国（海南）改革发展研究院：《新时代甘肃融入“一带一路”打造“五个制高点”》，研究报告。

企业拥有的核心技术和自主知识产权少，产业核心竞争力不强，整体处于中低档水平，高端智能化、个性化产品供给不足，创新活力和创新效率较低。

## （四）着力完善信息基础设施建设，解决抢占信息制高点数字经济发展落后制约问题

近年来，甘肃信息基础设施建设取得了很大成就，但与发达地区相比信息基础设施建设仍较薄弱，与新时代数字经济发展需求相比还存在不小的差距。信息网络覆盖面不广，区域“数字鸿沟”比较明显。随着数字技术的飞速发展，新一代无线通信、虚拟现实、物联网等新应用的快速普及，对信息基础设施的需求呈现爆发式增长，对互联网的带宽和覆盖率提出了更高要求，信息基础设施建设滞后已严重制约甘肃数字经济的快速发展。

1. 数字经济发展水平落后

据 2018 年 10 月财新智库发布的《全国数字经济指数报告》，甘肃数字经济指数为 122，在全国排第 25 位，较为靠后。

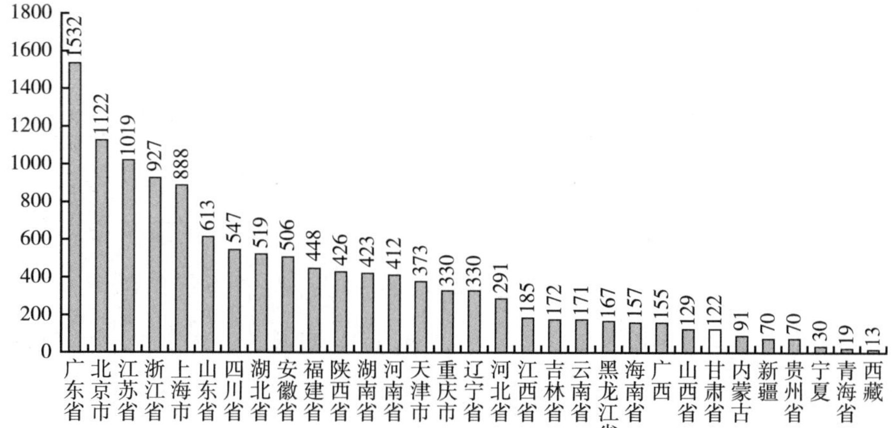


**图 6　2018 年 10 月各省份数字经济指数排序**

资料来源：财新智库《全国数字经济指数报告》，2018 年 10 月。

2. 数字经济应用领域发展不足

根据工信部2018年《中国大数据产业发展报告水平评估报告》，甘肃省大数据发展指数为26.77，在全国仅排第23位，处在全国较低水平。

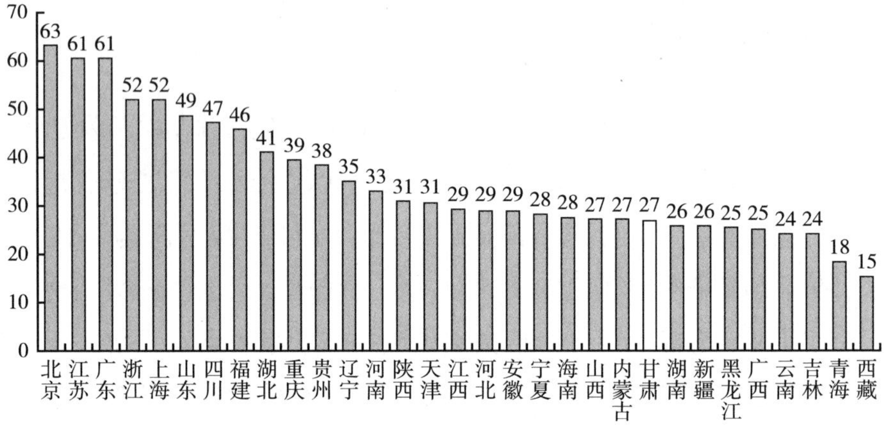


**图7　2017年全国各省份大数据发展指数**

资料来源：工信部《中国大数据产业发展报告水平评估报告》，2018。

## （五）着力发展十大生态产业，解决抢占生态制高点绿色经济发展不足问题

由于历史上长期过度开发和气候变化影响，甘肃45%的国土荒漠化，28%的国土沙化，90%的天然草原出现不同程度退化。目前甘肃人均水资源仅为全国平均水平的44%，但GDP用水量是全国平均水平的2倍，GDP能耗是全国平均水平的2.34倍[①]。2018年，甘肃十大生态产业增加值1511.3亿元，比上年增长6.7%，占全省地区生产总值的18.3%。初步测算，2019年前三季度，全省十大生态产

① 中国（海南）改革发展研究院：《新时代甘肃融入“一带一路”打造“五个制高点”》，研究报告。

业增加值同比增长6.0%，增速比上半年提高1.0个百分点，占全省地区生产总值的20.3%，比重比上半年提高0.2个百分点。全省规模以上工业能源消费量同比下降4.8%，降幅比上半年收窄0.1个百分点。其中六大高耗能行业能源消费下降5.9%。

1. 绿色经济发展转型缓慢

2005~2016年，甘肃绿色经济发展综合指数仅为0.36左右，属于较低水平。2016年全国万元GDP能耗水平为0.58吨标准煤，甘肃为1.02吨标准煤，是全国水平的1.8倍。

2. 绿色经济发展效率低

相关文献表明，甘肃绿色经济发展效率呈倒“U”形变化，绿色经济发展效率从2008年开始呈下降态势，自2012年起，低于贵州、青海等省份，在西部10个省份中，甘肃绿色经济发展效率排名垫底①。

## 参考文献


中国（海南）改革发展研究院：《新时代甘肃融入“一带一路”打造“五个制高点”》，研究报告。

张应华、王福生、王晓芳：《甘肃商贸流通发展报告（2017）》，社会科学文献出版社，2017。

张应华、王福生、王晓芳：《甘肃商贸流通发展报告（2018）》，社会科学文献出版社，2018。

张应华、王福生、王晓芳：《甘肃商贸流通发展报告（2019）》，社会科学文献出版社，2019。


① 杜良杰：《西部省市绿色经济效率与排序研究》，《科技与管理》2018年第4期。

# B.3 甘肃推进供给侧结构性改革重点问题研究

关　兵*

**摘　要：** 2016年至今，甘肃省推进供给侧改革取得良好成效，但也逐步暴露出一些问题，本文在对甘肃省供给侧结构性改革三年多来的进程成效进行检视判断的基础上，分析当前甘肃省供给侧改革面临的难点制约，提出当前甘肃省推进供给侧改革进程中存在的主要问题，如下。如何通过供给侧改革促进甘肃省新旧动能转换，当前甘肃省城市布局影响供给侧改革有效推进，如何通过供给侧改革思路加以破解，如何在供给侧改革背景下促进非公经济持续健康发展，由此就这三方面的问题进行重点分析并提出相关对策思路。

**关键词：** 供给侧改革　新旧动能转换　甘肃

供给侧结构性改革旨在从提高供给质量出发，用改革的办法推进结构调整，扩大有效供给，实现要素最优配置，提高供给结构对需求变动的适应性和灵活性，提高全要素生产率，促进经济增长方式从数量扩张型向质量集约型转变，是以习近平同志为核心的党中央深刻把

---

* 关兵，甘肃省社会科学院助理研究员，经济学硕士，主要研究方向为产业经济学、计量经济学。

握我国经济发展大势作出的战略部署，是“十三五”时期我国经济工作的主线。2016 年以来，甘肃省委省政府坚决贯彻落实国家供给侧改革的战略部署，根据甘肃省情制定实施了一系列实效性、针对性较强的政策措施，通过大力推进“三去一降一补”，减少无效和低端供给，扩大有效和中高端供给，全省经济结构实现持续优化，以资源、能源、重化工为代表的甘肃传统产业效益、活力实现显著提升，一批低效“僵尸企业”得到有效处置，企业资产负债结构和债务风险得到有效管控，一系列激发微观经济实体发展活力和优化营商环境的措施相继落地见效，增长方式转变和新经济动能培育初见成效。目前，甘肃供给侧改革已到了攻坚克难的关键期和动能转化的窗口期。为此，对甘肃省三年多来供给侧改革进程中存在的问题进行检视，分析当前甘肃省供给侧改革面临的难点制约，提出相关重点问题的破解思路对策，对促进甘肃省经济发展具有重要的决策参考意义。

## 一　甘肃省供给侧改革进程中存在的问题

### （一）经济结构调整取得新突破，但第三产业发展规模偏小，水平仍然偏低，现代服务业发展不足

2015 年，甘肃省三次产业结构尚呈 14.06∶36.74∶49.20 的格局，经过三年多以供给侧改革为主线的结构性改革，2018 年，三次产业结构已优化调整为 11.20∶32.40∶54.90，服务业比重超过第一产业与第二产业之和，增长率、贡献率相对优势进一步扩大，表明甘肃省经济结构调整已取得新突破，服务业成为甘肃经济发展的主要驱动力。

甘肃省服务业虽然取得较快发展，但发展中仍然存在一些问题。一是发展规模和发展水平仍然相对偏低。2018 年，甘肃省服务业产值规模仅居西部 11 省区（除西藏）倒数第三位，与西部先进省份和

西部平均水平存在较大差距；人均第三产业产值水平更是居西北五省区倒数第一位，服务业发展水平相对偏低。二是第三产业中现代服务业发展尚不充分，虽然甘肃省近年来大力支持服务业中新业态、新产业加快发展，2016 年以来，甘肃省服务业中传统服务业的比重逐年下降，以快递、电子商务等为代表的新业态，以大数据、软件和信息技术服务行业为代表的新兴产业发展迅速；文化产业发展势头迅猛，连年保持双位数增长。但目前甘肃省现代服务业尚未发展成为全省服务业的优势主体，至 2018 年，甘肃省服务业构成中，交通运输、仓储和邮政业、批发和零售贸易业等传统服务业合计占比为 28%，与现代服务业发展先进省份相比，新业态、新产业发展不足，传统服务业占比仍然偏大。2018 年文化产业产值占全省 GDP 比重为 2.13%，距发展成为甘肃省支柱产业之一尚有一段距离。

### （二）工业产业结构矛盾突出，“去产能”任务仍重，工业经济发展基础不稳

甘肃是全国重要的能源、原材料基地，工业结构长期以来一直以资源、能源、重化工等重工业为主，轻重工业失衡的问题长期存在。近年来，甘肃省推进供给侧改革使钢铁、煤炭等传统资源型产业特别是其中的大中型国企活力增强，但也进一步加剧了甘肃省工业轻重不均衡的矛盾和产业组织结构不合理的问题。2016～2018 年，甘肃省规模以上工业轻重工业比重由 0.235∶1 逆向调整为 0.194∶1；非公有制企业完成工业增加值占全省规模以上工业增加值的比重由 2016 年的 26.5% 下滑到 22% 左右。当前，一方面，需要较高要素投入和易出现产能过剩问题的传统重化工业和原材料采掘、加工业等传统行业仍占工业经济大头；另一方面，工业经济各领域内大中小企业、国有与非公经济竞争合作的合理产业组织结构尚未有效形成，甘肃省工业产业结构矛盾仍较突出。

虽然2016年以来甘肃省推进供给侧改革“去产能”取得较好成效，但传统经济结构下该问题的长期积累使今后甘肃省“去产能”任务仍较繁重。同时，2016年以来，我国煤炭、钢铁等主要工业品价格持续回升，是全国供给侧改革共振、需求回升、低价格基数、预期等因素共同作用的结果，这一趋势一直延续到2018年上半年，使过去两年多来甘肃省化解过剩产能在有利环境下展开，但自2018年下半年以来，国内投资、需求增速的下滑叠加中美贸易摩擦升级带来的外需增速掉头，使宏观环境经济下行压力加大，主要工业品价格转向下降趋势，甘肃工业“去产能”将在有可能利润下滑的不利背景下展开，难度加大。

产业结构矛盾仍较突出，“去产能”任务仍较繁重，叠加经济下行压力下的产品价格下降和需求不振使甘肃工业经济发展基础不稳，不利于推进供给侧结构性改革的大局。

### （三）战略性新兴产业、十大生态产业加快成长，但发展规模仍不充分，尚难成为新旧动能转换的主力军

近年来，甘肃省以大力支持战略性新兴产业加快成长、全力培育发展十大生态产业为供给侧结构性改革做“加法”的重要战略举措，力图以新业态、新产业、新的绿色发展理念，加快实现甘肃转方式、调结构、推动高质量发展和新旧动能转化。2016年，甘肃省战略性新兴产业加快成长，占生产总值的比重由2015年的12.12%上升至2016年的13.10%；2017年，甘肃省在经济发展面临较大困难的情况下保持定力调结构，加大对战略性新兴产业的支持力度，全省规模以上工业中，战略性新兴产业工业增加值逆势实现1.30%增长；2018年以来，甘肃省委作出《关于构建生态产业体系推动绿色发展崛起的决定》的重大战略决策，十大生态产业实现产值占地区生产总值的18.30%，产值增速比地区生产总值增速高出0.4个百分点，

2019 年上半年，十大生态产业继续加快成长，同比增长 5.0%，占地区生产总值的比重增至 20.10%。但目前战略性新兴产业、十大生态产业发展规模较全省经济体量而言仍然不足，尚难成为新旧动能转换的主力军。

### （四）城镇化水平持续提高，但城市规模存在结构断层，城市组团整体竞争力弱

城镇化水平的提高提高了二、三产业的集聚度，加大了市场需求，吸引加速了要素的整合，诱发新的技术创新和流动，加速新兴产业的产生，促进新旧动能的转换，是供给侧改革实现区域经济结构调整和产业布局优化的重要一环。近年来，甘肃省城镇化水平持续提高，与供给侧改革的推进相辅相成，但基于多种历史、现实原因，甘肃省在城市布局方面存在兰州市一城独大、其他地区中心城市规模相对偏小、竞争力和带动力不足、城市组团发展效率不高等问题。目前，甘肃省城市发展态势依托各地区中心城市和交通枢纽，将全省规划为三大经济区，经济区内各城市群组团发展或推进一体化，以天水、平凉、庆阳、酒泉、嘉峪关、武威、张掖、金昌等中心城市为地区增长极展开，但这些城市普遍规模偏小，经济实力偏弱且相互间仅依地域联系和经济互补性等方式展开合作或组团发展，缺乏核心引领城市。根据《2017 年中国城市竞争力报告》，在全国 294 个城市的综合经济竞争力排名中，兰州位于第 105 位，甘肃省其他城市与其差距明显，排名都在 260 位之后且位次拉开不明显，每个地区中心城市由于整体经济实力、规模不足，依托单个城市为地区增长极对周边地区的带动能力明显偏弱。2018 年以兰白为核心的大兰州经济区在甘肃经济总量中占到 39.34%，其中，中心城市兰州占全省的 32.43%，一城独大的特征明显。城市群的集聚和扩散效应有效发挥，需要建立城市间在产业技术层次和产业关联度有效梯次衔接基础上的融合式发

展模式，需要城市间依据经济实力和竞争力建立大、中、小型职能分工明确的层级式增长极网络。目前，甘肃省各城市组团或协作发展由于各城市普遍整体规模不足且经济实力相仿，城市间缺乏主次之分和功能分工，层级式增长极的网络式扩散传导效应难以展开；各地区经济发展主要依托现有产业发展和自然禀赋等条件展开，相互间经济联系松散，产业发展的战略目标缺乏主动衔接，单个城市优势产业缺乏协同配套而导致产业技术层次难以持续提升、产业发展链条难以有效延伸，城市群集聚发展效应难以形成；相关城市的一体化进程由于各种掣肘缓慢。除以兰州白银为核心的大兰州经济区外，其他区域核心增长极难以有效形成。

### （五）非公经济持续发展壮大，但规模偏小，产业层次低

供给侧结构性改革的推行，旨在扩大有效供给，矫正要素配置，优化经济结构，提升经济增长质量，进而提高全要素生产率，更好地满足社会需要，促进经济持续、健康发展。在此过程中，非公经济作为甘肃经济发展转方式、调结构进程中的最活跃因素和重要承担主体发挥着重要作用，具有较大作为。近年来，甘肃省在推进供给侧改革进程中充分重视非公经济作用，大力支持非公经济发展，努力优化非公经济发展环境，非公经济实现经济增加值的比重由 2015 年的 45.85% 上升到 2017 年的 48.20%，到 2018 年 11 月底，全省市场主体达到 157.76 万户，其中，非公经济市场主体达到 154.66 万户，占比超过 98%，较 2015 年的 124.66 万户增长 26.55%。

但当前甘肃省非公经济发展仍存在一些问题：一是非公经济与先进省份相比总体规模仍然偏小；二是非公经济企业规模偏小，产业层次低，目前甘肃省非公经济主体中，中小企业占比达 99% 以上，其中又以小型和微型企业为主，甘肃非公经济企业这种以小规模、分散经营为主的模式在市场竞争中缺乏规模经济优势，加之大多数企业分

布在劳动密集型、资源初加工型产业中，技术水平较低，使其整体市场竞争力较弱。

综上所述，目前甘肃省供给侧改革进程中存在的问题，前三个可概括为如何通过供给侧改革促进甘肃省新旧动能转换；后两个一个是当前甘肃省城市布局影响供给侧改革有效推进及如何通过供给侧改革思路加以破解的问题；另一个是如何在供给侧改革背景下促进非公经济持续健康发展的问题。本文以下将尝试分析这三个问题并提出相关思路对策。

## 二　甘肃省供给侧结构性改革中的新旧动能转换问题研究

供给侧改革旨在通过供给调整经济结构，矫正要素配置，扩大有效供给，进而提高全要素生产率，促进经济持续、健康发展，可以说，供给侧改革就是一个重塑发展动能、实现新旧动能转换的过程。有效实现新旧动能转换是甘肃省供给侧改革的核心问题。本文先对近年来甘肃省供给侧改革推进期间的新旧动能转换情况进行检视评估，总结其特征和问题，再据此提出相关促进甘肃省新旧动能转换的思路对策。

### （一）2015～2018年甘肃省新旧动能转换水平评估分析

本文参照国内外相关研究对新旧动能转换指标的设置，根据数据可得性从以下七方面对甘肃省新旧动能转换水平进行评估（括号内为该类评价要素的相应量化指标）：经济活力（非公经济增加值占地区 GDP 比重）、转型升级（第三产业产值比重）、发展质量（全员劳动生产率）、低碳发展（万元 GDP 二氧化硫排放量）、节能降耗（万元 GDP 能耗）、城镇化水平（城镇化率）、创新驱动

（R&D 经费占 GDP 比重）。每类评价要素只设一个主要量化指标，以便于与全国水平进行对照分析，评估基期为 2015 年，指标权重设置采用等权重法。

**表 1　2015～2018 年甘肃省新旧动能转换水平指数**

单位：分

| 年份 | 2015 | 2016 | 2017 | 2018 |
|---|---|---|---|---|
| 新旧动能转换水平总指数分值 | 100.00 | 121.04 | 126.43 | 132.09 |
| 经济活力指数分值 | 14.29 | 14.85 | 15.04 | 15.29 |
| 转型升级指数分值 | 14.29 | 14.80 | 15.21 | 15.44 |
| 发展质量指数分值 | 14.29 | 14.98 | 15.85 | 16.65 |
| 低碳发展指数分值 | 14.29 | 31.72 | 35.49 | 39.23 |
| 节能降耗指数分值 | 14.29 | 15.72 | 15.88 | 16.21 |
| 城镇化水平指数分值 | 14.29 | 14.79 | 15.35 | 15.78 |
| 创新驱动指数分值 | 14.29 | 14.18 | 13.60 | 13.49 |

资料来源：国家统计局编《中国统计年鉴》（2016～2019）；甘肃省统计局编《甘肃发展年鉴》（2016～2019）。

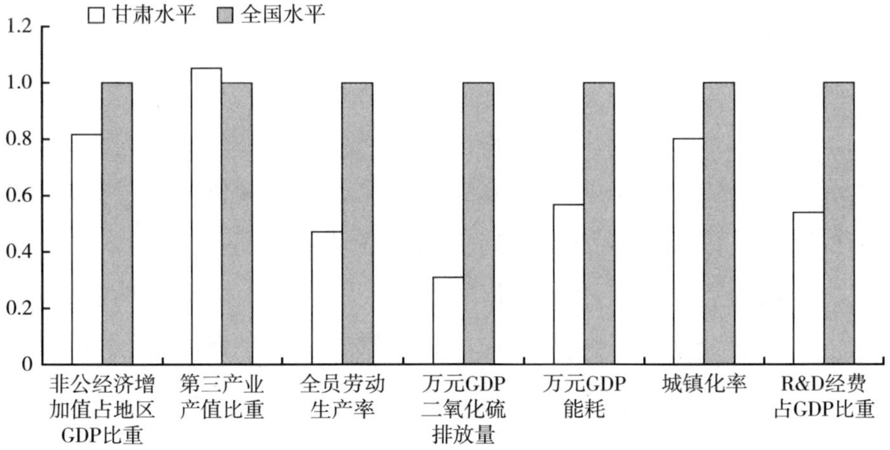


**图 1　甘肃省新旧动能转换指标与全国水平对照**

注：对照组中后一柱形为相应指标全国水平，取值为 1。

评估表明，2016～2018年，随着甘肃省供给侧改革的不断推进，甘肃省新旧动能转换水平呈逐年上升之势，经济活力逐年增强，转型升级取得较好成效，发展质量稳步提高，低碳发展水平迅猛提高，节能降耗水平逐年提高，城镇化率持续提升。但甘肃省创新驱动水平呈逐年小幅下滑的不良趋向，R&D经费占GDP比重近年不升反降，需要引起高度重视。

甘肃省新旧动能转换的七项指标除第三产业产值比重指标外与全国水平相比全面落后，说明甘肃省新旧动能转换能力相对不足，需要通过深入推进供给侧改革、大力提升全省综合经济实力等方式手段进一步加快加强。

### （二）促进甘肃省新旧动能转换水平提升的思路对策

一是要全面改造提升传统动能，使传统产业“脱胎换骨”，焕发新的生机和活力。着力打破对传统路径、落后产业的固有依赖，深入推进供给侧结构性改革，在传统产业的改造提升上，坚持有所为有所不为，进一步强化产业政策、环保、土地利用等约束机制，对落后产能和过剩产能坚决淘汰，对有优势的传统产业下大力气改造提升，继续挖掘潜能。

二是要加快培育发展新动能，使新兴产业“强筋壮骨”，成为推动经济发展的主导力量。重点加快培育发展十大绿色生态产业；重点加快打造以兰白经济区为核心的中部绿色生态产业示范区，以酒嘉、金武、张掖为重点的河西走廊和覆盖平庆、天水、陇南等地的陇东南绿色生态产业经济带，构建具有甘肃特色的生态产业体系。

三是要进一步深化体制机制改革，为新旧动能转换强化制度保障，营造良好环境。最大限度地向市场放权，营造诚信、公平、法治的市场环境和创新发展的生态环境，充分激发市场活力和社会创造力。同时，紧盯甘肃省新旧动能转换过程中亟须解决的瓶颈难题，积极借鉴创新，大胆探索，总结实践经验，有针对性地制定务实管用的政策措施，为新旧动能转换优化政策供给。

四是要加大科技创新投入力度，加快实施创新驱动战略。全省上下要全力想措施，谋经费，引导相关主体加大研发投入，尽快扭转近年科技投入不足的不良趋向；进一步加快兰州白银国家自创区和兰白科技创新改革试验区建设；进一步优化科技创新服务体系；进一步强化企业创新主体地位。增强新旧动能转换的技术支撑能力。

## 三　甘肃省供给侧结构性改革的城市布局问题研究

甘肃省目前在城市布局方面存在兰州市一城独大，其他地区中心城市规模、实力不足，组团发展难以有效实现合力，缺乏强有力地区增长极的问题。这一问题也可循供给侧改革的思路探索对策：供给侧改革的精髓在于实现资源优化配置，把城市本身看作一种资源配置要素，进行组合并赋予其新的社会经济功能同样是一种供给侧改革的有效方式；由此提出以下基于“酒嘉一体化”发展的战略构想作为破解当前甘肃省城市结构难局的一种有益思路。

### （一）发展“酒嘉一体化新区”为西北丝绸之路经济带的新战略支点

1. 西北地区丝绸之路经济带空间布局的不足

如图 2、图 3 所示，目前西北地区丝绸之路经济带发展的空间布局特征，已形成了由三个主城市群依次相连构成的网络化层级发展模式，这三个主城市群分别以其省会中心大型城市为战略支点。其空间布局的不足主要体现为：黄河上游城市群核心城市与新疆城市群核心城市之间距离遥远，以其为主体的区际相互交易、交流协作效率受到很大影响与限制；黄河上游城市群中心城市（核心增长极）及新疆城市群中心城市（核心增长极）的辐射能力不足，带际中小城市（次级增长极）的发展水平不足，使核心增长极的辐射扩散作用难以充分延伸，核心增长极之间的对流反馈效应难以完全实现。

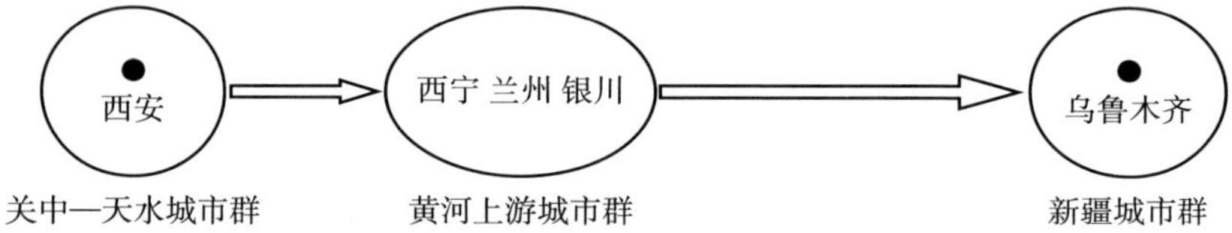


**图 2　西北地区丝绸之路经济带空间布局与战略支点城市示意**

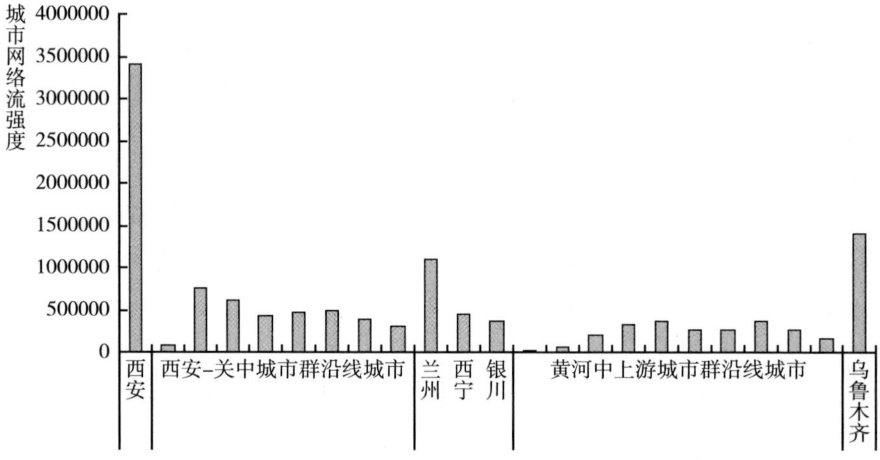


**图 3　西北地区丝绸之路经济带主要城市（增长极）网络流强度**

注：城市网络流强度是由城市外向服务部门区位商及人均实现 GDP 构建的反映增长极辐射扩散能力的综合指标，具体构造和计算方法见张建军著《中国西部区域发展路径》（科学出版社，2010）第二章第一节相关内容。

资料来源：根据《2017 年中国城市年鉴》整理计算。

2. 甘肃"酒嘉一体化新区"具备成为西北丝绸之路经济带新战略支点的条件

（1）甘肃"酒嘉一体化新区"具备发展成为大型中心城市的基础条件

"酒嘉"是指甘肃省的酒泉、嘉峪关两市，两市分别位于西北丝绸之路经济带甘肃境内黄金段的西北端。两市由于地理位置相邻，产业结构和经济结构具有互补性，近年来，甘肃省一直着力推动两市实现一体化协同发展。合并后的"酒嘉一体化新区"占据甘肃四成以上土地面积，2018 年 GDP 占甘肃全省 GDP 的 10.87% 以上，人口达 120 万人以上，具备发展成为大型中心城市的基础条件。

（2）"酒嘉一体化新区"具备成为西北丝绸之路经济带新战略支点的条件

"酒嘉一体化新区"交通条件便利，位于西陇海兰新线的重要节点上，区内拥有甘肃重要的支线机场——嘉峪关机场、唯一的经济口岸（马鬃山口岸）；"酒嘉一体化新区"区位优势明显，近乎位于兰州与乌鲁木齐中端，距兰州 748 公里，距乌鲁木齐 1142 公里；"酒嘉一体化新区"综合经济实力较强，一体化实现后网络流辐射强度据 2017 年静态数据计算与黄河上游城市群核心增长极之一的银川相当，加上合并后释放的合并红利，其对周边城市的辐射、带动作用将进一步强化，适宜作为河西走廊经济战略通道沿线城市的核心增长极，而其周边也存在敦煌、金昌、张掖等资源、产业优势互补型中等城市可作为河西走廊城市群的次级增长极。

鉴于西北丝绸之路经济带目前空间布局方面存在不足，而"酒嘉一体化新区"具有成为西北丝绸之路经济带新战略支点的良好条件，甘肃省可考虑将酒嘉一体化目标从省内区域协同发展的角度提升到实现西北丝绸之路经济带省域间主城市群间有效交流合作，提升西北丝绸之路经济带整体向西开放能力的战略高度，争取国家政策支持，加快“酒嘉一体化新区”向大型中心城市发展，构建其为西北丝绸之路经济带新战略支点。

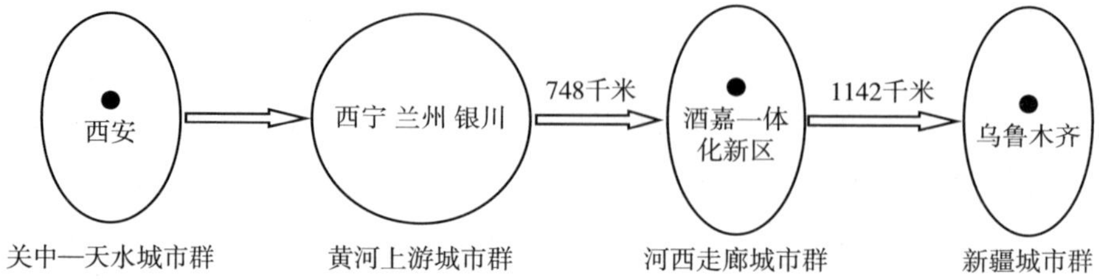


**图4 西北地区丝绸之路经济带空间布局与战略支点城市示意**

注：加入以酒嘉一体化新区为核心增长极的河西走廊城市群。

## （二）发展“酒嘉一体化新区”为甘肃第二大中心城市（工业、经济中心）

发展“酒嘉一体化新区”为大型中心城市，并争取国家支持，将其建设成为西北丝绸之路经济带新的战略支点，目前仅是一个远期战略愿景。而加快“酒嘉”一体化进程，并以适当政策手段助力，将一体化成功后的“酒嘉一体化新区”打造成为甘肃省第二大中心城市（工业、经济中心），则目前已具备一定的现实可行性和较高的战略利益价值，也是实现前述远景目标的第一步。

一是“酒嘉一体化新区”经济实力较强，具备发展成为甘肃第二大中心城市的良好条件。主要表现在：若按到2020年“酒嘉一体化”成功推进完成计，届时“酒嘉一体化新区”的GDP将占全省GDP的17.6%，固定资产投资将占全省的17.0%以上，财政收入将占全省的10.0%（全省未来年份数据取“十三五”规划目标值，酒嘉未来年份数据按其2010～2018年相关数据平均发展增速与线性拟合预测值的平均值计算），自然成为甘肃省第二大城市，今后合并红利叠加适当的政策助力将使其有较大可能发展成为甘肃省第二个大型中心城市。

二是“酒嘉一体化新区”具备较好的工业基础，产业发展方向合理，文旅资源丰富，具备发展成为甘肃新的工业、经济中心的良好条件。酒泉工业门类齐全，矿产资源丰富，风电、太阳能等新能源发展方兴未艾，嘉峪关工业园区聚集度较高，冶金深加工体系完备，未来的“酒嘉一体化新区”着力发展的新装备、新材料制造业、高载能产业和生态经济前景广阔，“酒嘉一体化新区”具备发展成为甘肃新的工业中心的良好前景；“酒嘉一体化新区”文旅资源丰富，而文旅产业融合发展正是甘肃省当前重点支持的发展方向，文旅产业的大力发展及其带来的人流、财流、物流汇聚将为“酒嘉一体化新区”发展成为甘肃新的经济中心带来较大助益。

三是有利于破解当前甘肃省在地区城市布局方面兰州市一城独大，其他地区中心城市带动力不足的难局。“酒嘉一体化新区”如愿发展成为甘肃省第二大中心城市乃至西北丝绸之路经济带新战略支点城市，将在甘肃东西两端形成兰州、“酒嘉”两大核心增长极，克服甘肃狭长地理条件限制下由城市规模断层形成的“东强西弱”不平衡地域发展格局，省内两大增长极沿线将真正形成大、中、小城市分工有序，主、次增长极分明的两大城市群层级网络增长极发展模式，通过两大核心增长极的辐射带动作用和对流反馈效应，进一步激活全省经济活力；省外将进一步强化沿线省区、国家间的交流、合作效率，使甘肃丝绸之路经济带黄金战略通道的作用更加有效发挥。

## 四　甘肃省供给侧改革中的非公经济发展问题研究

非公经济的健康稳定发展对于甘肃省供给侧改革深入推进具有重要意义。当前甘肃省非公经济发展的主要症结在于发展环境问题，本文先对近年来甘肃省非公经济发展环境及其分类要素发展状况进行检视评估，总结其发展趋势、特征和问题，再据此提出相关促进甘肃省非公经济发展的思路对策。

## （一）甘肃省非公经济发展环境及其影响要素评价分析

**表 2　2015～2018 年甘肃省非公经济发展环境及其影响要素评价**

单位：分

| 年份 | 2015 | 2016 | 2017 | 2018 |
|---|---|---|---|---|
| 非公经济发展环境指数总分 | 113.81 | 119.19 | 118.05 | 121.80 |
| 政策环境指数分值 | 27.32 | 29.48 | 30.64 | 31.76 |
| 融资环境指数分值 | 31.52 | 32.45 | 30.89 | 32.08 |
| 成本、税负环境指数分值 | 16.42 | 17.03 | 17.03 | 17.58 |
| 研发环境指数分值 | 15.56 | 16.07 | 16.07 | 16.22 |
| 人力资源环境指数分值 | 12.10 | 12.76 | 12.25 | 12.85 |
| 内生发展环境指数分值 | 10.89 | 11.40 | 11.17 | 11.31 |

注：本表指标体系见《甘肃经济发展分析与预测（2018）》，社会科学文献出版社，2018，第 93～95 页，评估基期为 2013 年。

资料来源：国家统计局编《中国统计年鉴》（2016～2019），甘肃省统计局编《甘肃发展年鉴》（2016～2019）；甘肃省经济信息网、甘肃省统计局网站相关文章。

评估显示，2018 年甘肃省非公经济发展环境指数为 121.80 分，较 2015 年得分增长了 7.99 分，2016 年供给侧改革开始推进以来，甘肃非公经济发展环境总体上基本保持逐年小幅稳步优化提升的良好态势，表明近年来甘肃省在党中央、国务院关于扶持非公经济发展的相关精神指引下，陆续出台一系列支持非公经济发展的政策措施，着力优化甘肃非公经济发展环境取得较好成效。2017 年以来受省内经济发展出现一定波折的大势影响，甘肃非公经济发展环境水平也略有下滑，但在省委省政府强有力对策支持下，2018 年全省非公经济发展已扭转颓势，相关指标全面回升。

甘肃省非公经济发展环境的影响要素中，非公经济政策环境指数得分近年来实现小幅稳步增长，表明甘肃省非公经济政策环境近年来总体上实现了一定程度的优化；非公经济融资环境指数得分、成本税负环境指数得分、人力资源环境指数得分近年来呈现微幅缓慢波动增长的总体趋势，表明“融资难”、成本税负高、“用工难”仍是近年来制约甘肃非公经济发展的主要问题，且近年来这些问题虽在逐步优化缓解中，但尚未得到有效破解；非公经济研发环境指数得分近年来实现逐年小幅增长，表明近年来甘肃省非公经济的科技创新能力有所提高；非公经济内生发展环境指数得分近年来呈小幅波动下降趋势，表明近年来甘肃非公经济主体内生发展能力不足，经营管理能力、经济效益水平亟待提升。

### （二）供给侧改革背景下促进甘肃省非公经济发展的思路对策

1. 进一步优化非公经济发展环境，重点解决好“融资难”和政策落实问题

解决非公经济的“融资难”问题，除了在积极拓展融资渠道，进一步完善融资担保体系等方面入手着力建立有效的非公经济融资服务体系外，还应当以供给侧改革的思路，从创新金融服务方面多策并举，尝试破解非公有制经济融资瓶颈。

解决政策落实问题，一是需要不折不扣落实支持非公经济发展 19 条、中小微企业高质量发展 58 条等政策措施，切实推行“不来即享”等政策兑现机制。二是需要进一步转变政府工作作风，着力构建新型“亲”“清”政商关系，做到真实筑巢、真心引凤、真诚帮忙。

2. 进一步放宽非公经济市场准入，消除隐性壁垒

非公经济实现快速健康发展，需要进一步放宽市场准入，消除各种隐性壁垒，为非公经济创造公平竞争、平等参与的良好市场环境。

为此需要按照权利平等、机会平等、规则平等的原则，全面清理和修订限制非公有制经济市场准入的政策规定，坚决取消限制非公经济进入的歧视性条款，通过制定和实施《市场准入负面清单》，推动“非禁即入”普遍落实。通过深化“放管服”改革，保证非公经济与其他市场主体同等公平地参与市场竞争，并且做出硬性约束，今后在市场准入中不得擅自设置或提高民营资本的准入门槛。

3. 进一步着力降低非公经济成本、税负水平

一是要结合供给侧结构性改革的推进完善非公经济要素支撑，从用地、用能、收费等要素入手，切实降低非公经济企业运行成本；二是要进一步优化非公经济人力资源环境，努力通过实施如“阶段性降低民营企业社会保险费率”等实效措施，降低民营企业用工成本；三是要从严审批非公经济涉企收费项目，对涉企收费进行专项清理，规范和清理行政审批中介服务；四是要全面落实国家对非公经济、中小微企业的普惠性减税政策，制定实施符合省情的非公经济财税优惠政策，持续推进为非公经济降低营商成本、减费减负的办法措施，追踪检查非公经济各项税收优惠政策落实情况。

4. 进一步推动非公经济企业创新驱动，提升非公企业竞争力

一是要结合供给侧结构性改革的推进，鼓励和引导民营企业按照市场需要和国家产业政策，逐步从劳动密集型低端行业向高新技术、新能源、生态产业、现代服务业等领域进军，把通信、旅游、非义务教育、非基本医疗、文化娱乐和社区服务等新型服务业产业培育成非公经济的投资热点和新的经济增长点；二是要想方设法鼓励民营企业做大做强，加强对非公有制企业经营管理者的培训和引导，用现代企业制度和生产经营理念武装他们，引导他们追求持续的发展和更高的效益，提高非公经济企业主体的市场竞争力；三是要充分调动民营企业的自主创新积极性，鼓励开展产学研结合，建立技术创新服务体系，增强其技术创新能力。

## 参考文献

罗哲：《甘肃供给侧改革的难点、重点与风险管控》，《开发研究》2017 年第 3 期。

关兵：《甘肃构建西北丝绸之路经济带新战略支点构想》，《开发研究》2017 年第 5 期。

徐吉宏、徐吉伟：《甘肃非公有制经济发展形势分析与对策》，《江苏商论》2018 年第 4 期。

刘岐涛、王磊：《新旧动能转换指数测度研究》，《中国国情国力》2018 年第 9 期。

# 产业发展篇

**Industry Development Reports**

## B.4
## 2019～2020年甘肃农业与农村经济形势分析与预测

燕星宇*

**摘　要：** 2019年是新中国成立70周年，是决胜全面建成小康社会、实施“十三五”规划的冲刺之年。农业总产值、农民人均纯收入、农业机械化水平等比2018年均有所提高，但相较全国农业发展形势而言，甘肃省农业仍存在产业规模小、特色不明显、农业劳动者的素质普遍偏低、农业基础设施落后、制度性矛盾突出等问题。新时代要实现全省农业的现代化发展，需进一步转变发展思路和发展方式，在不断增强农业农村经济发展

* 燕星宇，甘肃省社会科学院研究实习员，主要研究方向为产业经济和农村经济。

内生动力上下功夫，充分发挥市场调控农业经济的决定性作用。

**关键词：** 农村经济　寒旱农业　黄河流域治理　甘肃

甘肃省围绕统筹推进“五位一体”总体布局和协调推进“四个全面”战略布局，牢牢把握稳中求进工作总基调，落实高质量发展要求，坚持农业农村优先发展总方针。以实施乡村振兴战略为总抓手，对标全面建成小康社会“三农”工作任务清单，深化农业供给侧结构性改革，坚决打赢脱贫攻坚战，做大做强乡村特色产业，全面推进乡村振兴。2019 年甘肃气象条件总体有利，农业农村经济运行态势保持在合理区间，在进一步巩固发展成果的同时，持续呈现稳中有进、稳中向好的发展态势，发挥了一定的“压舱石”作用。已形成的特色优势产业，在产业规模、产品质量、市场需求等方面还处在低位均衡，加上行业内部摩擦和对农产品价格判断的滞后，使农产品供给依然处于需方市场，一定程度上影响了农业增效和农民增收。农村基础设施条件得到明显改善，在交通、住房、通信和新能源建设等方面表现最为明显，农业生产条件和农村社会公共服务体系建设还呈现低水平，突出表现在高标准农田建设不具规模，机械化水平不高，农村教育和医疗水平的低层次性。农业从业人员的水平整体有所提高，但仍表现为总量供给的短缺，高素质人才的稀缺和再培训再教育、社会福利等方面投入的不足，使未来农村将面临更严峻的“空心化”问题，也让乡村振兴中的人才振兴成为农业可持续发展的最大瓶颈。

## 一　2019年农业与农村经济基本运行状况

2019 年以来，全省各级农业部门认真贯彻落实中央和省委一号文件精神，农业农村经济运行总体平稳，并保持在合理区间，农业农村经济发展势头良好。

### （一）农业经济运行基本情况

2019年，甘肃农业经济发展取得了三大突出亮点，第一产业增加值增速跃居全国前列，粮食连续8年获得丰收，主要农产品产量大幅增长。

1. 第一产业增加值增长加速，增速位居全国第二

根据2019年前三季度农业数据初步核算，全省第一产业增加值790.3亿元，增长5.9%，增速分别比一季度和上年同期提高0.6个和0.5个百分点，比全国水平（3.0%）高2.6个百分点；增速居全国第2位，位次比一季度和上年同期均前移1位。

2. 粮食稳定增产，粮食总产量再上新台阶

前三季度，全省农业生产形势良好，畜牧业稳步发展。全省农林牧渔及农林牧渔服务业增加值823.09亿元，同比增长5.7%，增速比上半年提高0.5个百分点。全省夏粮产量327.5万吨，同比增长2.0%；预计秋粮产量838.57万吨，增长1.0%，全年粮食生产有望再获丰收。

3. 特色农产品优势显现，“蔬、果、药、牛、羊”产量增加明显

前三季度，全省蔬菜产量1224.69万吨，同比增长15.9%；水果产量236.09万吨，增长16.2%；预计中药材产量113.14万吨，增长11.1%。全省牛存栏同比增长3.8%，出栏增长4.8%；羊存栏同比增长5.8%，出栏增长6.1%；猪存栏同比下降9.9%，出栏下降5.0%。具体是以2019年上半年数据进行的对比分析（见表1）。

综合分析预测，2019年农业各部门生产数据与往年同期相比浮动不大，由此可推测2019年全年农业发展将与上年基本持平，同时将为2020年农业较好发展打下坚实基础。值得关注的是，生猪养殖数量较上年有所下降，因为2018年非洲猪瘟对全省生猪养殖造成的

不利影响，使2019年生猪养殖市场萧条，农户养猪的积极性不高。2019年生猪市场供给的稀缺，必然导致猪肉市场价格的急剧升高；在价格调控机制的作用下，国家必然会加大对生猪养殖的投入，从而调动农民养猪的积极性。

**表1　2019年上半年全省农业主要生产部门统计数据**

| 农业增加值(亿元) | 1～6月 | 增长(%) |
|---|---|---|
| 农林牧渔业增加值 | 267.46 | 5.2 |
| 种植业 | 133.92 | 7.0 |
| 林业 | 1.93 | -8.9 |
| 牧业 | 107.22 | 4.2 |
| 渔业 | 0.74 | 4.4 |
| 农林牧渔服务业 | 23.65 | 2.0 |
| 农产品产量(万吨) | 1～6月 | 增长 |
| 夏粮预计 | 327.2 | 1.9 |
| 蔬菜 | 397.0 | 15.4 |
| 水果 | 9.7 | 12.1 |
| 肉类总产值 | 52.1 | 3.0 |
| 猪肉 | 28.2 | 1.4 |
| 牛肉 | 10.5 | 4.0 |
| 羊肉 | 11.4 | 5.6 |
| 牛奶 | 20.6 | 3.8 |
| 禽蛋 | 8.7 | 3.8 |

资料来源：甘肃省发展改革委农经处。

## （二）农村居民收入稳步增长，居民消费支出增长乏力

### 1. 农村居民收入增长较快，家庭经营收入成为增收的主导力量

2019年前三季度，农村居民人均可支配收入4177元，增长9.0%，增速比一季度提高0.1个百分点，与上年同期持平；增速居

全国第19位，位次分别比一季度和上年同期后移4位和5位。

2. 农村居民消费支出回落，农民生活质量进一步提高

前三季度，农村居民人均生活消费支出4732元，增长1.9%，增速分别比一季度和上年同期回落2.4个和25.0个百分点。

综合分析预测，结合2018年甘肃省农村居民人均可支配收入在全国排名第31。2019年前三季度数据，2019年全省农村居民可支配收入与往年波动不大，处于全国农村居民收入水平的末端。受经济社会整体发育度等因素的影响，农村居民消费支出普遍偏低且增长乏力。

### （三）农产品价格整体上扬，肉类产品尤为突出

根据农业农村部“全国农产品批发市场价格信息系统”监测最新数据（2019年9～10月）和全省重要商品价格监测表，农产品价格整体比上年同期上升1.12个点。具体数据见表2。

**表2　全省重要农产品价格监测**

| 序号 | 品种 | 规格 | 单位 | 本期价格 | 上期价格 | 上年同期 | 环比（%） | 同比（%） |
|---|---|---|---|---|---|---|---|---|
| 1 | 生猪出场价 | 出栏肥猪(三元) | 元/50公斤 | 1201.67 | 1192.95 | 702.02 | 0.73 | 71.17 |
| 2 | 玉米销售价 | 黄马齿型,中等 | 元/50公斤 | 101.35 | 100.92 | 102.46 | 0.43 | -1.08 |
| 3 | 豆粕 | 二级 | 元/公斤 | 3.36 | 3.33 | 3.50 | 0.90 | -4.00 |
| 4 | 大白菜 | 新鲜一级 | 元/500克 | 1.08 | 1.14 | 1.38 | -5.26 | -21.74 |
| 5 | 胡萝卜 | 新鲜一级 | 元/500克 | 1.96 | 1.85 | 2.05 | 5.95 | -4.39 |
| 6 | 白萝卜 | 新鲜一级 | 元/500克 | 1.49 | 1.55 | 1.43 | -3.87 | 4.20 |
| 7 | 土豆 | 新鲜一级 | 元/500克 | 1.45 | 1.47 | 1.51 | -1.36 | -3.97 |
| 8 | 芹菜 | 新鲜一级 | 元/500克 | 2.47 | 2.51 | 2.93 | -1.59 | -15.70 |
| 9 | 豆腐 | 新鲜一级 | 元/500克 | 2.60 | 2.59 | 2.60 | 0.39 | 0.00 |
| 10 | 尖椒 | 新鲜一级 | 元/500克 | 2.31 | 2.24 | 2.73 | 3.12 | -15.38 |
| 11 | 青笋 | 新鲜一级 | 元/500克 | 2.18 | 2.17 | 2.46 | 0.46 | -11.38 |

续表

| 序号 | 品种 | 规格 | 单位 | 本期价格 | 上期价格 | 上年同期 | 环比(%) | 同比(%) |
|---|---|---|---|---|---|---|---|---|
| 12 | 油菜 | 新鲜一级 | 元/500 克 | 3.25 | 3.20 | 3.38 | 1.56 | -3.85 |
| 13 | 西红柿 | 新鲜一级 | 元/500 克 | 1.78 | 1.67 | 3.35 | 6.59 | -46.87 |
| 14 | 洋葱 | 新鲜一级 | 元/500 克 | 1.49 | 1.50 | 1.28 | -0.67 | 16.41 |
| 15 | 菜籽油 | 桶装一级浸出 5L | 元/桶 | 61.83 | 61.80 | 64.03 | 0.05 | -3.44 |
| 16 | 鲜猪肉 | 新鲜剔骨后腿肉 | 元/500 克 | 20.91 | 21.64 | 12.79 | -3.37 | 63.49 |
| 17 | 鲜牛肉 | 新鲜剔骨 | 元/500 克 | 33.46 | 32.81 | 29.49 | 1.98 | 13.46 |
| 18 | 鲜羊肉 | 新鲜带骨 | 元/500 克 | 34.55 | 34.35 | 29.51 | 0.58 | 17.08 |
| 19 | 鸡肉 | 白条鸡,开膛上等 | 元/500 克 | 13.61 | 13.17 | 11.49 | 3.34 | 18.45 |
| 20 | 鸡蛋 | 新鲜完整 | 元/500 克 | 6.29 | 6.18 | 5.51 | 1.78 | 14.16 |
| 21 | 苹果 | 一级红富士 | 元/500 克 | 6.73 | 7.46 | 5.64 | -9.79 | 19.33 |
| 22 | 梨 | 一级 | 元/500 克 | 3.83 | 3.78 | 3.63 | 1.32 | 5.51 |
| 23 | 大豆(黄豆) | 中等 | 元/500 克 | 4.15 | 4.14 | 4.15 | 0.24 | 0.00 |
| 24 | 当归 | 优质 | 元/千克 | 30.62 | 30.25 | 31.00 | 0.19 | 0.00 |
| 25 | 黄芪 | 优质 | 元/千克 | 10.67 | 10.40 | 10.86 | 0.13 | 0.00 |
| 26 | 天然气 | 居民用气 | 元/方 | 2.18 | 2.19 | 2.20 | -0.46 | -0.91 |

注：表中序号 1～14 为 2019 年 8 月 14 日价格，序号 15～23 为 2019 年 8 月 10 日价格，序号 24、25 为近两月平均市场价格，26 为 2019 年 9 月 26 日价格。

综合分析预测，以鲜猪肉、鲜牛肉、鲜羊肉、鸡肉等为代表的肉类产品价格上扬显著，这与 2019 年肉类市场行情看涨呈正相关，其中鲜猪肉价格上涨更为明显，这与 2019 年猪肉市场供给紧俏有关；以大白菜、土豆、尖椒、油菜、菜籽油等为代表的经济作物价格降幅显著，主要与全省进一步调整粮经比、加大经济作物种植规模有关；其中玉米价格也较上年同期有所下降，主要源自 2019 年进一步加大玉米进口比例，从而压低了国内玉米的市场价格；苹果价格优势显著，当归、黄芪价格与 2018 年同期保持稳定。

## （四）农业产业化龙头企业成为推动农村产业发展的重要力量

根据甘肃省农业农村厅2017年统计数据，2013～2016年全省农业产业化龙头企业数量逐年攀升，2017年受经济下行压力和行业内部竞争的影响，龙头企业的数量有所下降，其行业分布集中在粮食、水果、蔬菜、中药材、肉类等领域，兰州市、武威市、定西市企业数量居多。具体见表3、表4。

**表3　2017年甘肃省农业产业化龙头企业行业分布**

单位：家

| 行业分布 | 数量 |
|---|---|
| 一、种植业(种植及加工) | 1579 |
| 1. 粮食类 | 348 |
| 2. 油料类 | 35 |
| 3. 糖料类 | 4 |
| 4. 水果类 | 334 |
| 5. 蔬菜类 | 227 |
| 6. 棉麻丝类 | 12 |
| 7. 中药材类 | 143 |
| 8. 茶叶类 | 20 |
| 9. 花卉类 | 8 |
| 10. 其他 | 448 |
| 二、畜牧业(养殖及加工) | 516 |
| 1. 肉类 | 334 |
| 2. 蛋类 | 51 |
| 3. 奶类 | 47 |
| 4. 皮毛 | 9 |
| 5. 其他 | 75 |
| 三、水产类(养殖及加工) | 18 |
| 四、林业(种植及加工) | 49 |
| 五、其他 | 65 |
| 合计 | 2227 |

**表 4　2017 年甘肃省农业产业化龙头企业地区分布情况**

单位：家，亿元

| 市州 | 数量 | 固定资产 | 销售收入 |
|---|---|---|---|
| 兰州市 | 180 | 53 | 92 |
| 嘉峪关 | 8 | 4 | 3 |
| 金昌市 | 56 | 18 | 21 |
| 白银市 | 151 | 34 | 56 |
| 天水市 | 378 | 55 | 67 |
| 武威市 | 280 | 126 | 135 |
| 酒泉市 | 138 | 52 | 75 |
| 张掖市 | 209 | 73 | 68 |
| 定西市 | 183 | 76 | 95 |
| 陇南市 | 203 | 28 | 35 |
| 平凉市 | 196 | 41 | 51 |
| 庆阳市 | 108 | 29 | 41 |
| 临夏州 | 97 | 27 | 51 |
| 甘南州 | 22 | 12 | 5 |
| 兰州新区 | 16 | 8 | 5 |
| 农垦公司 | 2 | 20 | 23 |
| 全省 | 2227 | 656 | 823 |

综合分析预测，2019 年农业产业化龙头企业将在行业和地区分布上保持稳定，总体数量与往年持平，对于农村产业发展将持续发挥重要作用。

### （五）农民专业合作社发展迅猛

根据甘肃省农业农村厅统计数据整理，2009 年至 2018 年上半年甘肃省农民专业合作社发展迅猛，合作社数量逐年增加，带动农户人数逐年递增，增长量和年均增长率自 2015 年起呈下降趋势。具体见图 1。

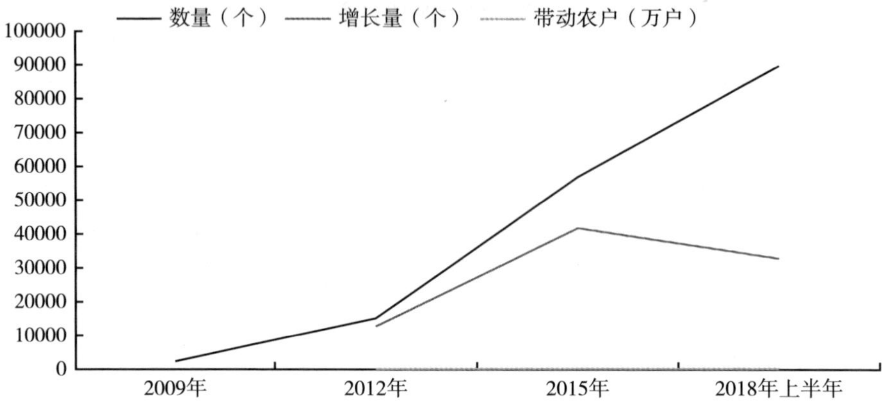


**图1　2009 年至2018 年上半年甘肃省农民专业合作社发展情况**

综合分析预测，2019 年农民专业合作社将在总量和带动农户人数上与往年持平，增长量持续呈现下降趋势，峰值出现在2016 年前后，这与全省在脱贫攻坚中鼓励发展农民专业合作社的政策有关，目前已基本落实到位。

## （六）土地流转规模逐年增大，流转形式多样

根据甘肃省农业农村厅统计数据整理，2014～2016 年甘肃省土地流转规模逐年增大，流转形式包括出租、转包、互换、转让、股份合作等，趋于丰富，具体见表5。

综合分析预测，2019 年全省土地流转面积、流转率将进一步提高，受制于土地改革制度和相关配套政策的滞后性，将与往年保持小幅度波动。土地出租、转包依然是土地流转中的主要形式，也是农民获得财产性收入的主要来源。全省的土地流转将在近年内持续呈现小规模、低水平的特点，要形成助推现代农业发展的农村土地规划，还有赖于农村土地市场的进一步放开和相关政策的出台。

表5　2014～2016年甘肃省土地流转与流转形式统计汇总

单位：万公顷，%

| 年份 | | | 2014 | 2015 | 2016 |
|---|---|---|---|---|---|
| 全省流转总面积 | | | 65.47 | 75.75 | 81.35 |
| 全省流转率 | | | 20.10 | 23.00 | 25.00 |
| 流转形式 | 出租 | 面积 | 34.01 | 41.71 | 45.97 |
| | | 占总流转面积的比重 | 52.95 | 55.06 | 56.51 |
| | 转包 | 面积 | 14.47 | 15.84 | 17.35 |
| | | 占总流转面积的比重 | 22.11 | 20.91 | 21.32 |
| | 互换 | 面积 | 9.07 | 9.62 | 9.29 |
| | | 占总流转面积的比重 | 13.86 | 12.70 | 11.47 |
| | 转让 | 面积 | 2.65 | 2.95 | 3.01 |
| | | 占总流转面积的比重 | 4.05 | 3.90 | 3.70 |
| | 股份合作 | 面积 | 0.75 | 0.89 | 0.97 |
| | | 占总流转面积的比重 | 1.15 | 1.18 | 1.19 |
| | 其他 | 面积 | 4.51 | 4.73 | 4.77 |
| | | 占总流转面积的比重 | 6.88 | 6.25 | 5.87 |

## 二　甘肃农业与农村发展现状及不足

### （一）农村主导产业已初具规模，发展水平还处在低位均衡

根据2018年甘肃省委省政府作出的《关于构建生态产业体系推动绿色发展崛起的决定》，2019年全省继续围绕培育发展清洁生产、节能环保、清洁能源、先进制造、文化旅游、通道物流、循环农业、中医中药、数据信息、军民融合十大生态产业，坚定走好生产发展、生活富裕、生态良好的绿色发展崛起之路。经初步测算，2019年上半年，全省十大生态产业稳步增长，完成增加值756.58亿元，同比

增长5%，占全省地区生产总值的20.1%。各类产业项目总投资1505.74亿元，截至目前，累计完成投资464.45亿元，十大生态产业带动作用明显。

围绕乡村产业振兴目标，立足“牛、羊、菜、果、薯、药”六大农产品资源优势，培育形成了牛羊肉、马铃薯、苹果、中药材、高原夏菜等一大批特色优势主导产业，2019年上半年全省特色优势产业面积达到1453万亩，全省粮经饲结构比为32.1∶13.7∶0.9。发展形成了“六大区域”生态循环农业发展模式，分别是河西戈壁生态农业循环发展新业态、陇东粮畜果一体化区域循环模式、中部小流域治理与产业开发循环模式、陇南与天水南部山地立体复合生态循环模式、甘南及祁连山高寒牧区草地生态畜牧业循环模式和沿黄灌区绿色高效现代都市农业循环模式。

以六大特色产业精深加工和品牌建设为重点，进一步推进农村一二三产业融合发展。2019年通过建设农产品加工示范基地、创建特色农产品加工强县，农产品加工率为55%左右。深入实施质量兴农、品牌强农战略，着力打造“陇”字号知名农产品品牌，加强地理标志品牌和区域公用品牌培育，推进无公害、绿色食品、有机农产品和农产品地理标志开发认证，全省“三品一标”产品数量年增幅保持在8%以上，全省认证农产品累计达到2318个。实施冷链物流建设计划，加快兰州国际高原夏菜副食品采购中心、定西马铃薯综合交易中心等重点市场建设，建成农产品产地批发市场20个、农贸市场30个、冷链物流项目40个。

综合分析2019年全省农村主导产业发展现状，各方面都有显著提升，然而还有很大的发展空间。一是十大生态产业方面，各产业之间进展不平衡，部分产业项目土地、规划、环评等前期进展缓慢，未形成有效投资，影响了总体进度；重大带动性工程引领示范作用未充分发挥，产业延伸不够全面，带动力不足，尚未形成具有竞争优势的产业集群；因社会资本募集困难，生态产业发展子基金设立进度缓慢，目前仍未实现投入运营。二是特色产业方面，已形成的“六大区域”生态循环农业发展模式，规模还较小，产品的区域属性还不明显，同质化竞争比较严重，下一步需要对各区域内的特色产品进行深度开发；特色优势农产品的供给市场需要进一步拓展，借助“一带一路”倡议和新一轮西部大开发的有利契机，推动全省特色优势农产品“走出去”，做好“产销对接”“农超对接”。三是人才短缺，加快培养发展农村主导产业所需的各类人才，特别是在生产、加工、销售、管理等关键环节具备专业知识和技能的人才，加大对他们知识更新、技能拓展的教育投入，并给予相应薪酬待遇方面的政策倾斜。

### （二）农村基础设施、人居环境进一步改善，需要加快补齐短板

2019 年，甘肃省委、省政府将引水工程作为改善农村基础设施的重点工程，截至 2019 年上半年，黄河甘肃段防洪工程基本完成建设任务，引洮供水二期主体工程建设实现工期过半，完成任务过半，引洮供水二期配套城乡供水工程加快实施，新增 115. 5 万亩高效节水灌溉面积。

加快推动农村“厕所革命”、“垃圾革命”和“风貌革命”。2019 年改建户用卫生厕所 50 万户以上，争取到 2020 年农村户用卫生厕所普及率为 50% 左右；乡镇生活垃圾收集转运处理设施基本实现全覆盖，90% 以上的村庄生活垃圾得到有效治理；新改建农村公路 1 万多公里，农村安全饮水工程受益 90 万户 382 万人，完成危房改造 7. 9 万户，在民族地区新建、改扩建 62 所农村寄宿制学校。

健全完善农村村级公益性设施共管共享机制，管好、用好、维护好村级公益性设施。积极推广“粮改饲”全株玉米青贮技术，集成推广一批秸秆收、储、运、用和秸秆资源化利用的整县推进示范模

式。推进废旧农膜回收利用与尾菜处理利用专项行动，强化农膜源头防控，全面提升回收利用水平，深入推进尾菜处理利用。以张掖市甘州区、武威市凉州区、平凉市崆峒区畜禽粪污资源化利用整县推进为重点，加快构建畜禽养殖废弃物资源化利用市场机制，试点开展畜禽粪污处理全产业链建设。

综合分析2019年全省农村基础设施、人居环境的发展现状，各方面在进一步提升的同时，依然存在较为突出的问题。主要表现在如下方面。一是受制于城乡二元结构，农村基础设施欠账较多，公共服务均等化水平还比较低，城镇化率只有46.4%，城乡发展的差距在进一步拉大。二是受制于农村土地制度改革的滞后性，当前改善农村基础设施、人居环境的工作具有短期性、表面性的特点，不利于形成长远、科学的农村基础设施规划。三是受制于十分艰巨的脱贫攻坚任务，贫困面广、贫困程度深、贫困发生率高、返贫率高等都是影响农村如期实现全面脱贫的重要因素，同时也是阻碍农村基础设施、人居环境更好改善的重要原因。

### （三）聚力解决“两不愁三保障”突出问题，脱贫攻坚任务艰巨

2019年，习近平总书记在参加十三届全国人大二次会议甘肃代表团审议时，对甘肃的脱贫攻坚作出重要指示，甘肃省委、省政府把脱贫攻坚作为实施乡村振兴战略的底线任务，重点解决“两不愁三保障”突出问题，落实“一户一策”精准脱贫计划。目前，“两不愁”问题得到基本解决，“三保障”中的农村饮水完成较好，饮水安全巩固提升三年建设任务已基本完成，农村集中供水率和自来水普及率分别达到92%和89%；住房安全保障工作顺利推进，预计2019年底将完成对剩余2.65万户农村四类重点对象存量危房的改造，确保50万建档立卡贫困人口全部入住；基本医疗和义务教育保障有序展

开，预计2019年底将实现贫困村卫生室全覆盖，新增乡村义务教育公益性岗位1万个，实施精准脱贫劳动力培训30万人。

综合分析2019年全省脱贫攻坚工作，在重点解决好“两不愁三保障”突出问题的同时，保证已脱贫人口不返贫，实现“真脱贫”“稳脱贫”是扶贫工作的关键。

一要进一步加强基层党组织建设，充分发挥战斗堡垒作用。农村基层党组织作为脱贫攻坚的前沿阵地，作风好不好，能力强不强，作用发挥得怎么样，直接关系脱贫攻坚的质量和成效。因此必须把脱贫攻坚同基层组织建设有机结合起来，真正把基层党组织建设成为带领群众脱贫致富、维护农村稳定的坚强领导核心。

二要进一步抓实产业扶贫夯实脱贫基础，培育发展新动能。发展产业是实现“稳脱贫”的根本之策，也是固本培元最有效的举措。既要建立系统思维和全局视野，又要下足“绣花”功夫因地制宜。既要推动本土产业“走出去”，又要注重外省产业“引进来”。既要重视新旧动能转换，又要培育和发展新动能。甘肃是农业大省，又在核产业、航空航天等领域保持着传统优势，因此做大做强农业特色产业将为打赢脱贫攻坚战提供关键支撑，做深做精军民融合发展将为经济增添新动能。同时，要注重增强甘肃省产业基础的高质量发展，把十大生态产业作为一项基础工程来抓，通过转方式、调结构、品牌化建设，推进产业集中集群发展；改造有色、冶金、化工、建材等传统产业，实现绿色循环发展。只有实现甘肃省产业基础的高质量发展，才能推动产业扶贫迈上新台阶。

三要尽快建立脱贫长效机制，发挥制度兜底作用。扶贫工作任重而道远，需要久久为功，因此要建立脱贫长效机制，将“两不愁三保障”纳入规章制度中，建立明确的执行标准和具体实施的责任机制，保证落到实处。义务教育方面，要形成公安、民政、司法等部门对辍学保学的联防联控，同时出台插班、单独编班等的分类实施办法，严防义务教育降格以求的问题。基本医疗方面，要严防随意拔高标准，保持政策的连续性、稳定性，少“翻烧饼”，避免产生新的矛盾。住房安全方面，要通过制定详细的排查、鉴定、改造方案，确保每一户的住房安全。安全饮水方面，要水源、水质一起抓，通过建立冻管排查方案和部门协调、项目调度机制，保证水源畅通；通过细化实施方案，靠实责任，保证水质达标。

四要进一步做好易地扶贫搬迁，加大后续帮扶力度。易地扶贫搬迁是脱贫攻坚的“头号工程”，对居住在“一方水土养活不了一方人”地区的农村贫困人口实施易地搬迁安置，是改善其生存和发展环境的根本。甘肃省易地扶贫搬迁任务艰巨，50万建档立卡的贫困人口中，需要易地搬迁的涉及12个市州70个县市区，可以说，易地扶贫搬迁工作直接关系着甘肃省脱贫攻坚的质量。要通过实施联动推进机制，多措并举做好易地扶贫搬迁；同时加大后续帮扶力度，按照“一户一策”精准帮扶，保证贫困人口稳步实现脱贫。

### （四）农业农村改革成效初显，改革的制度性矛盾突出

2019年，甘肃省委、省政府继续全面推进农村“三变”改革，已探索50多种改革模式，辐射带动全省85个县市区的1182个乡镇9746个村93.13万户受益；持续深化林业改革，按期完成国有林场改革主体任务，全省304个国有林场优化整合为265个，职工社会保障实现全覆盖；加快推进落实农村土地“三权分置”工作，预计年底将全面完成剩余农户合同签订和证书发放工作；推进水利各项改革，加快疏勒河流域、河道管理等自然资源统一确权登记，目前全省已搭建各级各类水利投融资平台59家，农业农村改革成效初显。

综合分析2019年全省农业农村改革情况，各项改革成效初步显现，改革的制度性矛盾突出。具体表现为以下几点：一是各项改革的机制不健全，存在制度、执行两张皮，阻碍改革的堵点、痛点还未打

通，改革进行的程度没有明确的参考标准；二是落实不力的问题突出，集中表现为执行过程中的松软散漫和打擦边球；三是农村制度建设的滞后性，严重阻碍了农业农村改革的成效。

## 三　走势预测

2019 年，甘肃省农业经济运行平稳且保持在合理区间，稳中向好、稳中有进的势头明显。伴随着经济环境的企稳回升，影响农业发展的不确定因素主要来自农产品市场价格的波动、极端天气灾害、区域经济间的传导和产业内部摩擦等方面。

根据 2019 年上半年数据初步预测，2019 年农业农村发展将维持在稳定水平。在不发生大的自然灾害的前提下，2019 年粮食面积将稳定在 4000 万亩以上，肉蛋奶产量将达到 180 万吨以上。预计 2020 年甘肃省农业农村经济将保持稳定增长态势，第一产业（农林牧渔业）产值同比增长 5%，增长至 550 亿元；全省农村居民可支配收入为 4317 元，同比增长 10%；全省种植业、畜牧业、渔业等的发展持续向好。

## 四　对策建议

### （一）不遗余力解决甘肃农业缺水问题，大力发展现代丝路寒旱农业

甘肃农业发展面临的最大制约因素是干旱缺水，这是习总书记最牵挂的事情之一，也是他多次在甘肃考察调研指出的问题。按照“河西控水、南部保水、陇东调水、陇中优水”的总体构想，通过保供水、抓节水、优配水、增绿水、防洪水的“五水共抓”，逐步解决

全省缺水问题。一是开源引水。加快建设供水工程，进一步实施引大入秦配套延伸、引洮供水配套与提升等工程，推进建设白龙江引水、引哈济党等重大水利项目，提升供水保障能力。二是科技节流。利用科技对农业的支撑作用，在农业生产中细化实化节水举措，推广运用中水回用、节水灌溉、雨水收集等技术，推动农业、工业及城市提高水资源利用水平，全面建设节水型社会。三是加强保护。坚持山水林田湖草综合治理、系统治理、源头治理，强化祁连山水源涵养保护，推进小流域综合治理，提升水源涵养功能。

同时，大力发展现代丝路寒旱农业。一是加强组织领导。省、市、县各级地方政府要建立分级负责、上下联动的联席会议制度，加强对发展现代丝路寒旱农业推进工作的领导，强化责任担当，积极谋划，统筹推进。省上成立由省政府分管领导负责，省农业农村、发改、财政、工信、科技、生态环境、水利、商务、市场监管、银保监、省农科院、甘肃农业大学等部门和院校参加的联席会议制度，加强对现代丝路寒旱农业的指导和服务。市、县政府也要成立协调推进机构，各级农业农村部门要发挥统筹协调作用，相关职能部门要积极履行职责，合力推进现代丝路寒旱农业加快发展。

二是加大资金支持力度。一方面，设立财政专项，省级财政设立8亿元现代丝路寒旱农业发展专项资金，采取“以奖代补”方式扶持现代丝路寒旱农业发展；其中，6亿元奖补现代畜牧、蔬菜、果品、马铃薯、中药材、现代种业六大特色产业，2亿元奖补“独一份”“特别特”等地方性特色产品；市、县两级财政统筹安排省级战略性农业重点产业发展专项资金，发挥财政资金的引领、撬动和放大作用。另一方面，加强信贷支持，鼓励开发性、政策性金融机构在业务范围内为战略性农业重点产业发展提供中长期信贷支持，使县域内的银行业金融机构贷款重点用于战略性农业产业培育，实现银行业普惠型支持战略性农业重点产业发展贷款增速总体高于各项贷款平均增速的目标；加大农业信贷担保公司对新型农业经营主体的支持力度，对县域内战略性农业重点产业发展开展针对性政策支持，量身定制信贷担保产品，着力推进农业产业体系建设和产业融合发展；创新基金投资模式，充分发挥各类农业产业投资基金特别是甘肃省绿色生态产业发展循环农业基金的引导和杠杆作用，对县域内符合条件的战略性农业重点产业发展项目优先纳入循环产业基金投资范围；加快推进现代丝路寒旱农业 PPP 基金和项目库建设，对符合要求的项目优先投资，撬动金融和社会资本更多投向现代丝路寒旱农业。

三是强化技术人才支撑。着力强化战略性农业重点产业科技和人才引进，整合政府部门和教育研究机构农业科技资源，形成合力，对战略性农业重点产业发展中的重大科研课题进行集中攻关。重点依托省内各级各类教育培训平台，特别是农业职业院校，加大战略性农业重点产业专业技术人才、经营管理人才和技能人才的引进和培养力度，加强新型职业农民培育。建立完善农业人才教育培训体系，制定实施战略性农业重点产业紧缺人才培训行动计划，培养产业急需的科研人员、技术技能人才与复合型人才。有计划、有重点地遴选和引进一批现代丝路寒旱农业发展方面的领军人才和创新型科研团队，鼓励支持开展战略研究和技术攻关，提供决策咨询的同时，加快成果转化应用。

### （二）加强黄河流域治理保护，不断推进沿黄灌区农业高质量发展

2019 年 8 月习总书记在甘肃考察调研时指出，要让黄河成为造福人民的幸福河，不断推进黄河流域高质量发展，这将是全省现阶段及今后深入贯彻落实新发展理念、实现绿色发展的重要抓手，也将为农业生态环境改善、实现沿黄灌区农业高质量发展奠定坚实基础。

1. 深度调研，搞好体检

加快建立关于黄河保护治理高质量发展的四大数据库，分别是包含有关黄河保护治理相关理论和实践经验的“理论库”，涵盖中央和全省各级各方面政策的“政策库”，囊括国内外治黄治水所有先进技术的“技术库”，凝练一批立足自身、符合省情、生态优先的“项目库”。

2. 规划先行，加强协作

启动编制省里及沿黄市州“一总四分”的治理保护规划和年度实施方案，并指导督促其他黄河一级、二级支流的5个市开展规划编制工作。主动加强与沿黄省区的沟通，推动建立省际、省市之间、市州之间的协同推进机制，联手开展重大问题研究。

3. 重在保护，要在治理

加大甘南黄河上游水源涵养区和陇中陇东黄土高原水土治理力度，打好“清四乱”歼灭战，推进水环境综合治理、山洪沟道治理、城市和农村黑臭水体治理，切实把“母亲河”保护好。

4. 生态优先，有序开发

以发展生态产业为方向，抓好兰州黄河风情线、“读者印象”精品文化街区、白银景泰黄河石林和临夏永靖太极岛改造提升等重点项目建设，以乡村振兴中的文化振兴为抓手，以生态振兴为依托，做好以黄河文化开发为内容的乡村旅游，努力把黄河蕴含的巨大生态价值转化为社会价值和经济价值。

大力发展沿黄灌区绿色高效现代都市循环农业。一是加强产业引领。在目前已形成的循环农业模式的基础上，加快培育和构建具有“黄河灌区”特色的明星产品和产业体系，走绿色集约高效的特色产业化道路。二是建设城市腹地。以发展灌区现代农业为依托，将沿黄灌区打造为集观光、体验、度假等于一体的休闲农业样板，发挥支撑城市更好发展的腹地功能。三是加快人才培育。要注重本土人才的培养和管理，特别是熟悉黄河流域农业发展的理论工作者、技术人员和管理者，建立产学研一体的“农业车间”，加快成果转化和技术孵化，不断推进沿黄灌区农业高质量发展。

### （三）以推进农业供给侧结构性改革为主线，加快构建现代农业新格局

推进农业供给侧结构性改革，是在全面分析甘肃省农业发展的阶段性特征的基础上，调整农业经济结构、转变农业发展方式的治本良方，是培育农业增长新动能、形成先发新优势、实现创新引领发展的必然要求。要把推进农业供给侧结构性改革作为当前和今后一个时期全省农业经济发展和农村工作的主线。供给和需求是市场经济内在关系的两个基本方面，也是农业生产必须遵循的内在法则。需求侧管理，重在解决农业总量性问题，注重短期调控；供给侧管理，重在解决农业结构性问题，注重激发内在增长动力。目前，制约农村发展的深层因素主要有两个。一是城乡二元土地制度，导致城市土地利用率不高和规划不合理，产生了大量的城中村和城市周边土地的低利用率；同时推高了用地成本，抬高了房价，使农民入城更为艰难，进一步影响到企业招工难、招工贵，导致刘易斯拐点的提早到来，社会福利的巨大损失。二是城乡二元人口制度，主要表现为户籍管理和公共服务权利的不平等。习近平总书记曾在十八届三中全会报告中提出“推进农业转移人口市民化，建立财政转移支付同农业转移人口市民化挂钩机制”，因此，不断深化农业供给侧结构性改革，对于促进农村经济提质增效、城乡统筹发展、释放人口红利、社会和谐稳定具有重要影响。

进入新时代，全省农业发展的形势很好，但在个别农业生产部门仍存在供给过剩问题；一些有大量购买力支撑的农产品消费需求却得不到有效供给，带来了大量的“需求外溢”，进而导致消费外流。因

此未来需要从以下三方面重点发力。一是加快建成农产品价格监测数据库，并进行实时动态更新和公布。价格是反映需求和供给变化的“晴雨表”，随时跟踪主要农产品价格波动，是保证全省农业生产精准布局的关键。二是加强农产品有效需求的供给，形成以市场为导向的农业产业结构。根据农产品价格变动及时调整农业结构和生产力布局，对供给过剩的农产品适当削减，对供给不足且需求旺盛的农产品加大供给。三是以科技为支撑，实现农业生产率的革新，保证粮食安全。科技是实现创新和生产水平飞跃的根本，只有通过科技创新实现生产能力的迭代，才能在有限的要素供给下，实现产量和质量的双突破。

## 参考文献


中华人民共和国国家统计局：《2019 中国统计年鉴》，中国统计出版社，2019。

甘肃省统计局：《甘肃省统计年鉴 2018》，中国统计出版社，2018。

国家统计局农村社会经济调查司：《中国农村统计年鉴（2018 年）》，中国统计出版社，2018。

林毅夫：《新时代中国新发展理念解读》，《行政管理改革》2018 年 1 月。

林毅夫：《区域型产业政策与企业生产率》，《经济学（季刊）》2018 年第 17 卷第 2 期。

韩长赋：《重塑工农城乡关系推进乡村全面振兴》，《求是》2018 年第 21 期。

# B.5

# 2019 ~2020年甘肃工业经济形势分析与预测

蒋　钦*

**摘　要：** 2019年，甘肃工业在经济下行压力持续增大背景下努力稳步前行。1~8月，工业增加值增速高开低走；但同时，工业内部结构持续优化，电子信息产业、装备制造业和非公经济保持稳定发展态势；工业投资止滑转增，成为2019年甘肃工业经济增长的一大亮点；工业绿色化、清洁化、智能化改造取得一定成效；工业企业效益向好改善。未来甘肃工业要实现稳定发展面临增长基础不牢固、投资持续增长压力加大、企业生产回升不确定性因素增多、各市州工业增长不平稳等诸多问题，并且受中美贸易摩擦带来的滞后性影响、国内中小银行去杠杆带来的冲击和工业生产者价格指数持续下降等不利影响，预计短期内甘肃工业增长速度将进一步放缓，实现全年预期增长目标难度很大，但由于大规模减税降费、政府深化“放管服”改革等带来的改革红利和甘肃消费市场的稳定支撑，甘肃工业增长失速下滑的可能性不大。为了有效增强甘肃工业发展后劲，建议通过“一带一路”建设为甘肃工业

* 蒋钦，甘肃省社会科学院区域经济研究所助理研究员，主要研究方向为产业经济。

拓展更广阔的发展空间，加快构建生态产业体系，促进绿色崛起与工业强省战略相结合，并以绿色为底线积极承接中东部产业转移，坚持“两个毫不动摇”大政方针，不断优化有利于非公经济发展的政策环境和舆论环境，鼓励支持引导甘肃非公经济快速发展。

**关键词：** 工业经济　非公经济　甘肃

工业是实体经济的核心、国民经济的主导，一个地区的工业发展水平直接决定着这个地区的经济发展水平。2019 年，甘肃工业承压前行，工业增加值增速持续下滑，1 ~ 8 月规模以上工业增加值累计增速为 2.7%，在全国位列第 26。但在政府加大逆周期调节力度和“六稳”工作力度下，甘肃工业投资增速由负转正并实现快速增长，工业企业效益有效改善，在甘肃构建生态产业体系过程中，工业绿色化、清洁化和智能化取得一定成效。甘肃工业要实现稳定健康发展，还面临发展基础不牢、投资增长不稳定、企业生产稳定回升不确定性因素较多和省内各地区工业增长不平稳等诸多问题。为了增强甘肃工业稳定增长后劲，应充分发挥甘肃在“一带一路”建设中的区位优势和资源优势，不断扩大甘肃工业发展腹地，推动甘肃绿色崛起战略与工业强省战略相结合，并以绿色为底线承接中东部产业转移，持续优化政策和舆论环境，促进甘肃非公经济较快发展。

## 一　2019年1 ~8月甘肃工业经济运行基本态势

### （一）工业增加值增速高开低走

2019 年 1 ~ 8 月，甘肃工业增加值累计增速呈现高开低走发展态势。第一季度，甘肃工业经济开局良好，全省规模以上工业增加值累计增速为7.1%，比上年同期和上年全年提高0.9个和2.5个百分点，居全国第17位，位次比上年全年前进7位。进入第二季度后，增速逐月下滑，4月、5月、6月累计增速分别为6.4%、3.9%、3.4%，低于省政府预期上半年工业增长目标1.2个百分点。7月累计增速与6月持平，8月增速再次下滑至2.7%（见图1），比上年同期降低3.1个百分点，在全国工业增加值增速排位中倒退至第26位。

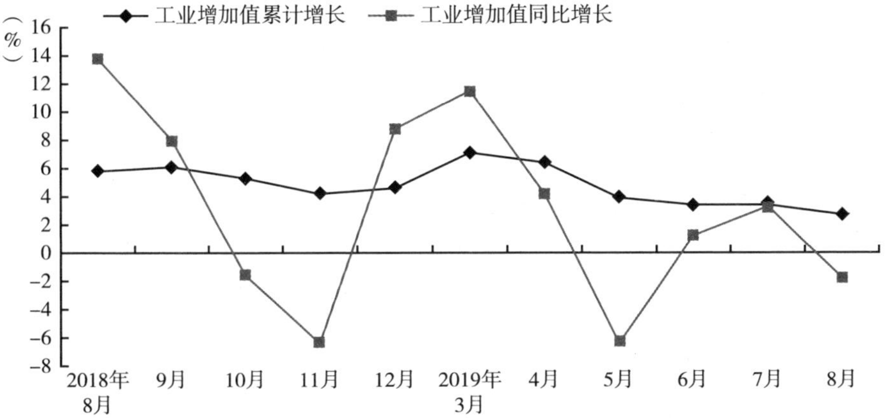


**图1　甘肃省规模以工业增加值增速变化趋势**

从当月增速变化看，2018年至2019年8月，甘肃工业增加值当月增速指标呈现在大起大落中总体下降的发展态势。2019年3月增加值增速达到峰值11.5%，此后主要受玉门、银光集团等省内多家大型工业企业停产大检修的影响，4月、5月当月增速大幅度降低，5月跌至最低值，同比下降6.4%，与上年11月持平，6月、7月增速回升，8月再次下降至-1.8%。

## （二）工业内部结构持续优化

2019年，甘肃工业经济内部结构持续向好调整，电子信息产业、战略性新兴产业和非公经济保持稳定发展态势，高技术产业增加值降幅逐月收窄。1～6月，全省电子信息制造业实现主营业务收入95.8亿元，同比增长14.9%。其中：电子信息制造业订单逐月增加，1～6月实现主营业务收入64.2亿元，同比增长12.6%，龙头企业天水华天电子集团入选2019年电子信息百强企业名单，销售收入位列我国同行业上市公司第二；纳入统计的软件和信息技术服务业企业数量同比增长5.6%，上半年软件业务收入18.7亿元，同比增长15.8%，信息技术服务收入12.5亿元，同比增长11.2%。非公经济市场主体数量和实力双扩大，上半年新增非公经济市场主体增长11.6%，规模以上非公有制企业工业增加值同比增长10.3%，增速比规模以上工业增加值高出6.9个百分点。战略性新兴产业稳步发展，1～8月装备制造业增加值占全省规模以上工业的5.2%，同比增长5.7%。规模以上高技术产业工业增加值降幅逐月收窄，占规模以上工业增加值的比重由年初的1.5%提高到2.6%。此外，甘肃省依托丝绸之路国际信息港，搭建各类数字化信息平台，加快实施兰州新区大数据产业园、金昌紫金云产业园数据中心等一批大数字项目，大力发展新材料、智能制造、集成电路等先进制造产业，组建镍钴新材料、重离子等省级制造业创新中心6个。

### （三）工业投资止滑转增

2019年，甘肃工业投资保持了较快增长态势，有效拉动了全省固定资产投资，成为2019年工业经济运行中的一大亮点。2月，甘肃工业投资累计增速为8.3%，比上年全年提高19.2个百分点，实现了工业投资的“开门红”，此后逐月稳步提升，至8月，工业累计投资增速为24.5%，与1～7月持平，但与年初相比，提升16.2个百分点，高于同期全省固定资产投资20.9个百分点、第二产业投资3.6个百分点，实现了工业投资“年中旺”（见图2）。

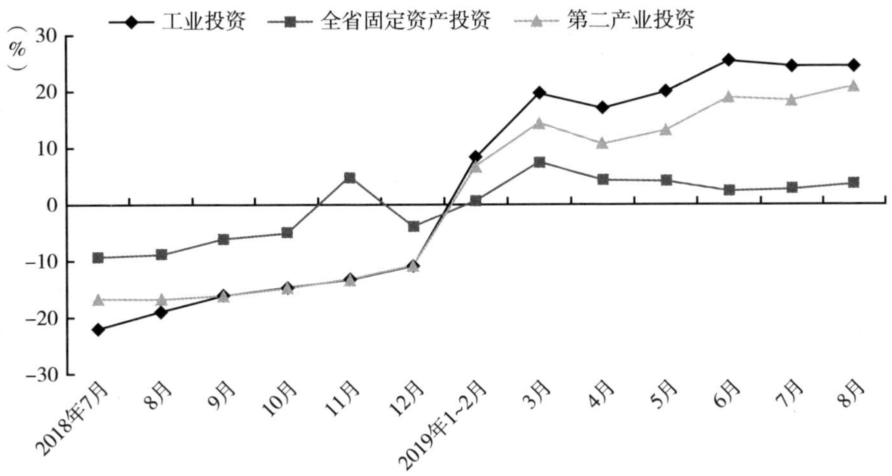


**图2　2018~2019年甘肃工业、第二产业、固定资产投资增速变化趋势比较**

## （四）工业绿色化、智能化改造取得积极成效

2019年，甘肃省着力构建生态产业体系，努力推动传统产业绿色转型升级，工业绿色化、清洁化、智能化改造取得显著成效。上半年，十大生态产业增加值同比增长5.0%，占全省生产总值的20.1%，成为推动甘肃高质量发展的新支撑、新动能。具体如下。

1. 清洁生产方面

金川公司依托镍铜钴等贵金属复杂原料综合冶炼分离提取的体系化优势，建立了二次资源综合利用体系；白银公司推动有色产业配套协作和循环再生利用，使铜、铅、锌、硫等冶炼回收率、资源利用率达到国内先进水平；酒钢集团完成了部分机组的二氧化硫、氮氧化合物和烟尘的超低排放改造工程，成为生态产业中清洁生产产业的带动性工程。

2. 清洁能源产业取得突破性进展

1~7月全省规模以上工业发电量中风电、光电发电量同比分别增长32.0%和39.1%。

3. 工业能源消耗下降

2019年上半年，规模以上工业能源消费量同比下降4.9%，其中上半年六大高耗能产业能源消费量下降5.9%。

4. 智能制造取得新进展

大禹节水集团股份有限公司承担的智能制造综合标准化与新模式应用项目通过验收，该项目的建成验收，对培育推广智能制造新模式，加快智能制造关键技术装备集成应用，促进装备制造产业转型升级具有现实意义。

### （五）工业企业营运状况持续改善

2019年1~8月，在国家各项减税降费、减轻企业负担的政策推动下，甘肃省工业企业营运情况好转，主要效益指标表现出向好的态势（见表1）。具体表现在如下方面。

1. 企业利润降幅收窄

2019年1~8月，甘肃工业企业营业成本保持稳定，每百元营业收入中的成本约86.7元，增值税税负和企业财务费用同比下降，企业利润因此得到好转。与上年相比，年初2月规模以上工业企业利润总额同比下降76.4%，到7月降幅收窄44.2个百分点。

2. 工业企业去存货、去杠杆效果明显

企业存货明显减少，2019年8月，企业累计存货降幅比上年同期减少8.7个百分点，比2月减少3.5个百分点；杠杆率继续降低，8月末，规模以上工业企业资产负债率为63.4%，同比下降1.2个百分点，比2月下降1.4个百分点。

3. 亏损企业持续减少

2019年，甘肃省工业亏损企业由2月的805家企业逐月减少到8月的617家，进一步说明企业经营效益得到改善。但经济下行压力较大，市场需求趋缓，同时甘肃主要工业品价格下降，导致2019年1~8月甘肃省工业企业营业收入累计增速虽均为正值，但增长趋势逐渐趋缓，第一季度末增长8.1%，第二季度末下降到4.6%，8月再降至3.5%，这也说明甘肃省工业企业利润的波动性和不确定性依然存在，促进工业企业利润进一步稳定增长仍须努力。

**表1　2019年甘肃省工业企业营运状况主要指标**

单位：%，元

| 项目 | 1~2月 | 1~3月 | 1~4月 | 1~5月 | 1~6月 | 1~7月 | 1~8月 |
|---|---|---|---|---|---|---|---|
| 营业收入累计增长 | 2.1 | 8.1 | 7.5 | 7.0 | 4.6 | 4.9 | 3.5 |
| 利润总额累计增长 | -76.4 | -56.1 | -35.2 | -28.1 | -25.1 | -32.1 | -29.6 |
| 存货增长 | -5.2 | -10.0 | -8.3 | -9.0 | -7.9 | -8.8 | -8.7 |
| 每百元营业收入中的成本 | 86.1 | 86.5 | 86.3 | 86.3 | 86.5 | 86.7 | 86.6 |
| 亏损企业数增长 | 10.3 | 3.0 | -0.3 | -3.2 | -0.6 | 0.0 | 2.2 |
| 亏损企业亏损额累计增长 | 49.6 | 37.7 | 9.3 | 14.3 | 6.8 | 32.4 | 27.1 |
| 资产负债率 | 64.8 | 64.9 | 64.6 | 64.4 | 63.9 | 63.3 | 63.4 |

## 二　2019年甘肃工业经济运行主要问题分析

### （一）工业经济稳定增长基础不牢靠

从长期、宏观的视角看甘肃工业，会很清晰地发现甘肃省工业近三年来增加值增速一直低于西北五省份、西部地区和全国工业均值，同时，还显现增长不稳定、增加值增速变化幅度大的特点（见图3）。2017年，甘肃工业失稳下滑，增加值增速等主要经济指标均降至谷底，在全国处于垫底的被动局面。2018年省委省政府“一业一策、一企一策、一事一议”等多项工作方案努力推动经济止滑回升，取得了一定的成效，甘肃工业与西北五省份、西部地区和全国的差距有所缩小。2019 年初，省委省政府作出了实现第一季度经济“开门红”的各项部署，在政策促动下，2019 年甘肃工业开局良好，但进入第二季度后，甘肃工业增加值增速又开始较大幅度下降。

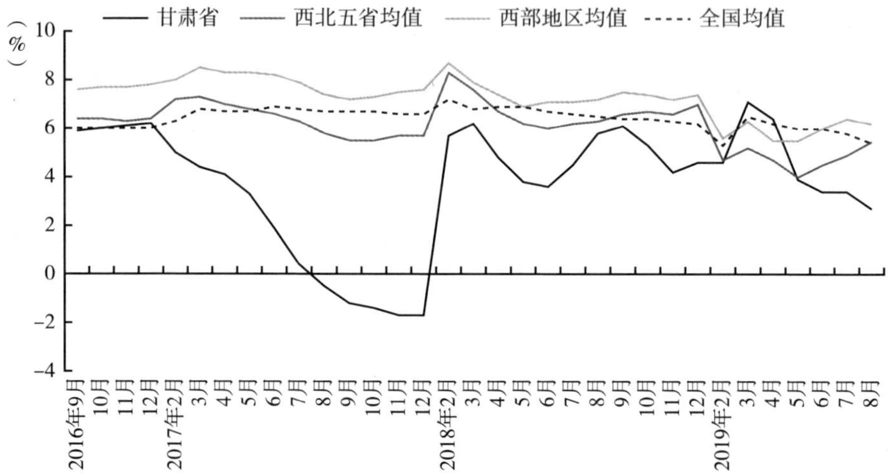


**图 3　2016～2019 年甘肃、西北五省份、西部地区、全国工业增加值增速变化趋势对比**

甘肃工业经济增长速度缓慢并且波动较大，外部有国际国内大环境更加复杂严峻的原因，也有经济发展周期性的原因，但最根本的原因还是甘肃工业经济增长方式和工业结构转型升级滞后。从 2014 年开始，中国经济发展进入新常态、新时代。新常态的特征一是经济从高速增长转向中高速增长，二是经济发展方式从规模速度型向质量效益型转变。第一个特征已成事实，甘肃亦是如此，在第二个转变方面，甘肃产业转型升级、经济提质增效步伐滞后于全国和西部地区省份。甘肃工业历来以“重”“原”“初”为特征，近年来，随着全国经济新旧动能转换、发展方式向集约增长转变，以“重”“原”“两高一资”为特点的甘肃工业经济结构难以为继，甘肃工业原有的增长驱动力衰减，但新的内在驱动力量集聚尚不充足，因此，甘肃工业表现出低速并且不稳的发展态势。甘肃工业经济还将更长时间处于底部筑稳阶段。

## （二）工业投资止滑稳增局面不稳固

自2015年以来，甘肃工业投资持续下降，2017年工业投资增速跌至近年最低值，同比下降54.9%，2018年，甘肃省委省政府“三重”“三一”工作部署落地见效，全年固定资产投资由2017年的下降40.3%收窄为下降3.9%，其中，工业投资收窄为下降10.9%。2019年工业投资在上年基础上持续回升，前8个月同比增长24.5%，有效拉动了全省固定资产投资和全省经济。

但从总量上看，甘肃工业投资经多年下滑，目前工业投资总量仅相当于“十一五”末期水平。同时，短期内工业投资形势仍然严峻，工业投资持续增长的压力依然较大，止滑增稳局面不稳固。一是外部经济环境不稳定、不确定性因素增加，尤其是中美贸易摩擦，对甘肃工业将有滞后传导影响。二是受减税降费和精准扶贫等政策影响，省、市财政收支矛盾突出，资金缺口加大将导致重点工业投资项目完成进度滞后。三是制造业投资疲软，工业投资增长主要靠采矿业电力热力煤气供应业，制造业投资仅增长5.6%。四是区域间投资增长不平稳，平凉、嘉峪关等4个市州工业投资呈下降态势。五是民间投资增长乏力。1～8月，全省民间投资同比下降4.7%。

## （三）工业企业生产回升难度加大

2019年1～7月，甘肃主要工业产品中，十种有色金属、天然气、原油加工量、原煤、钢材和发电量等6种工业产品的产量增速同比下降（见图4）。其中，降幅最大的是天然气和钢材，天然气产量增速由上年的同比增长2678.5%断崖式缩减为同比下降96.8%，降幅高达 2775.3 个百分点，钢材产量增速由上年的同比增长 110.7%下降为 30.8%，十种有色金属累计产量由上年 7 月累计 233.0 万吨缩减为 2019 年 7 月累计 187.7 万吨，发电量累计产量与上年同期基本持平。

主要工业产品产量增速下滑说明企业生产不足，其原因如下。一是受多家工业企业停产检修影响，如 8 月玉门油田停产检修导致产值同比下降 80.7%，银光公司设备检修致使产值下降 26.2%，并且，9 月以后金川集团、酒钢集团、华亭煤业、正威铜业等多个工业行业内的大型企业安排检修，对 2019 年后期全省工业增长将带来持续影响；二是部分工业企业生产存在不确定性，受去产能、矿权纠纷、安全生产等因素影响，靖远煤业完成年度产煤计划难度加大，华亭煤业因“5·8”安全事故对煤炭产量和洗煤产量的影响持续存在；三是受经济下行压力加大影响，企业订单预计将有所减少，未来企业稳定生产前景不乐观。

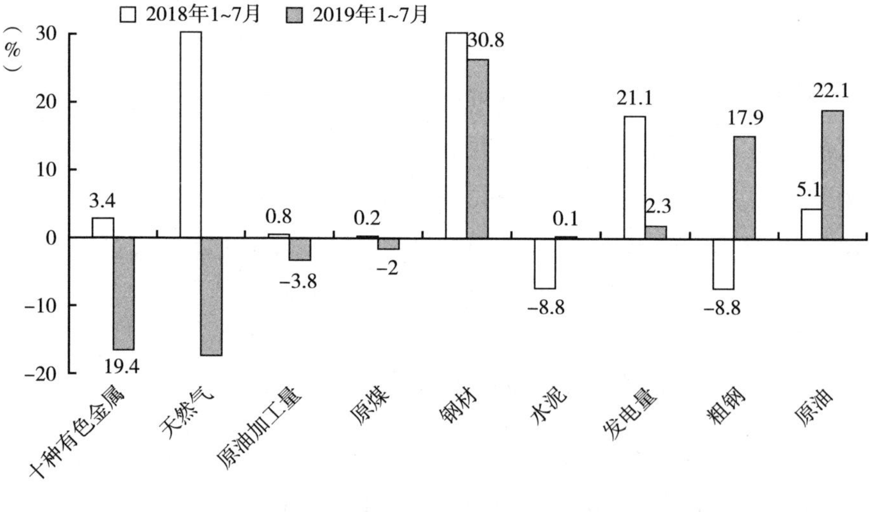


**图 4　2018～2019 年甘肃省主要工业产品产量增速变化**

## （四）各市州工业增长差异较大

2019年1～7月，甘肃省各市州间工业生产不平稳。金昌、张掖、临夏、陇南4市州工业增加值增长较快，增速在10%以上，天水、平凉、庆阳、定西4市工业生产稳定增长，白银、武威、甘南3市州工业增加值增速同比下降，其中，甘南州由于乳制品行业、中成药加工业、黄金冶炼行业增加值增速回落，全州规模以上工业增加值同比下降15.1%，与上年相比降幅高达26.6个百分点；武威市重工业增加值降幅年内扩大，规模以上工业中有12个行业增加值下降，影响全市规模以上工业增加值下滑9.8个百分点。

在主要工业城市中，白银市1～7月规模以上工业增加值同比下降0.4%，有色、电力、煤炭、化工四大主导行业累计完成增加值下降4.1%，其中，煤炭和化工分别下降20.9%和17.45。金昌市工业生产增长较快，1～7月规模以上工业增加值同比增长13.3%，中央、省属和地方企业均保持较快增长态势，1～7月中央和省属企业累计增加值增速为11.3%，地方企业累计增加值增速为15.1%。平庆地区工业平稳向好增长，1～7月庆阳市规模以上工业增加值同比增长6.5%，同时，庆阳市地方工业和轻工业呈现高速增长势头，地方工业增长23.3%，远高于央企（5.8%），轻工业增长35.9%，远高于重工业（6.5%）。平凉市1～7月规模以上增加值同比增长4.6%，其中，占全市规模以上工业增加值95.9%的煤、电、建材业保持持续增长态势，三个行业对平凉全市工业增长贡献率达到95.5%，拉动全市规模以上工业增长4.39个百分点（见图5）。

## （五）工业用电量增速明显回落

2019年1～8月甘肃工业用电量大幅缩减。2018年前三季度甘肃工业用电量累计同比增速均在13%以上，进入第四季度，累计工业

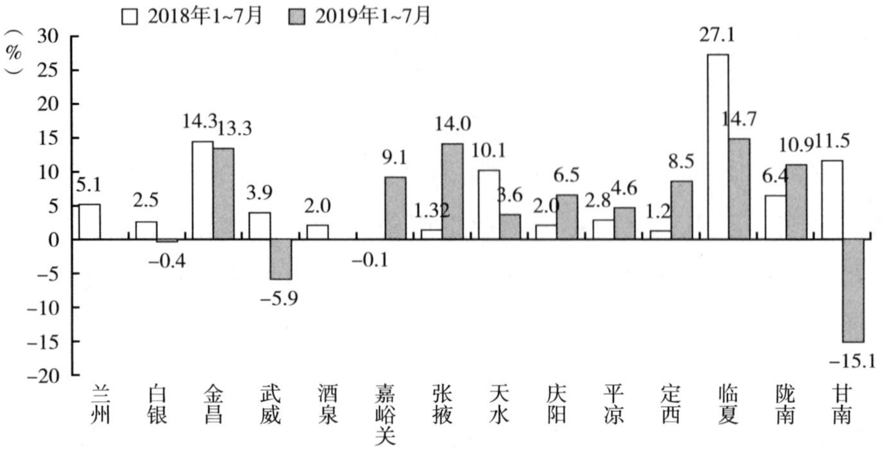


**图5　2018～2019年甘肃省市州工业增加值增速对比**

用电量增速略有下降，由第三季度末的13.9%降到年底的11.3%，全年表现出总体平稳态势。2019年以来，全省规模以上工业用电量累计增速和当月增速呈现双下降态势（见图6），同时工业用电在全省全社会用电量中的占比也减少约2个百分点。1～8月，工业用电量累计同比下降3.2%，当月用电量同比下降4.8%。由于工业用电量与工业增加值存在较高的相关性，工业用电量一般被看作工业经济发展的先行指标，因此2019年甘肃工业用电量回落既说明经济下行压力持续增大，也说明甘肃工业发展有进一步走弱趋势。

## 三　影响甘肃工业稳定增长的因素及未来发展趋势

### （一）有利因素

1. 大规模减税降费政策落实

减税降费是近年来我国财政改革的重点，2019年减税降费相比以前年度力度更大，范围更广，对宏观经济的稳定和结构的调整发

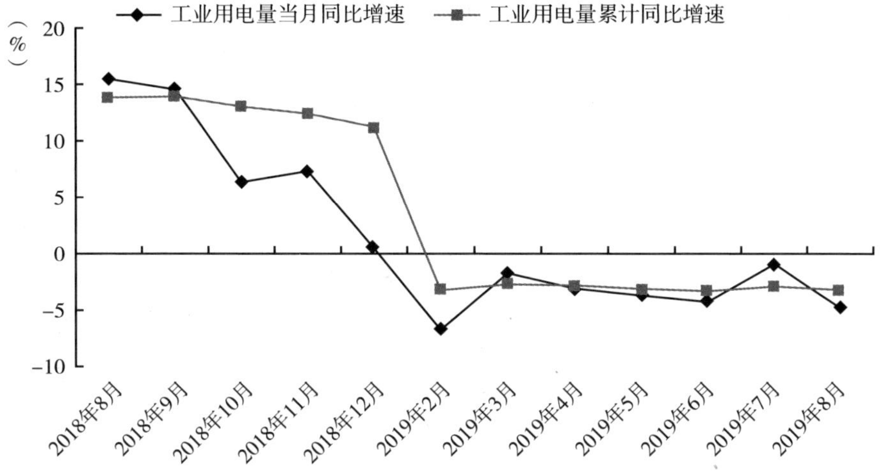


**图6　2018～2019年甘肃工业用电量变化趋势**

挥了支撑作用。对甘肃省工业而言，企业的负担减轻、效益提升，市场活力进一步增强。上半年，全省21个行业大类增值税税负均呈现不同程度下降，其中制造业下降22.6%。制造业中原油加工，黑色、有色金属冶炼等支柱行业和医药制造，通用、专用设备制造，电气机械和器材制造业等新兴产业增值税税负均不同程度下降。此外，省内非公经济在此番减税降费过程中受益最大。上半年，新增减税中，非公经济纳税人新增减税55.81亿元，占全省新增减税总规模的82.1%。在未来较长一段时间内，减税降费规模和受益面将进一步扩大，这将不仅使企业的偿债能力和投资能力进一步提高，企业还将有更多的资金投入技术改造和研发中，企业自主创新能力后劲增强。

2. 企业营商环境持续优化

2019年，甘肃省出台《2019年甘肃省深化“放管服”改革实施方案》，实施方案以加快审批、联通数据、完善监管、优化服务为重点，主要在推进行政审批制度改革、全面推进证照分离、推进投资项目审批改革、推进“一网、一门、一次”等八个方面深化改革。方案的施行有效降低了企业制度性交易成本，在一定程度上激发了市场主体活力，企业发展软环境进一步优化。将来，随着“放管服”改革向基层的进一步延伸，企业营商环境将进一步优化，企业也将享受到更多改革红利。

3. 消费市场稳步增长

近年来，消费成为甘肃经济发展最强劲的推动力，2019年，甘肃省启动消费促进系列活动，以进一步增强消费对全省经济发展的推进作用。1～7月，甘肃省消费总量不断扩大，全省社会消费品零售总额同比增长7.1%，其中全省限额以上批发销售额同比增长8.2%，限额以上住宿业营业额增长1.8%，限额以上餐饮业营业额增长8.2%，省内消费对经济增长的拉动作用进一步增强，消费的稳定增长，将产生需求驱动的经济增长，为甘肃未来工业的稳定发展奠定了基础。

4. 重大项目进展顺利

2019年甘肃省列重大项目151个，总投资7597亿元，年度计划投资1340亿元，1～4月，全省续建和计划新开工的128个省列重大项目完成投资261.5亿元，同比增长4.8%，其中78个续建项目完成投资188.6亿元，50个计划新开工项目已开工建设23个，完成投资72.9亿元，开工率比上年同期提高6.0个百分点。此外，2019年甘肃省立足绿色发展十大生态产业精准招商引资，连续举办招商引资暨陇商大会、2019沪浙招商活动、2019中国绿公司年会、第二十五届兰洽会，参与筹办了药博会、园艺博览会入第四届敦煌文博会。截至8月底，第二十五届兰洽会共签约507个项目，开工197个，到位资金156.9亿元；2019沪浙招商活动签约47个项目，开工27个，到位资金30.8亿元；2019中国绿公司年会签约18个项目，开工12个，到位资金11.4亿元。工业经济的稳定发展离不开重大项目的带动，甘肃大型项目建设的顺利推进和招商引资的落地见效将带动甘肃工业经济企稳向好发展。

### （二）不利因素

1. 中美贸易摩擦滞后性影响

2019 年中美贸易摩擦日益升级增大了中国外部环境的不确定性，成为影响中国经济稳定的最大潜在外部威胁。在经过美国对华四轮扩大加征关税范围后，涉及产品清单基本覆盖了大部分工业行业门类，贸易摩擦对中国工业生产施加的压力正在加大。从目前看，贸易摩擦对甘肃工业直接影响有限，但从长远看，对甘肃工业的滞后性影响不可避免。①贸易摩擦影响全球宏观经济预期，对大宗商品、金属市场价格造成间接影响。出口不畅、出口转内销将影响整体市场供需平稳，导致工业产品价格下降、企业库存增加，影响企业利润。②人民币兑美元汇率持续贬值，对省内原材料进口企业来说，部分原材料成本将大幅增加。③贸易摩擦导致市场主体信心不足，更多工业企业对投资保持观望态度。

2. 金融体系去杠杆增加市场不确定性

2019 年 5 月，包商银行由于严重信用风险被银监会接管，自此中小银行去杠杆拉开帷幕。从中长期看，中小银行去杠杆能够促进金融体系稳定，但在经济下行压力加大的宏观背景下，短期内中小银行去杠杆将加大市场的不确定性，对实体经济融资带来一定的冲击。实体经济融资条件和现金流将会进一步收紧，尤其是对中小银行融资依赖度较高的民营经济。民营企业融资难一直是甘肃省大力支持非公经济发展过程中未解的一大难题，中小银行去杠杆对甘肃非公企业来说无疑是雪上加霜。

3. 工业生产者价格指数持续下降

2019 年 1～8 月，甘肃省工业生产者出厂价格同比下降 3.4%。

分月度看，自第二季度以来，各月工业生产者出厂价格指数整体上呈持续下降趋势，并且出厂价格指数降幅大于同期购进价格指数降幅（见图7），表明甘肃工业经济回升乏力，如未来价格指数持续下跌，甘肃工业企业的盈利空间将进一步被压缩，企业生产规模也会进一步缩小。

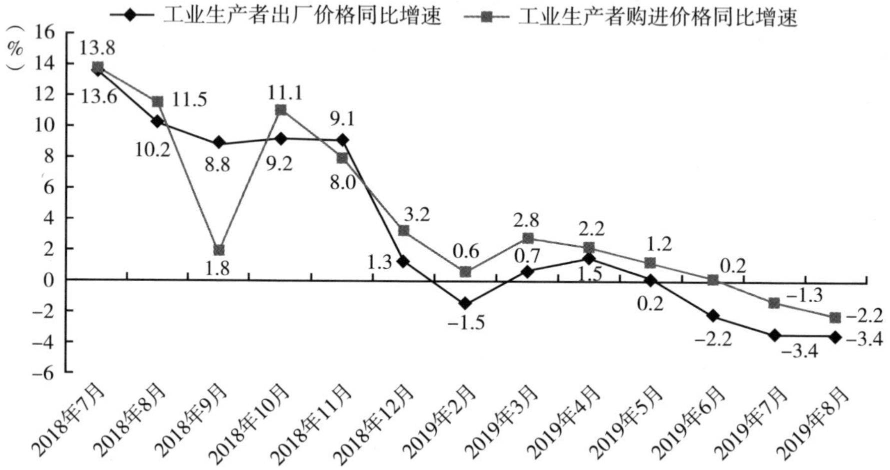


**图7　2018～2019年甘肃工业生产者价格指数跌涨幅趋势**

## （三）甘肃工业经济短期发展前景预测

首先，从大环境看，2019年，国内外经济环境复杂严峻，不确定因素增多，不论是外需还是内需层面，未来工业经济增长的下行压力只增不减。一方面，中美贸易摩擦升级对工业生产和制造业投资的压力均在加大，另一方面，国内市场需求趋缓，工业品价格下降，中小银行去杠杆对工业生产和投资的影响也将显现。自5月以来，中国制造业指数（PMI）一直在荣枯线以下。

其次，众多指标显示2019年甘肃工业经济运行的下行压力增大。工业增加值增速自2019年5月明显下滑，5～8月在西北五省份和西部地区均处于垫底局面，8 月在全国工业增加值增速排位中位次比 2 月倒退 9 位。工业投资虽止滑转增，但总量仅与“十一五”末期持平，并且制造业投资疲软、民间投资下降等省内外诸多因素显示甘肃工业投资稳增局面不牢固。工业企业利润降幅收窄主要得益于“三去一降一补”和大规模减税降费等国家政策的推动，工业企业生产规模收缩，主要工业产品产量减少，企业营业成本居高不下，这些都表明工业企业利润进一步回升压力加大。

在看到甘肃工业经济下行压力持续增大的同时，也要注意到一些利好因素。①供给侧结构性改革持续发力，甘肃工业内部结构不断向好调整，电子信息产业和战略性新兴产业增速均高于传统产业，地方企业和非公经济保持了良好的发展势头，十大生态产业成为甘肃经济发展的新动能，对工业经济的带动作用将会日益增强。②甘肃企业营商环境日益优化，为进一步招商引资创造了良好的软环境，也为工业投资带来更多机遇。③甘肃服务业稳定发展，充分发挥了“稳定器”作用。

综上分析，预期短期内甘肃工业经济增加值增速将进一步放缓。但在甘肃省委省政府“一企一策、一事一议”“六稳”等各项政策措施的积极作为下，工业失速下滑局面出现的可能性较小。

## 四　促进甘肃工业稳健发展的对策建议

### （一）通过“一带一路”区位通道优势，拓展甘肃工业发展空间

“一带一路”建设是当前和今后甘肃转型发展的最大机遇。在“一带一路”建设中，甘肃具有良好的资源能源和产业基础优势。甘肃资源型产业科技含量较高，拥有较强的矿产资源加工能力，尤其是

镍、铜、钴、钢铁等有色金属深加工能力强。同时，甘肃也具有区位通道优势，是联系中亚、西亚的交通枢纽，随着国际陆海贸易新通道建设的加快，甘肃又成为联结丝绸之路与21世纪海上丝绸之路的交叉点。因此，甘肃应抓住历史机遇，整合各项优势，在“一带一路”建设中充分发挥通道枢纽优势，推动工业企业与沿线国家的国际产能合作，为优势产业寻找更广阔的外部市场空间。①以装备制造和能源矿产资源产能合作为重点“西进”，进一步拓展中亚市场；②以矿产资源开发、机电产品出口为重点“南下”，通过新加坡、印尼等合作基础较好的国家逐步开展与东盟10国之间的合作，让甘肃较强的矿产资源开发和加工能力在中亚、东盟矿产资源开发中发挥重要作用，以此促进甘肃产业转型升级并带动甘肃工业较快发展。

### （二）加快构建生态产业体系，促进绿色崛起与工业强省建设相结合

甘肃省实施工业强省战略近20年，由于主导产业与多种重要矿产资源面临枯竭、环境保护、生态脆弱等方面的矛盾，多年来工业强省战略的贯彻执行受到了一定程度的影响。2018年甘肃省委出台的《关于构建生态产业体系推动绿色发展崛起的决定》无疑为甘肃工业强省战略的持续发展指明了新的方向。今后应按照生态产业的绿色发展导向，加大力度改造现有的传统工业产业，立足甘肃优势培育新的产业，使产业绿色化、绿色产业化。在此过程中，一是应把创新放在核心位置，加大对科技创新的扶持。增加创新资金投入，对科技创新者给予更高的奖励，加强产学研联合，推动科技成果的转化。二是传统产业以金川公司、酒钢集团、白银公司的重大改造项目为突破点，带动传统重化工业和制造业向清洁化、绿色化转型。三是要重点培育发展甘肃具有优势的陇药产业，以兰州佛慈制药股份、甘肃天士力药业公司等龙头企业为培育主体，全力推进中成药、中药精制饮片、中

药提取物颗粒、中药养生保健品等中药材精深加工，延长中药加工产业链。

## （三）以绿色为底线，承接中东部产业转移

西部地区承接中东部产业转移是趋势，也符合经济规律，体现了区域平衡发展和协调发展。甘肃省在2012年就出台了《关于加快开发积极承接产业转移的实施意见》和《承接产业转移指导目录》，7年多以来取得积极成效，但也存在很多问题，其中之一就是未充分考虑环境生态承受能力，引进了一些钢铁、水泥、平板玻璃等产能严重过剩项目和铝冶炼、传统煤化工等区域性产能过剩、高污染、高耗能项目。现今，甘肃十大生态产业绿色崛起战略的提出，促进甘肃在承接产业转移中应践行绿色发展理念，对技术、环境要有更多的前瞻性考虑。一是要进一步调整承接转移相关政策，修订产业转移目录，把高耗能、高污染的产业项目拒之门外。二是以十大生态产业为导向，加强对拟引进项目的前期研究，积极承接具有绿色技术研发和推广应用潜力的产业项目，促进生态环境和承接产业转移的协调发展。三是要进一步优化营商环境，为承接优质产业转移项目创造不亚于中东部的软环境。

## （四）优化政策和舆论环境，鼓励、支持和引导非公经济发展

近年来，甘肃非公经济总量规模逐步扩大，2018年非公经济占全省经济总量的比重达到48.3%，接近全省经济的半壁江山，但与其他地区相比，甘肃非公经济发展仍然滞后，尤其是与浙江、江苏、广东、福建等非公经济发展活跃的地区相比差距很大。从这些省份非公经济与市场经济的发展可以推导出：非公经济发达的地方，经济、社会就发达，这些省份市场经济的兴起就是源于非公经济的兴起。因

此，今后在甘肃省工业强省战略的实施中，不能只寄希望于省内少数大型国有企业，应全方面贯彻落实“两个毫不动摇”大政方针，促进甘肃非公有制工业企业取得突破性发展。一是应落实有关鼓励和支持非公经济发展的各项政策措施，对非公企业最关心的税收、融资、社保等方面的需求给予最大的政策扶持，为非公经济发展创造更好的政策环境。二是利用电视、网络等宣传媒体加强对发展非公经济的相关政策和法律法规的宣传，宣传报道非公经济典型人物和事迹，消除社会上对非公经济的偏见，引导各类人才向非公企业聚集；增加非公经济企业家担任政协委员、人大代表的比例，提高非公企业家的社会地位，营造有利于非公经济发展的舆论环境。

# B.6
# 2019～2020年甘肃第三产业形势分析与预测

蒋　钦*

**摘　要：** 2019年，在国内经济下行压力持续加大背景下，甘肃服务业（第三产业）保持较快增长，继续成为支撑甘肃经济稳定发展的重要力量。上半年，服务业增加值同比增长6.5%，高于第二产业和地区生产总值增速，对地区经济的贡献率为65.1%；服务业吸纳就业能力持续增强，成为甘肃缓解就业压力的主要领域；服务业投资实现由负转正；企业收入增长稳定，高于同期工业企业收益。预计2020年，甘肃服务业将继续保持稳定增长态势，对全省经济的"稳定器"作用将会进一步巩固。同时，甘肃服务业发展存在总量小、水平低、内部结构不合理、现代服务业发展滞后、地区间发展不平衡、人才短缺等问题。为了促进甘肃服务业更快更好发展，应利用"一带一路"建设扩大甘肃服务业对外开放水平，积极培育新的消费增长点，加快推进服务业与第一、二产业的融合发展，积极培养、引进服务业中高端人才，以促进甘肃服务业发展后劲进一步增强。

* 蒋钦，甘肃省社会科学院区域经济研究所助理研究员，主要研究方向为产业经济。

**关键词：** 服务业　对外开放　甘肃

服务业（第三产业，下同）是国民经济的重要组成部分，加快发展服务业，对于稳增长、调结构、扩内需、增就业具有重要的现实意义。2019 年，在国际环境日趋复杂严峻、国内经济下行压力加大背景下，甘肃服务业呈现总体平稳发展态势，主要指标运行在合理区间，持续成为支撑甘肃经济稳定增长的“稳定器”。上半年，甘肃服务业增加值增速为 6.5%，对甘肃经济增长的贡献率提高到 65.1%，拉动 GDP 增长 3.9 个百分点，服务业成为吸收新增就业的主要渠道，服务业投资持续回升并实现由负转正，服务业收益总体平稳增长，好于工业企业收益。服务业内部，消费市场、金融业保持平稳运行，旅游业较快发展，物流业趋稳向好。为了推动甘肃服务业持续稳定健康发展，应通过“一带一路”建设不断扩大甘肃服务业对外开放水平，培育新的消费增长点，增进服务业与农业、工业的融合并积极培养、引进服务业短缺人才。

## 一　2019年甘肃省服务业运行总体特征

### （一）服务业对甘肃经济增长的贡献进一步增强

近年来，甘肃省服务业对稳定地区经济增长的作用十分显著。2013 年起甘肃服务业增加值增速超越地区生产总值和第二产业增加值增速（见图 1），2014 年服务业占地区生产总值的比重首次超过第二产业，2015 年比重达 50.8%，成为甘肃经济的第一大产业，2018 年占比达到 54.9%，服务业成为甘肃经济发展的主要支撑力量，充分发挥了“稳定器”作用。

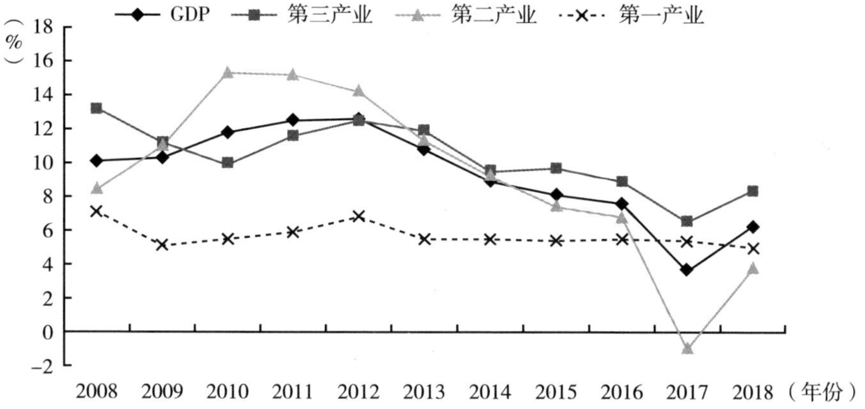


**图1　2008～2018年甘肃省第一、二、三产业与生产总值增速**

2019年，甘肃服务业保持稳步发展态势，对甘肃经济的支撑作用不断巩固。1～3月，服务业增加值为1025.1亿元，同比增长7.8%；1～6月，服务业增加值2276.7亿元，同比增长6.5%，分别高于同期第二产业和地区生产总值增速1.3个和0.5个百分点，服务业对甘肃经济增长的贡献率提高至65.1%，拉动地区生产总值增长3.9个百分点。

三次产业结构进一步调整，服务业在地区生产总值中的占比持续增加，上半年突破60%（见表1）。

**表1　2019年1～6月甘肃省第二、三产业增加值、增速和产业结构比重比较**

单位：亿元，%

| 时间 | 增加值 | | 增速 | | 产业结构比重 | |
|---|---|---|---|---|---|---|
| | 第二产业 | 第三产业 | 第二产业 | 第三产业 | 第二产业 | 第三产业 |
| 1～3月 | 601.6 | 1025.1 | 8.3 | 7.8 | 34.7 | 59.0 |
| 1～6月 | 1251.3 | 2276.7 | 5.2 | 6.5 | 33.2 | 60.4 |

### （二）服务业吸纳就业能力进一步凸显

服务业是甘肃省吸纳新增就业最大的领域。随着甘肃服务业增加值在地区生产总值中占比的不断提高，服务业从业人员无论是绝对数还是占全部从业人员的比重都在稳步上升。从 2013 年到 2017 年，甘肃三次产业就业结构由 59.3∶16.0∶24.7 调整为 54.9∶15.7∶29.4，明显表现出劳动力向服务业转移的趋势。2017 年服务业就业人员 457.1 万人，占全年就业人员的 29.4%。2019 年上半年，甘肃省城镇新增就业 3.76 万人，失业人员实现再就业 2 万人，就业困难人员实现就业 2662 人，这些新增就业和再就业人员主要集中在制造业和服务业的批发和零售业、住宿和餐饮业、交通运输和邮政业等各个行业，服务业容纳的就业量不断扩大，成为甘肃就业的最重要渠道，对保证甘肃就业稳定贡献显著，充分发挥了就业“压舱石”作用。

### （三）服务业投资继续小幅回升

2018 年以来，随着“稳投资”一系列政策措施效果的逐步显现，甘肃省固定资产投资和第二、三产业投资增速在 2018 年降幅大幅度收窄，2018 年底，全省固定资产投资增速，第二、三产业投资增速分别同比下降 3.9%、10.8% 和 3.6%，降幅比上年分别收窄 36.4 个、52.3 个和 23.2 个百分点。2019 年三项投资增速指标在上年基础上实现了由负转正。1～8 月，全省固定资产累计投资 3824.2 亿元，同比增长 3.6%，分行业看，第二产业累计投资 157.0 亿元，同比增长 20.9%，第三产业累计投资 2649.8 亿元，同比增长 2.1%，增速比第一季度下降 4.8 个百分点，比上半年提高 0.9 个百分点（见图 2），其中，基础设施投资增速为 6.1%。

值得注意的是，1～8 月工业投资增长 24.5%，制造业投资增长

15.4%，远高于基础设施投资增速，基础设施投资是拖累2019年甘肃服务业和全省固定资产投资未达到预期目标（6.0%左右）的主要原因。基础设施投资增长较慢，主要是2019年大规模减税降费政策使地方财政收入受到一定影响进而使投资项目资金短缺。面对这种情况，国家将进一步增加专项债的发行，甘肃基础设施投资有望增加。

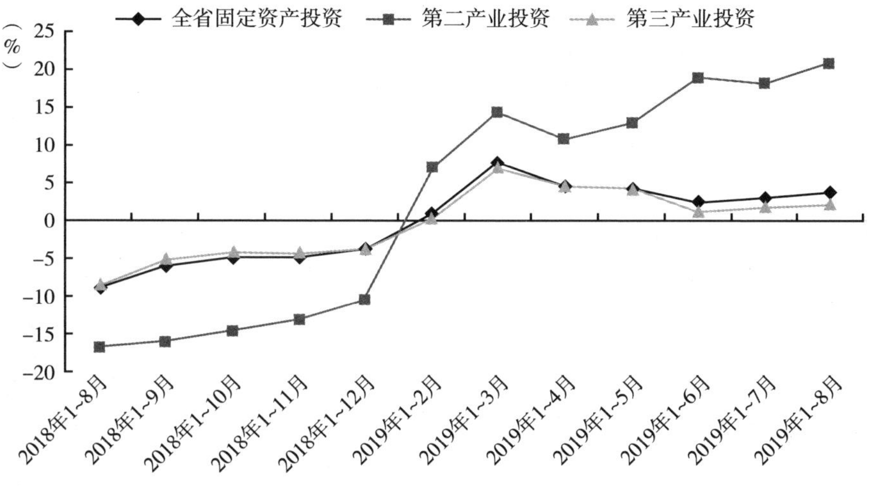


**图2 2018~2019年甘肃省固定资产投资，第二、三产业投资增长**

## （四）服务业收益稳定增长

2019年1~7月，全省规模以上服务业营业收入同比增长6.0%，比上半年回落0.4个百分点，高于同期工业企业营业收入（4.9%）。现代服务业发展较好，上半年，全省规模以上软件和信息技术服务业共实现软件业务收入18.7亿元，同比增长15.8%。1~7月信息传输、软件和信息技术服务业实现营业收入21.0亿元，增速为12.0%，租赁和商务服务业实现营业收入42.3亿元，增速为16.3%，明显高于规模以上服务业营业收入增长。

## 二 2019年甘肃省服务业主要行业发展状况

### （一）消费品市场平稳运行

2019 年 1 ~8 月，甘肃省实现社会消费品零售总额 187.9 亿元，同比增长 7.1%，年内各月累计增速保持在 7.0% ~7.4%，总体处于平稳状态（见表 2）。分行业看，2019 年甘肃消费品市场呈现五个特征。①餐饮业增长较快，1 ~8 月限额以上餐饮业营业额增长 6.4%，增幅高于上年同期 12.3 个百分点；②零售业低迷，1 ~8 月限额以上零售业销售额同比下降 1.4%，低于上年同期 4.8 个百分点；③批发业销售持续回升，1 ~8 月全省限额以上批发业销售额同比增长 9.2%，增幅比上半年提高 2.3 个百分点；④城镇消费快于乡村，第一季度和上半年，城镇消费品零售额分别增长 7.5%、7.3%，同期乡村消费品零售额增长均保持在 6.6%；⑤消费升级类商品销售增长较快，第一季度，限额以上单位通信器材类商品增长 17.6%，中西药品类商品增长 17.0%，化妆品类商品增长 6.0%。

**表 2 2019 年甘肃省社会消费品市场运行状况**

单位：%

| 时间 | 社会消费品零售总额 | 限额以上批发业销售额 | 限额以上零售业销售额 | 限额以上住宿业营业额 | 限额以上餐饮业营业额 |
|---|---|---|---|---|---|
| 1 ~2 月 | 7.3 | -2.2 | 1.7 | 2.0 | 7.0 |
| 1 ~3 月 | 7.4 | — | — | — | — |
| 1 ~4 月 | 7.0 | -0.2 | 0.1 | 3.3 | 7.3 |
| 1 ~5 月 | 7.1 | 3.3 | -0.2 | 2.8 | 8.5 |
| 1 ~6 月 | 7.2 | 6.9 | 9.4 | 9.3 | 14.0 |
| 1 ~7 月 | 7.1 | 8.2 | -1.1 | 1.8 | 8.2 |
| 1 ~8 月 | 7.1 | 9.2 | -1.4 | 1.6 | 6.4 |

### （二）旅游业快速发展

“一带一路”倡议提出后，丝绸之路旅游线路持续升温，甘肃旅游业快速发展，文化旅游业成为现代服务业发展的新动能。2018 年，甘肃文化旅游产业占比达到全省地区生产总值的 7.0%，在十大生态产业中居首位。2019 年，甘肃文化旅游业继续保持良好发展势头，旅游人数和收入保持双高增长。1～8 月，全省共接待游客 2.6 亿人次，比上年增长 24.6%；实现旅游综合收入 1861.4 亿元，比上年增长 28.7%。同时，随着旅游扶贫力度加大，甘肃乡村旅游稳步发展。上半年，全省乡村旅游接待游客 4042.7 万人次，比上年同期增长 23%；实现乡村旅游收入 77.0 亿元，比上年同期增长 32.5%。此外，红色旅游景点也为甘肃旅游业助力，成为 2019 年节日、假期旅游热点景区。清明期间，会宁红军会师旧址接待祭扫公众 3.53 万人次，庆阳南梁接待游客 1.9 万人次。

### （三）物流业趋稳向好

2019 年，甘肃省铁路、公路运输量持续回升，航空货邮吞吐平稳，快递业务和邮政业务保持快速增长。1～8 月，铁路货运量 3844.1 万吨，同比下降 13.5%，增速连续 6 个月收窄，货运周转量 995.4 亿吨公里，同比增长 3.1%；全省公路货运量 4.4 亿吨，同比增长 6.0%，增速连续 3 个月提升，货运周转量 745.9 亿吨公里，同比增长 6.2%。1～7 月，全省航空货邮吞吐量 4.0 万吨，同比增长 13.2%。1～8 月快递业务总量 5828.5 万件，同比增长 8.6%，快递业务收入 13.5 亿元，同比增长 16.8%；邮政服务业务总量 12.0 亿元，同比增长 12.9%，邮政寄递服务业务量 22315.0 万件，同比下降 0.5%，邮政寄递服务业务收入 18371.9 万元，同比增长 19.1%。

### （四）金融业总体稳定

2019 年，甘肃金融机构执行稳健货币政策，灵活运用多种货币政策工具服务实体经济发展，不断加大对省内重大项目、基础设施、特色产业、三农发展、产业结构升级和技术创新等社会薄弱环节的信贷支持，以改革的方式不断降低融资成本，推动甘肃经济向高质量发展。2019 年 8 月末，全省金融机构本外币各项存款余额 19895 亿元，同比增长 7.1%，增速比上年同期提高 4.2 个百分点，其中，住户成为全省存款的主力军，住户存款 10790 亿元，占全部存款余额的 54.2%，增长 13.7%，增速比全部存款余额增速高出 6.6 个百分点，比上年同期提高增速 6.6 个百分点。各项贷款余额 20331 亿元，同比增长 7.3%，增速比上年同期回落 2.2 个百分点，其中，单位中长期贷款、短期贷款和住户贷款增速分别为 7.9%、-0.7% 和 4.9%，与上年相比，三项贷款增速不同程度回落。

## 三　甘肃省服务业发展需要关注的问题

### （一）服务业总量规模偏小

一般认为，服务业占地区生产总值的比重是判断地区经济发展阶段的重要标准，地区经济越发达，服务业占地区生产总值的比重就越大。2000～2018 年近 20 年中，甘肃服务业占地区生产总值的比重最低时为 37.29%，最高时近 60%，而同时期全国服务业比重为 39.8%～52.2%，看似甘肃服务业发展很好，但与直观感受差异很大，主要原因是，甘肃第二产业基数较小，导致服务业在地区生产总值中的比重很高。从甘肃第二产业在全国第二产业中的占比来看，近 20 年一直在 1% 左右，2012 年前排名第 26，只比西藏、宁夏、青海、贵州、海南五个工业基础薄弱的省份略高，从2012年起，贵州赶超甘肃，甘肃排名又后退一位。这说明甘肃整体经济发展水平落后，工业基础薄弱，造成了服务业发达的假象。从甘肃服务业占全国服务业的比重来看，2005年以前，甘肃服务业占比略高于1.0%，2005年以后，占比降为0.8%～1.0%（见表3）。甘肃服务业在全国所占份额一直偏低，严重影响了甘肃第一、二产业的发展，在一定程度上不利于形成支撑地方经济快速发展的投资环境，对人民生活水平提高也造成了消极影响。

**表3　甘肃第二、三产业在全国第二、三产业中的占比**

单位：%

| 年份 | 甘肃第二产业占全国比重 | 甘肃第三产业占全国比重 | 年份 | 甘肃第二产业占全国比重 | 甘肃第三产业占全国比重 |
|---|---|---|---|---|---|
| 2000 | 0.92 | 1.10 | 2010 | 1.04 | 0.84 |
| 2001 | 0.92 | 1.01 | 2011 | 1.05 | 0.91 |
| 2002 | 0.93 | 1.00 | 2012 | 1.06 | 0.93 |
| 2003 | 0.91 | 1.02 | 2013 | 1.05 | 0.99 |
| 2004 | 0.96 | 1.03 | 2014 | 1.05 | 0.98 |
| 2005 | 0.95 | 1.02 | 2015 | 0.88 | 0.97 |
| 2006 | 1.00 | 0.98 | 2016 | 0.85 | 0.97 |
| 2007 | 1.01 | 0.90 | 2017 | 0.77 | 0.95 |
| 2008 | 0.98 | 0.90 | 2018 | 0.76 | 0.97 |
| 2009 | 0.95 | 0.88 | — | — | — |

## （二）服务业发展水平偏低

从2000年到2018年，甘肃人均服务业增加值一直呈上升态势，人均服务业增加值从1738.1元上升到17178.9元，增加了近10倍。但与全国平均水平相比，与浙江等发达地区相比较，甘肃服务业人均值很低。2018 年全国和浙江人均服务业增加值分别是 33652.1 元和 53554.6 元，分别是甘肃的 2.0 倍和 3.1 倍。同时，甘肃人均服务业增加值与全国平均水平和浙江等发达省份的差距在不断拉大（见图 3）。2000 年，全国人均服务业增加值高出甘肃 1409.8 元，是甘肃的 1.8 倍；浙江高出甘肃 3039.9 元，是甘肃的 2.7 倍。这表明，甘肃服务业发展水平落后于全国平均水平，更落后于发达省份，甘肃服务业发展与实现甘肃居民对幸福美好生活的向往之间还存在很大差距。

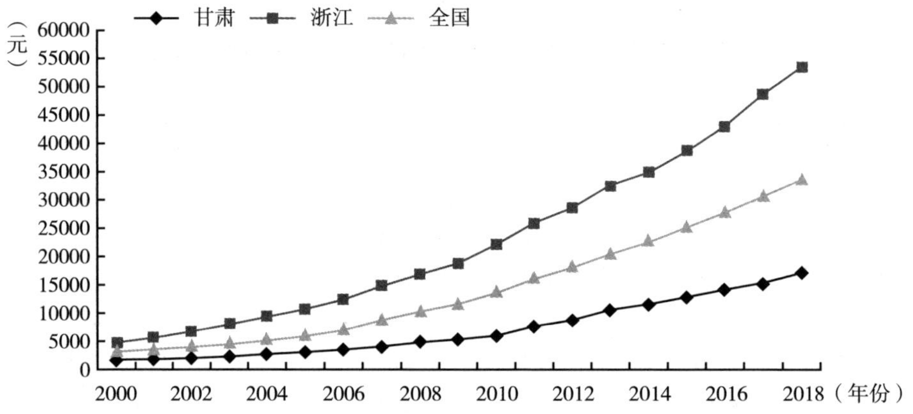


**图 3　2000～2018 年甘肃、浙江、全国人均服务业增加值增长趋势**

## （三）现代服务业发展滞后

长期以来，甘肃传统服务业在服务业中占主导地位的局面一直没有得到根本改变，附加值较高、科技含量高的现代服务业和新兴服务业发展明显落后。生产性服务类企业还处于起步阶段，普遍存在规模小、实力弱、水平低、业态种类少、提供的专业化服务不足等问题，各项扶持生产性服务业发展的政策之间缺乏必要的衔接和配套措施，没有形成统一高效协调的监管体系，制造业企业在原料采购、产品销售上自成体系，对生产性服务业的需求有限。同时在地区分布上现代服务业企业地域分布主要聚集在城市，农村地区严重缺位。通过估算2018年服务业各行业占比，批发和零售、住宿和餐饮、交通仓储邮政业占全省服务业的比重为25.5%，比2017年占比仅低1.3个百分点，而金融业占比为12.5%，比2017年只提高约1.2个百分点。再从项目投资情况看，2018年批零住餐业，交通运输、仓储和邮政业投资占全省项目投资的28.5%，而信息传输、软件和信息技术服务业，金融业，租赁和商务服务业，科学研究和技术服务业投资额仅占全年项目投资额的4.2%。

### （四）服务业地区发展不平衡

与甘肃服务业总量在全国的占比偏低相对应，甘肃省内由于各地区经济发展水平、自然禀赋不同，各市州服务业发展水平差距也很明显。这可以从服务业企业在省内的地理分布和各市州服务业在当地生产总值中的比重不平衡上体现出来。地域分布上，服务业主要集中在兰州、天水、庆阳和酒泉市，而甘南、陇南、临夏最少，酒泉、嘉峪关、金昌、平凉企业分布也较少。从各市州服务业增加值占当地生产总值的比重上看，最高的是临夏，2018年达到67.9%，其次是兰州，占比为64.1%，第三是甘南，为61.8%，白银、天水、武威、张掖、平凉、酒泉和定西服务业在区域生产总值中的比重为44.7%～59.5%，庆阳、嘉峪关和金昌在40%以下，临夏与金昌、嘉峪关之间相差30个百分点左右。这种服务业地理分布与其在地区生产总值中占比的不匹配，导致省内一些重要的工业城市没有形成相对应的服务体系。如服务业占比最低的两个城市嘉峪关、金昌都是典型的工业城市，随着这些区域矿产资源的逐渐枯竭，区域经济发展将陷入困境。

**表4 2018年甘肃省各地区生产总值构成**

单位：%

| 地区 | 第一产业比重 | 第二产业比重 | 第三产业比重 |
|---|---|---|---|
| 全省 | 11.2 | 33.9 | 54.9 |
| 兰州 | 1.6 | 34.3 | 64.1 |
| 嘉峪关 | 1.3 | 61.1 | 37.6 |
| 金昌 | 7.2 | 54.5 | 38.3 |
| 白银 | 13.5 | 41.8 | 44.7 |
| 天水 | 14.0 | 30.7 | 55.3 |
| 酒泉 | 12.3 | 33.9 | 53.8 |
| 张掖 | 21.8 | 22.3 | 55.9 |
| 武威 | 25.7 | 28.1 | 46.2 |
| 定西 | 18.4 | 22.1 | 59.5 |
| 陇南 | 18.7 | 19.7 | 61.6 |
| 平凉 | 22.2 | 26.3 | 51.5 |
| 庆阳 | 10.0 | 50.2 | 39.8 |
| 临夏 | 12.8 | 19.3 | 67.9 |
| 甘南 | 23.7 | 14.5 | 61.8 |

### （五）服务业中高端人才稀缺

在甘肃省服务业从业人员中，农村转移人口和城镇再就业人员成为批、零、住、餐业和运输业等传统服务业的主力军，这些人员受教育程度较低，不易掌握现代技术和操作手段，同时文化素养偏低，不能支撑传统服务业向精细和高品质转变。而金融、科技、现代物流、商务、信息等现代生产性服务业领域需要的专业技术人才和懂经营、会管理的中高级管理人才严重匮乏，从业人员的专业知识、行业素质和服务水平不能满足产业发展的需要。这种局面既不利于甘肃服务业潜力的充分发挥，也不利于甘肃服务业结构调整升级。

## 四　甘肃省服务业发展展望

2019 年，甘肃服务业发展面临新的发展机遇。2018 年底中央政治局会议提出：促进形成强大国内市场，提升国民经济整体性水平。2019 年政府工作报告中强调：促进形成强大国内市场，持续释放内需潜力。国务院印发的《全国深化“放管服”改革优化营商环境电视电话会议重点任务分工方案》，部署深化“放管服”改革，加快打造市场化、法治化、国际化的营商环境。《国务院办公厅关于促进平台经济规范健康发展的指导意见》中强调要积极发展“互联网 + 服务业”，支持社会资本进入基于互联网的新兴服务领域，以及《完善促进消费体制机制进一步激发居民消费潜力的若干意见》《国务院关于促进家政服务业提质扩容的意见》《关于推进养老服务发展的意见》和《甘肃省人民政府关于支持服务业加快发展的若干意见》《甘肃省人民政府关于进一步支持非公有制经济发展的若干意见》《甘肃省服务业质量提升专项行动计划》等政策红利密集释放，这些都为甘肃省加快服务业发展创造了良好的政策环境。

再从宏观经济环境来看，2019 年全国服务业平稳运行和消费升级蕴藏的巨大消费潜力为甘肃服务业提供了良好的发展背景。2019 年，全国经济延续了总体平稳发展态势，服务业稳定发展对经济的支撑作用显著，消费压舱石作用凸显。1～8 月，服务业生产指数同比增长 7.0%，服务业增加值占国内生产总值的 50% 以上，服务业累计增速已连续 14 个季度保持在 7.0%～7.9%，对经济增长的贡献率达到 60% 以上。消费规模持续扩大、消费结构升级成为经济发展的重要驱动力，上半年最终消费对经济增长的贡献率达到 60.1%，现代服务业发展势头良好，上半年信息传输软件和信息技术服务业、租赁和商务服务业增加值同比增长20.6%和7.8%。今后，服务业对经济的基础作用和支撑作用将会持续有效发挥，尤其是消费升级蕴含的市场需求巨大，随着居民生活水平的日益提高，服务消费和享受型消费需求不断增加，文化、旅游、健康、养老等新兴消费领域将保持快速发展趋势。

从近些年甘肃省服务业发展形势看，甘肃服务业总体发展良好，增加值总量不断扩大，增速连续五年高于第一、二产业，在国民生产总值中的比重持续提高，2019年上半年突破六成，吸纳就业能力显著，成为当前吸纳新增就业的主体，内部结构日趋改善。

综上所述，预计2019年第四季度及2020年甘肃省服务业将继续保持稳定增长态势，总量规模将继续扩大，内部结构也将持续调整优化，现代物流业、文化旅游业、金融业和新兴服务业将成为推动甘肃服务业快速增长的主要动力。

## 五　甘肃省服务业加快发展建议

### （一）借助“一带一路”扩大服务业对外开放

“一带一路”建设为甘肃服务业发展提供了更大的空间、更广阔的资源整合平台和更积极的话语权，有利于推进甘肃服务业走出去全方位发展，提升对外开放水平。在“一带一路”发展背景下，甘肃要同时提升贸易对外开放和外资对外开放程度。扩大对外开放领域，完善丝绸之路（敦煌）国际文化博览会、华夏文明传承创新区和兰州新区综合保税区等开放平台建设，积极推进体制改革和制度创新，提升跨境服务贸易对外开放程度，提高贸易自由化和便利化水平。改善旅游服务条件，提升入境旅游服务水平，开发旅游资源，吸引共建“一带一路”国家的国际游客来甘肃旅游。同时，积极推进自贸区改革试点经验复制推广，放宽服务业外资市场准入限制，优化外商投资环境，以加快服务业对外开放并实现产业结构优化的跨越式发展。

## （二）培育生活性服务业消费新增长点

为进一步增强消费在拉动甘肃经济持续稳定增长中的基础作用，应顺应消费需求的变化，培育新的消费增长点，增加生活性服务业有效供给，以供给改善和创新更好地满足、创造消费需求，推动甘肃生活性服务业向便利化、精细化、品质化发展。①大力发展养老服务业，从2005年起，甘肃省逐渐步入人口老龄化社会，截至2018年底，全省60岁以上老年人口占常住人口比例达到16.5%，并且每年以5%的速度增加，养老服务供需矛盾突出。要扶持养老特别是社区养老服务业发展，增加社区养老服务设施和服务从业人员，并对养老服务机构给予减税免费、水电气热价格优惠等。②发展夜间商贸服务业，对兰州、天水、酒泉、嘉峪关、武威等夜间经济基础较好的城市进行已有夜市、商业街的改造提升、延伸整合，对现有的大型商业综合性场所植入展演、娱乐等产品，形成商贸夜生活圈，引导带动夜间经济繁荣发展。③延伸旅游消费产业链，围绕吃住行游购娱，培育旅游产业要素，开发参与性、体验性、娱乐性、互动性旅游产品，提高游客人均花费水平。

## （三）推进生产性服务业与制造业融合发展

《中国制造2025》强调：要加快制造与服务的协同发展，要大力发展与制造业紧密相关的生产性服务业。国家发改委印发的《服务业创新发展大纲（2017～2025）》提出：推动中国服务与中国制造互促共进。这些文件说明加快发展甘肃现代服务业和调整服务业内部结构的方向是发展生产性服务业，形成与制造业内在联动的发展模式。

因此，甘肃首先要补齐生产性服务发展的短板，出台鼓励、扶持政策，培育壮大一批具有示范性的生产性服务骨干企业。其次引导制造业企业打破行业边界，改变大而全、小而全的格局，鼓励企业将后勤物业、餐饮、教育培训和仓储物流等非核心业务分离或外包；将企业技术中心、重大技术产业平台组建成专业化的科技研发企业；鼓励有色冶金、石油化工企业向下游延伸服务链，从主要从事产品制造向同时提供产品和服务转变；鼓励新能源装备、汽车及零配件等装备制造业优势企业通过业务流程再造，从生产型制造向服务型制造转变，向客户提供专业化服务，以此推动制造业与生产性服务业的交叉融合发展。

### （四）推动现代服务业向农村、农业延伸

加快农村服务业发展是推进美丽乡村建设、促进城乡经济协调发展的重要载体，也是拓展甘肃服务业发展空间的有效举措。目前甘肃农村居民消费水平显著提高，农业产业化进程不断加快，为服务业向农村延伸创造了有利条件，因此要坚持以城带乡大力发展农村服务业。①充分发挥县城和中心镇在服务业体系中的节点功能，因地制宜培育发展县域特色服务业和生产性服务业。②扩大宽带、无线网络等农村信息基础设施覆盖面，完善县城和中心镇的集聚辐射功能，为周边农村地区提供良好的基本公共服务。③推动电子商务和快递服务下乡进村入户，改变农村生活性服务业发展落后面貌。④通过农业科技服务、农业信息化服务、农产品批发市场、农机技术推广和社会化服务体系建设，提高现代服务业与农业融合的效率和成效。

### （五）积极培养、引进服务业中高端人才

建议高等院校、高职院校根据服务业市场需要开设服务业相关专

业，分级培养从事服务业的专业人才和经营管理人才；创新高技能人才培养模式，鼓励校企合作培养，实行订单教育。加强服务业职业经理人培训，着力提高经营管理者素质。发挥各类职业培训机构、行业协会的作用，强化对服务业从业人员职业技能在职培训。完善服务业人才引进和激励机制，加大服务业高层次创新人才引进力度，壮大甘肃高质量服务业人才队伍。

# B.7
# 甘肃“十大生态产业”中的数据信息产业发展报告

关　兵*

**摘　要：** 2018年，甘肃省委省政府出台《关于构建生态产业体系推动绿色发展崛起的意见》《构建生态产业体系推动十大类生态产业发展总体方案》等重要文件和《甘肃省数据信息产业发展专项行动计划》等专项文件，推出甘肃省构建生态产业体系推动绿色发展崛起的重大战略决策并确立数据信息产业为今后重点培育发展的十大绿色生态产业之一。本文从全面分析甘肃省数据信息产业当前面临的发展条件出发，以大数据产业为重点，科学研判甘肃省数据信息产业各主要分类行业的发展水平、发展趋势和发展特征，在此基础上，总结甘肃省数据信息产业当前发展中存在的问题并提出进一步优化发展的思路对策，为甘肃省数据信息产业实现战略目标、发展成为甘肃省绿色发展新引擎服务。

**关键词：** 生态产业　数据信息产业　甘肃

当前，随着云计算、人工智能、移动互联网、物联网、5G等信

* 关兵，甘肃省社会科学院助理研究员，经济学硕士，主要研究方向为产业经济学、计量经济学。

息技术不断进步，全球数据呈爆炸式增长，数据信息产业蓬勃兴起，给经济社会发展带来重大而深远的影响。把握好这一重要发展机遇，对推动甘肃省经济发展实现质量变革、效率变革、动力变革将发挥重要作用。数据信息产业是典型的绿色低碳集约产业，具有很强的融合性和渗透性，不仅自身发展可做到绿色低碳，还肩负着为其他行业实现绿色低碳提供信息技术支撑的重要任务。数据信息产业是落实习近平总书记视察甘肃时“着力加强生态环境保护，提高生态文明水平”指示，破解资源、能源、环境瓶颈的关键性产业之一。2018 年以来，甘肃省委省政府陆续出台了《关于构建生态产业体系推动绿色发展崛起的意见》《构建生态产业体系推动十大类生态产业发展总体方案》等重要文件和《甘肃省数据信息产业发展专项行动计划》等专项文件，推出甘肃省构建生态产业体系推动绿色发展崛起的重大战略决策并确立数据信息产业为今后重点培育发展的十大绿色生态产业之一。数据信息产业作为甘肃省今后新的绿色发展引擎之一，其持续健康发展对甘肃经济社会发展具有重要战略意义。本文从全面分析甘肃省数据信息产业的发展条件出发，科学研判甘肃省数据信息产业各主要分类行业（以大数据产业为主）的发展水平、发展趋势和发展特征，在此基础上，总结甘肃省数据信息产业当前发展中存在的问题并提出进一步优化发展的思路对策，为甘肃省数据信息产业持续健康发展服务。

## 一　甘肃省数据信息产业发展条件

### （一）顶层设计基本完成

#### 1. 国家层面的顶层设计

当前，信息技术发展日新月异，数据浪潮席卷全球，以数字化、网络化、智能化为特征的数据信息产业蓬勃兴起，给经济社会发展带来深远的影响。加快释放数据信息产业发展的巨大潜能，对于适应和引领经济发展新形势、增强发展新动力、推进经济高质量发展具有重要战略意义。“十三五”以来，党中央国务院陆续发布《中国制造2025》《促进大数据发展行动纲要》《国务院关于积极推进“互联网+”行动的指导意见》《国务院关于深化制造业与互联网融合发展的指导意见》《国家信息化发展战略纲要》等一系列纲领性文件，将数据信息产业的发展提升到国家战略层面。

2017年1月，国家相关部委发布《信息产业发展指南》提出信息产业“十三五”时期发展目标：“到2020年，具有国际竞争力、安全可控的信息产业生态体系基本建立，在全球价值链中的地位进一步提升。”同年1月，工信部编制发布《大数据产业发展规划（2016~2020年）》《软件和信息技术服务业发展规划（2016~2020年）》《信息通信行业发展规划（2016~2020年）》三大规划，按照国家“十三五”规划总体部署，落实《信息产业发展指南》总体要求，对上述三大产业“十三五”期间的战略目标和重点任务进行战略部署。根据规划，“十三五”期间，上述三大产业的规模将快速扩大，并将成为信息产业乃至整个新经济的主要驱动力。信息化正在从新要素、新产业、新模式上推动中国新旧动能的转换。其中，大数据是首次出现在五年规划体系中的细分行业，反映出大数据越来越受到国家层面的高度重视，其规划中明确指出，大数据已成为塑造国家竞争力的战略制高点之一，当前我国经济社会发展对信息化提出了更高要求，发展大数据具有强大的内生动力。推动大数据应用，加快传统产业数字化、智能化，做大做强数字经济，能够为我国经济转型发展提供新动力，为重塑国家竞争优势创造新机遇，为提升政府治理能力开辟新途径，大数据应用是支撑国家战略的重要抓手。

党的十九大报告进一步在宏观层面上肯定了发展数据信息产业的

战略意义，强调指出，要推动互联网、大数据、人工智能和实体经济深度融合。2017 年 12 月，习近平总书记在中央政治局第二次集中学习时深刻分析大数据发展现状和趋势，结合我国实际对实施国家大数据战略、加快建设数字中国作出部署要求：“大数据发展日新月异，我们应该审时度势、精心谋划、超前布局、力争主动。”习总书记的讲话清晰地阐明了我国发展大数据的路径、要求和目标。

2. 甘肃省层面的顶层设计

近年来，甘肃省高度重视数据信息产业发展的战略意义，全力贯彻落实国家一系列支持数据信息产业发展的战略部署，出台多项相关政策支持甘肃省数据信息产业加快发展，政策发布频率密度和支持力度为近年少有。有关统计表明：2016～2018 年，国家累计发布数据信息产业相关政策 43 条，各省份跟进推出相关政策共 347 条，其中贵州省共发布相关政策 67 条，居首位，甘肃省共发布相关政策 10 条，居全国第 14 位，在西部 11 省区中列第 3 位，位居前列。

特别是 2018 年甘肃省出台《关于构建生态产业体系推动绿色发展崛起的意见》《构建生态产业体系推动十大类生态产业发展总体方案》重要文件，推出甘肃省构建生态产业体系推动绿色发展崛起的重大战略决策并确立数据信息产业为今后重点培育发展的十大绿色生态产业之一后，进一步出台《甘肃省数据信息产业发展专项行动计划》专项文件，指明了今后甘肃省数据信息产业的发展目标、重点内容、工作路径等，使甘肃省数据信息产业的顶层设计进一步趋于完备。

行动计划指出：甘肃省数据信息产业的主要发展目标是到 2020 年，全省数字经济规模总量突破 5000 亿元，数据信息产业业务收入突破 1200 亿元，丝绸之路信息港初步建成，信息网络基础设施日益完善，一批骨干企业发展壮大，一批新技术、新产品、新模式、新业态不断涌现，数据信息产业生态体系基本建立，对经济社会持续健康发展提供有力支撑，数据信息产业成为甘肃经济社会发展的绿色新引擎。实现路径则从丝绸之路信息港建设，信息通信网络基础设施建设，开展互联网、大数据、物联网的创新应用，推进两化融合和工业互联网，做大做强信息产业等5个方面展开。

## （二）数据信息产业需求基础日益稳固、提升

1. 互联网发展水平不断提升，数据信息产业社会需求持续增长

如表1所示，近年来，甘肃省社会各领域互联网应用能力不断提升，2016~2018年，互联网域名数从11.1万个增长到25.4万个，网站数从1.1万个增长到1.4万个，网页数从10360.7万个增长到12908.6万个，IPv4地址数从144.3万个增长到159.3万个。

**表1　2016~2018年甘肃省互联网应用能力指标**

单位：万个

| 年份 | 域名数 | 网站数 | 网页数 | IPv4地址数 |
|---|---|---|---|---|
| 2016 | 11.1 | 1.1 | 10360.7 | 144.3 |
| 2017 | 11.7 | 1.3 | 11312.2 | 159.2 |
| 2018 | 25.4 | 1.4 | 12908.6 | 159.3 |

资料来源：国家统计局编《中国统计年鉴》（2016~2019）。

同期，如图1所示，甘肃省互联网利用规模也不断上升，移动互联网用户数从1804.9万户增长到2210.6万户，互联网宽带接入用户数从392.9万户增长到742.8万户，手机普及率从84.44部/百户增长到103.74部/百户。

以上数据充分表明，随着甘肃省全社会各领域互联网应用能力的不断提升和互联网用户规模的不断增长，一个以数据信息为基础的万物互联型社会正向我们走来，数据信息产业社会需求将不断持续增长，为甘肃省数据信息产业发展奠定坚实需求基础。

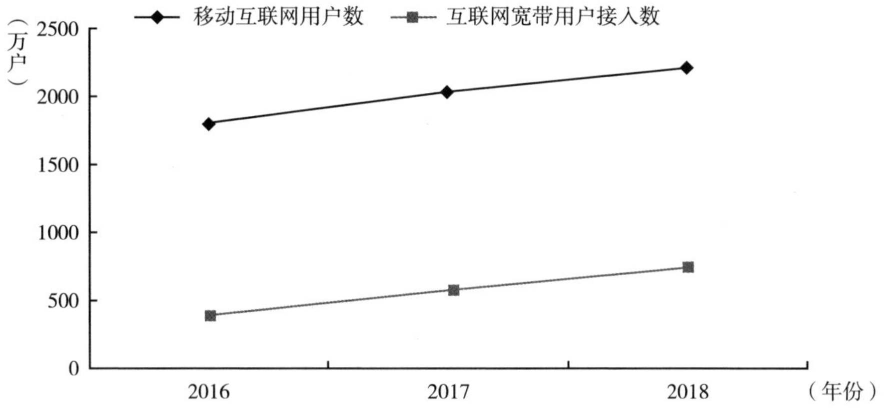


**图 1　2016～2018 年甘肃省互联网利用规模**

资料来源：国家统计局编《中国统计年鉴》（2016～2019）。

2. 全社会大数据采集、应用能力不断提升，带动数据信息产业加快发展

近年来，随着甘肃省数字经济、信息经济发展水平的日益提高，甘肃省对数据资源的采集、开发和应用能力也不断提高，政府政务信息化处理水平日渐提升，至 2019 年 5 月全省面向公众的政府网站已达 541 家，以大数据平台建设为代表的大数据创新型服务向社会各领域全方位拓展，带动相关数据信息产业不断加快发展。

**表 2　近年甘肃省部分建成上线大数据平台一览**

| 大数据平台名称 | 建成上线时间 |
|---|---|
| 甘肃省智慧旅游大数据平台 | 2016 年 3 月 |
| 甘肃省精准扶贫大数据平台 | 2017 年 1 月 |
| 甘肃省社情民意互联网大数据分析平台 | 2017 年 1 月 |
| 甘肃电力大数据平台应用场景 | 2017 年 2 月 |
| 甘肃省文化资源云平台 | 2017 年 10 月 |

续表

| 大数据平台名称 | 建成上线时间 |
| --- | --- |
| 甘肃省工商市场监管综合服务大厅暨市场监管大数据中心 | 2018 年 10 月 |
| 甘肃省文化和旅游大数据交换共享平台 | 2018 年 12 月 |
| 白银人才大数据平台(全省首个) | 2019 年 4 月 |
| 全国首个省级“电子处方信息共享平台” | 2019 年 9 月 |
| 甘肃社会科学在线大数据平台 | 2019 年 10 月 |

资料来源：由 2016～2019 年甘肃省网络媒体发布情况整理。

## （三）数据信息产业基础设施建设不断完善

近年来，甘肃省数据信息产业基础设施建设围绕“宽带中国”战略，以打造丝绸之路经济带沿线国家和地区便捷型信息网络传输体系为目标，加快推进相关信息通信网络基础设施建设。以服务甘肃，加快“数字甘肃”建设为目标，全面保持、推进与中国电信、中国移动、中国联通等大型国企的技术合作与支持，加快推进“宽带乡村”工程建设，不断完善新一代移动通信网、宽带光纤、数字电视网等先进信息基础设施的建设。基础设施建设不断完善。其中两个重要的基础设施项目可管窥如下。一是紫金云项目，该项目是甘肃省“十三五”信息化发展规划重点项目，项目位于金昌经济技术开发区，园区总规划面积 51.72 万平方米，计划形成 5 万个机柜的服务能力。项目愿景目标为依托甘肃省独特的地区优势，打造该项目为“丝绸之路经济带”互联网的重要通道，面向中西亚、中东欧及蒙古国的通信枢纽和区域信息汇集中心、全国重要的云计算产业聚集区、国家大数据布局西部地区的重要节点。项目定位为立足甘肃、面向全国，国内技术一流、管理先进的超大型大数据中心和国家级数据灾备中心。项目建成后将成为甘肃省发展大数据、云计算等新一代技术产业，建设“丝绸之路大数据走廊”的重要节点。二是兰州新区大数据产业园，该产业园占地171亩，具备万余IDC机架托管能力，项目全部建成后可提供4000个机柜服务能力的数据中心及其全部配套的建设，将全面支撑甘肃政务数据中心集中管理需求及省内重要企业“互联网+”转型数据中心需求，成为甘肃省内最具影响力的大型绿色数据中心之一。其定位集合了大数据处理中心、大数据处理交易中心、政府信息云服务支撑中心、智慧城市云服务集控管理中心等多项功能，是“一带一路”云服务的重要节点。目前一期项目已竣工，全部建成投入运行后将以其强大数据处理功能成为甘肃省和兰州新区大数据信息产业发展的一张响亮名片。

## 二　甘肃省数据信息产业发展水平

近年来，随着甘肃省社会经济发展的不断进步和信息化、网络化水平的不断提高，数据信息产业也随之不断成长壮大，特别是2018年甘肃省做出构建生态产业体系推动绿色发展崛起的重大战略决策，确立数据信息产业为十大绿色生态产业之一，进而部署一系列专项政策重点培育发展后，甘肃省数据信息产业进一步加快发展。2018年，甘肃省数据信息产业增速高出全省GDP增速3.9个百分点，其中软件和信息服务业实现总收入52.28亿元，同比增长14.27%；电信业务总量达到1194.20亿元，同比增长161.78%，高于同期全国增速23.95个百分点。2019年前三季度，甘肃省数据信息产业整体继续保持健康稳定增长的发展态势。

数据信息产业是一个综合的产业概念，包含大数据产业、软件及信息服务业、通信业、电子信息制造业、物联网、云计算等多个分类产业，本文以下将对数据信息产业中国家战略下重点推进的大数据产业发展水平进行重点分析，其他产业只做简要评估分析，以利发现问题，筹谋相应思路对策。

## （一）甘肃省大数据产业发展水平评估分析

本文依托中国电子信息产业发展研究院在工业和信息化部信息化和软件服务业司指导下发布的《中国大数据产业发展评估报告（2018年）》（以下简称《报告》）相关数据，以甘肃视角，聚焦于与甘肃省经济、产业发展条件相近的西部12省份间的评估比较，对甘肃省大数据产业的发展现状、发展趋势进行研判分析。《报告》中大数据产业综合发展水平的评估从大数据发展环境、大数据产业化水平、大数据应用能力三个二级评价要素展开，本文对甘肃省大数据产业发展水平的总结研判也按上述从总体水平到三个二级评价要素的顺序展开，并对其中需要甘肃省借鉴、关注的问题进行了提炼总结。

1. 甘肃省大数据产业总体发展水平评估分析

（1）甘肃省大数据产业总体发展水平评估结果与结论

**表3　甘肃省大数据产业总体发展水平评估**

单位：分

| 全国排名 | 省份 | 大数据综合发展指数 | 分值比上年增长 |
|---|---|---|---|
| 1 | 北京 | 63.21 | 5.49 |
| 2 | 江苏 | 60.72 | 9.04 |
| 3 | 广东 | 60.71 | 6.56 |
| 7 | 四川 | 47.38 | 5.86 |
| 10 | 重庆 | 39.35 | 10.12 |
| 11 | 贵州 | 38.35 | 3.60 |
| 14 | 陕西 | 30.82 | 4.39 |
| 19 | 宁夏 | 28.36 | 6.50 |
| 22 | 内蒙古 | 27.14 | 6.80 |

续表

| 全国排名 | 省份 | 大数据综合发展指数 | 分值比上年增长 |
|---|---|---|---|
| 23 | 甘肃 | 26. 77 | 4. 13 |
| 25 | 新疆 | 25. 87 | 2. 66 |
| 27 | 广西 | 25. 23 | 3. 30 |
| 28 | 云南 | 24. 24 | 3. 52 |
| 30 | 青海 | 18. 38 | 3. 01 |
| 31 | 西藏 | 15. 23 | 6. 49 |

注：本表只列出指数分值居全国前三位的省份及产业发展条件与甘肃省类似的西部12省份，以利于甘肃省与全国先进省份及西部省份比较，其他对照意义不大的省份未列出，表4同。

资料来源：中国电子信息产业发展研究院编《中国大数据产业发展评估报告（2018年）》，搜狐网，2018年10月8日。

评估显示，2017年，甘肃省大数据产业综合发展指数为26. 77分，位居全国第23位、西部12省份第7位，大数据产业综合发展水平处于西部省份中等偏下位置。综合发展指数分值比上年增长4. 13分，低于全国综合发展指数平均增长分值（5. 78分）和西部12省份平均增长分值（5. 03分），表明截至当年甘肃省大数据产业相对先进省份发展仍偏慢。

（2）甘肃省大数据产业总体发展水平评估关注点

国家大数据综合试验区发展增速高于全国平均水平，国家大数据综合试验区各省份综合指数分值平均增长6. 23分，高于全国平均增长分值的5. 78分，其中北京、广东、上海、重庆在综合排名前十中占据四席，西部省份中列入国家大数据综合试验区的另外两个省份贵州、内蒙古2016年以来也呈现大数据产业迅猛发展、综合排名显著上升之势。列入国家大数据综合试验区后对大数据产业的显著推进作用，应该引起甘肃省的关注。

2. 甘肃省大数据产业分类要素发展水平评估分析

(1) 甘肃省大数据产业分类要素发展水平评估结果与结论

**表4　2017年甘肃省大数据产业分类要素发展水平评估**

单位：分

| 大数据发展环境指数 | | | 大数据产业化水平指数 | | | 大数据应用能力指数 | | |
|---|---|---|---|---|---|---|---|---|
| 全国排名 | 省份 | 分值 | 全国排名 | 省份 | 分值 | 全国排名 | 省份 | 分值 |
| 1 | 浙江 | 13.6 | 1 | 广东 | 31.5 | 1 | 北京 | 21.7 |
| 2 | 江苏 | 13.6 | 2 | 北京 | 30.5 | 2 | 江苏 | 18.1 |
| 3 | 上海 | 13.4 | 3 | 江苏 | 29.1 | 3 | 四川 | 17.3 |
| 6 | 重庆 | 12.6 | 8 | 四川 | 17.6 | 4 | 浙江 | 16.3 |
| 7 | 四川 | 12.5 | 10 | 重庆 | 13.8 | 9 | 贵州 | 14.0 |
| 8 | 陕西 | 12.1 | 11 | 贵州 | 13.2 | 13 | 重庆 | 12.9 |
| 12 | 宁夏 | 11.8 | 13 | 陕西 | 9.9 | 15 | 甘肃 | 12.6 |
| 14 | 甘肃 | 11.7 | 16 | 新疆 | 8.2 | 16 | 广西 | 12.5 |
| 17 | 贵州 | 11.1 | 21 | 内蒙古 | 7.0 | 22 | 云南 | 9.8 |
| 19 | 云南 | 10.8 | 23 | 宁夏 | 6.8 | 24 | 宁夏 | 9.8 |
| 20 | 内蒙古 | 10.7 | 27 | 广西 | 3.9 | 25 | 新疆 | 9.7 |
| 25 | 广西 | 8.8 | 28 | 云南 | 3.6 | 26 | 内蒙古 | 9.4 |
| 27 | 西藏 | 8.6 | 29 | 甘肃 | 2.4 | 28 | 陕西 | 8.8 |
| 28 | 青海 | 8.5 | 30 | 青海 | 2.1 | 30 | 青海 | 7.8 |
| 31 | 新疆 | 8.0 | 31 | 西藏 | 0.5 | 31 | 西藏 | 6.1 |

资料来源：中国电子信息产业发展研究院编《中国大数据产业发展评估报告（2018年）》，搜狐网，2018年10月8日。

评估显示，2017年，全国各省份大数据发展环境均有不同程度提升，平均发展环境指数为10.9，甘肃省大数据发展环境指数为11.7分，高于全国平均水平。列全国第14位、西部第5位，大数据产业发展环境水平处于西部省份中等偏上位置。2017年，全国各省份大数据产业化水平均有不同程度提升，而甘肃省提升程度较小，甘肃省大数据产业化指数仅为2.4分，列全国第29位、西部第10位，大数据产业化水平处于西部省份落后位置。2017 年，全国各省份大数据应用水平均有所提升，甘肃省大数据应用能力指数为 12.6 分，高于全国平均水平，列全国第 15 位、西部第 4 位，大数据产业应用能力水平处于西部省份上游位置。

（2）甘肃省大数据产业分类要素发展水平评估关注点

一是当年成立了专门大数据管理机构的江苏、重庆、山西、安徽等省份发展环境指数排名增速明显，说明政府部门的统筹决策和资源整合对于优化大数据发展环境作用明显，这一点需要引起至今尚未建立省级大数据管理机构的甘肃省注意。

二是广东省以 31.5 分的指数位居全国大数据产业化发展指数榜首，是全国大数据产业化发展平均指数 11.7 的近 3 倍，是甘肃省的 10 倍以上。广东实现大数据产业化高速发展的经验和可资借鉴之处在于：信息资源、数据资源存储开发得力；同时，广东的大数据相关产业如软件和信息服务业、电子信息制造业等规模实力雄厚，为大数据产业发展提供了良好的协同发展条件；此外，广东拥有一大批竞争力较强、专业化程度较高的大数据企业实体。上述因素是广东大数据产业近年得以实现高速发展的关键。

三是甘肃省大数据产业发展环境水平处于西部省份中等偏上位置，大数据应用水平处于西部省份上游位置，而大数据产业化水平处于西部省份落后位置。反差很大程度上说明甘肃省大数据产业主要由政府推动、推进，缺乏企业层面的实体经济支撑，真正从事大数据商务运营的企业少而散。

### （二）甘肃省软件与信息服务业发展水平评估分析

如表 5 所示，近年来甘肃省软件与信息服务业保持一定程度的良好发展态势，业务总收入持续增长，增速高于第三产业整体发展水平，但总收入占全国该行业总收入的比重仅在 0.08% 左右，说明目前甘肃省软件与信息服务业的发展规模和发展水平严重偏低、偏弱。

**表5　2016～2018年甘肃省软件与信息服务业发展水平评估**

单位：亿元，%

| 年份 | 业务总收入 | 业务总收入增速 | 总收入占行业总收入比重 |
|---|---|---|---|
| 2016 | 41.42 | 16.09 | 0.086 |
| 2017 | 45.75 | 10.45 | 0.083 |
| 2018 | 52.28 | 14.27 | 0.084 |

资料来源：国家统计局编《中国统计年鉴》（2016～2019）。

## （三）甘肃省通信业发展水平分析

如表6所示，近年来甘肃省通信业保持逐年快速增长的良好发展态势，业务总量大幅攀升，增速每年高于同期全国水平（2016年为降幅小于全国水平）。目前甘肃省通信业的发展除了继续加强基础设施建设、提高服务水平外，其发展受限于甘肃省的社会经济发展水平和全社会的需求、消费等相关因素，需要协同全社会经济发展的共振来进一步推进。

**表6　2016～2018年甘肃通信业发展水平分析**

单位：亿元，%

| 年份 | 甘肃省电信业务总量 | 甘肃省电信业务总量同比增长 | 全国电信业务总量同比增长 |
|---|---|---|---|
| 2016 | 232.05 | -33.57 | -45.06 |
| 2017 | 456.19 | 96.59 | 76.71 |
| 2018 | 1192.4 | 161.78 | 137.83 |

资料来源：国家统计局编《中国统计年鉴》（2016～2019）。

此外，甘肃省电子信息制造业、物联网、云计算等新兴产业目前发展状况和软件与信息服务业类似，主要存在发展态势良好，但发展规模偏小，发展水平偏低的问题。

## 三 甘肃省数据信息产业发展面临的问题和制约因素

### （一）数据信息基础设施建设步伐尚需进一步加快

近年来甘肃省数据信息基础设施建设不断取得进步，特别是《甘肃省数据信息产业发展专项行动计划》发布以后，数据信息基础设施建设步伐进一步加快，但由于起步条件和原有基础比较薄弱，甘肃省数据信息基础设施当前水平与数据信息产业大发展战略需求相比仍存在一定差距。如2017年，甘肃省数字经济整体水平在全国排名第29，处于落后水平；2018年，甘肃省尚有多项互联网发展、企业信息化水平发展指标、信息通信行业发展指标处于全国平均水平以下。随着全省数字经济、信息经济的飞速发展，对信息基础设施的需求呈现爆发式增长，对提高全省城乡宽带网络覆盖、普及水平和接入能力提出了更高要求；随着丝绸之路信息港建设工程的全面推进，其配套建设的一系列通信、互联网、云计算、大数据基础设施也需要进一步加快完善。

### （二）经济发展水平偏低制约数据信息产业进一步发展

数据信息产业的发展本身是一个不断向社会经济各领域融合、扩张的过程，其应用、需求、消费等发展条件需要实体经济相关领域的协同发展进步，实体经济是支撑数据信息产业发展的重要基础。甘肃省经济发展水平相对偏低，总量规模偏小，2018年，甘肃省GDP位列全国第28，GDP规模低于全国平均水平，人均GDP位列全国最末，实体经济不发达，数据信息产业相应需求、消费能力不足，服务业结构不合理，以大数据、软件信息服务业等为代表的现代服务业比重偏低，数据信息相关产业配套发展不足，产业链难以有效延伸，相关市场主体规模偏小、竞争力弱。实体经济支撑基础不稳固，数据信息产业发展“土壤”缺乏，给甘肃省数据信息产业发展带来较大制约。

### （三）数据信息产业人才和技术支撑不足

数据信息产业的大发展需要丰富的人才和相关技术支撑。有关统计表明近年信息产业人才缺口达765万人，而甘肃省高学历人口比重偏低，科研技术人员总体数量较少，专业技术人才缺口较大，由于经济发展水平等原因，吸引相关人才的难度也较大；此外技术供给长期处于全国较低水平，2018年甘肃省科技活动投入指数居全国第23位，低于全国平均水平，技术合同总成交额180.88亿元，每万人口发明专利拥有量2.62件，与先进省份相比也存在较大差距。人才和技术支撑不足，将对甘肃省数据信息产业未来的大发展形成一定制约。

## 四　加快发展甘肃省数据信息产业的思路对策

### （一）加快发展大数据产业

大数据产业作为国家战略重点推进的产业，在甘肃省数据信息产业发展中具有带动、引领作用，需要进一步加快发展。一是要尽快建立全省层面的大数据战略推进机构，正如前文分析所述，当年成立了专门大数据管理机构的省份大数据发展环境指数排名上升明显，说明政府部门的统筹决策和资源整合对于优化大数据发展环境作用明显。二是要进一步加速大数据产业化发展，正如前文分析所述，甘肃省大数据产业主要由政府推动、推进，缺乏企业层面的实体经济支撑，真正从事大数据商务运营的企业少而散。三是推进大数据产业化发展可以学习广东经验：加快大数据信息资源、数据资源的开发、存储、开放；加快培育、发展大数据相关产业电子信息制造业、软件和信息服务业；尽快培育、扶持、引进一批具有竞争力的大数据相关企业。

### （二）充分发挥丝绸之路信息港建设带动作用

甘肃省数据信息产业的发展需要一项带动性工程为引领。丝绸之路信息港建设基于甘肃“一带一路”产业发展战略，以数据共享为核心，以应用、服务为纽带，将信息资源进行整合，基于互联网云架构，加强基础设施建设，搭建信息共享基础平台，建设丝绸之路信息港综合服务门户，打造“1 + N”的应用平台框架（1 为信息共享基础平台，N 为包括经贸物流、产业产能、人文交流在内的应用服务平台），为甘肃融入“一带一路”建设开拓新途径，开辟新空间，为甘肃实现“共建丝路信息港、共享陆海大数据”的目标服务，是甘肃省数据信息产业发展的核心项目。其建设内容量大面广，涉及全省经济、文化、社会等多个方面，是一项系统性的工程，对甘肃省数据信息产业发展具有全面带动性。甘肃省今后数据信息产业应当以丝绸之路信息港建设为纲，立足甘肃，服务全国，辐射丝绸之路经济带沿线国家和地区，促进数据信息资源、专业应用技术、优质企业向甘肃省集聚集中，推动甘肃省数据信息产业加快发展。

### （三）加快推进信息通信网络基础设施建设

围绕实施“宽带中国”战略，以打造丝绸之路经济带沿线国家和地区便捷型信息网络传输体系为目标，加快推进相关信息通信网络基础设施建设。以服务甘肃、加快"数字甘肃"建设为目标，全面保持、推进与中国电信、中国移动、中国联通等大型国企的技术合作与支持，加快推进"宽带乡村"工程建设，不断完善新一代移动通信网、宽带光纤、数字电视网等先进信息基础设施的建设。在有条件的产业园区和企业加快建设相关工业互联网网络基础设施。在建成兰州新区国际数据专用通道的基础上，进一步完善新区信息通信网络基础设施建设；加快实施网络升级优化工程，加快实施宽带甘肃建设，加快实施网络监管提升工程及构筑信息安全体系，加快实施电信普遍服务试点，加快实施网络监管能力提升工程等。

### （四）加快建设大数据创新应用体系，为促进甘肃省经济高质量发展服务

立足于甘肃省资源条件、地理区位、气候环境等方面的特色优势，在相关领域加快发展壮大数字经济和信息经济，全面推进大数据、互联网、物联网发展和应用，尽快建设形成符合甘肃省情条件的实用型大数据创新应用体系，提高数据资源的存储、共享、开发应用水平，全面提升甘肃省数据信息资源掌控能力、技术支撑能力和价值挖掘能力，通过有效的政策对接手段，深入贯彻落实国家数据信息、网络强国发展战略，引领经济社会数据信息化应用进程，为甘肃省经济高质量发展服务。

### （五）加快推进两化深度融合和工业互联网平台体系建设

一是要加快推进工业化从机械化、自动化向数字化、网络化、智能化方向发展，加快推进信息化从计算机、互联网、移动互联网向云计算、大数据、人工智能方向演进，推动两化在省内相关产业的深度融合、大中小企业的融通发展。二是加快建设工业软件和工业互联网

支撑体系。三是加强工业信息安全保障。四是加快建设工业云及智能服务平台。

### （六）进一步做大做强信息产业

一是创建大数据产业发展集聚区，加快兰州新区、金昌、庆阳等地大数据中心建设。二是打造大数据产业生态链。三是巩固提升软件和信息技术服务业，支持腾讯、华为、东软、中科曙光等知名企业与甘肃省企业融合发展。四是加快发展网络安全产业，加强网络和信息安全服务和支撑能力。五是支持天水华天、华洋、天光等企业，发展壮大集成电路产业。六是培育发展锂电产业链。

## 参考文献

中国电子信息产业发展研究院：《中国大数据产业发展评估报告（2018年）》，搜狐网，2018 年 10 月 8 日。

赛迪顾问股份有限公司大数据产业研究中心：《2019 中国大数据产业发展白皮书》，搜狐网，2019 年 9 月 11 日。

任怀玉：《甘肃省大数据战略推进中的问题与对策》，《无线互联科技》2018 年第 17 期。

《甘肃省人民政府办公厅关于印发甘肃省数据信息产业发展专项行动计划的通知》，《甘肃省人民政府公报》2018 年 6 月 23 日。

# 投入产出篇

**Input-output Reports**

# B.8
# 甘肃城乡居民收入增长状况与对策

尹小娟*

**摘　要：** 2019年上半年全省城乡居民人均可支配收入稳步增长，但收入水平与全国平均水平相比差距依然较大。2015～2018年，全省城乡居民可支配收入绝对值稳步提高，收入增速略有回落，城乡收入差距逐步缩小，收入结构仍需进一步优化。城乡二元结构问题突出，社会经济发展水平低且不均衡是甘肃省居民增收面临的主要困境。全省上下应从建立城乡融合机制、做好“三农”工作、扩大对外开放、推进收入分配制度改革四个方面入手，不断提高城乡居民收入，缩小城乡居民收入

* 尹小娟，甘肃省社会科学院公共政策研究所，副研究员，研究方向为生态经济学、消费经济学。

差距、促进城乡均衡发展。

关键词： 城乡居民收入 增收困境 甘肃

近几年，甘肃城乡居民收入水平虽然稳步提高，城乡居民收入差距逐年缩小，但是与国内城乡居民收入平均水平相比差距仍然较大。城乡二元结构是导致城乡居民在各个方面，特别是收入方面存在较大差异的根本原因。全省上下需要从促进城乡融合发展、大力实施乡村振兴、持续提高对外开放水平等方面加强工作，破除城乡二元结构，促进农民收入增长，缩小城乡收入差距，最终实现城乡居民收入趋同的目标。

## 一 甘肃省城乡居民收入现状

### （一）城乡收入水平稳步提高

1. 城乡居民可支配收入绝对值稳步提高，但增速有所回落

2019 年上半年，全省城镇居民人均可支配收入 15334 元，同比增长 8.0%，增速比一季度回落 0.1 个百分点，与上年同期持平。全省农村居民人均可支配收入 4177 元，同比增长 9.0%，增速比一季度提高 0.1 个百分点，与上年同期持平。① 2018 年，全省城镇居民人均可支配收入为 29957 元，比上年增长 7.9%；农民人均可支配收入为 8804 元，比上年增长9%。② 与2015 年相比，全省城镇居

① 《上半年甘肃生产总值近 3772 亿元 同比增长 6.0%》，中国甘肃网，2019 年 7 月 19 日。

② 《2019 年甘肃省政府工作报告》，《甘肃日报》2019 年 2 月 1 日。

民人均可支配收入增长了 6190 元，农民人均可支配收入增长了 1868 元。

从城乡居民收入增速来看，2015 年甘肃城镇和农村居民人均可支配收入年均增速均高于全国水平，分别高出 0.8 个和 1.6 个百分点。2016 年，只有城镇居民人均可支配收入年均增速高于全国水平，农村居民人均可支配收入年均增速低于全国平均水平 0.7 个百分点。2017 年，甘肃城镇和农村居民人均可支配收入年均增速均低于全国水平，分别落后 0.2 个和 0.3 个百分点（见表 1、图 1）。

**表 1　2015～2018 年甘肃城乡居民人均可支配收入及其增速与全国数据比较**

单位：元，%

| 指标 | | 地区 | 2015 年 | 2016 年 | 2017 年 | 2018 年 |
|---|---|---|---|---|---|---|
| 城镇居民 | 绝对值 | 全省 | 23767 | 25693.49 | 27763.4 | 29957 |
| | | 全国 | 31195 | 33616 | 36396 | 39251 |
| | | 占比 | 76.19 | 76.43 | 76.28 | 76.32 |
| | 增速 | 全省 | 9.0 | 8.1 | 8.1 | 7.9 |
| | | 全国 | 8.2 | 7.8 | 8.3 | 7.8 |
| 农村居民 | 绝对值 | 全省 | 6936 | 7457 | 8076.1 | 8804 |
| | | 全国 | 11422 | 12363 | 13432 | 14617 |
| | | 占比 | 60.72 | 60.32 | 60.13 | 60.23 |
| | 增速 | 全省 | 10.5 | 7.5 | 8.3 | 9.0 |
| | | 全国 | 8.9 | 8.2 | 8.6 | 8.8 |

资料来源：2015 年、2016 年、2017 年、2018 年《中华人民共和国国民经济和社会发展统计公报》；2015 年、2016 年、2017 年、2018 年《甘肃省国民经济和社会发展统计公报》。

2. 城乡收入水平与全国平均水平差距依然较大

2015～2018 年，甘肃城乡居民收入增长平稳，但与全国平均水平相比差距依然较大。2018 年，全国城镇居民人均可支配收入

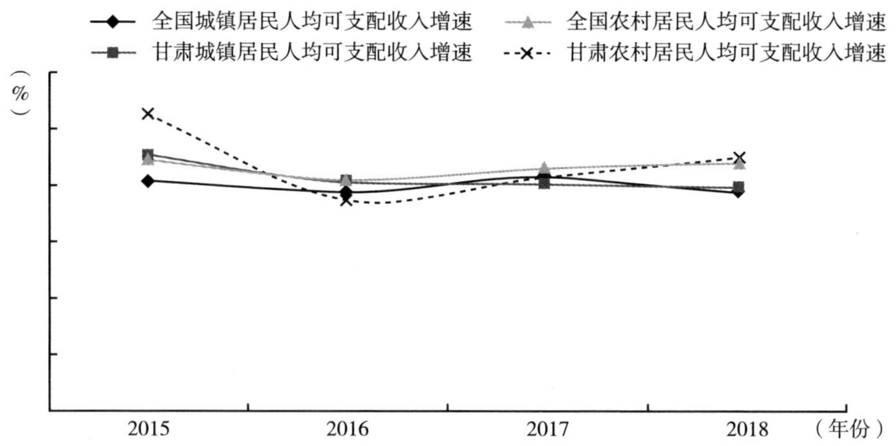


**图1　甘肃与全国城乡居民人均可支配收入增速比较**

39251元，比上年增长7.8%，甘肃省城镇居民人均可支配收入相当于全国水平的76.32%，比2015年提高0.13个百分点。全国农村居民人均可支配收入14617元，比上年增长8.8%，甘肃省农民人均纯收入相当于全国平均水平的60.23%，比2015年下降了0.9个百分点。

2015年甘肃省城镇居民可支配收入仅占全国平均水平的76.19%，2016年为76.43%，2017年为76.28%，2018年为76.32%；同期甘肃省农村居民人均可支配收入分别占全国平均水平的60.72%、60.32%、60.13%和60.23%（见表1、图2、图3）。

## （二）城乡收入结构仍需优化

### 1. 城镇居民可支配收入中，工资性收入与财产性收入占比逐步增加

从城镇总收入构成来看，主要为工资性收入，其次为转移净收入，经营净收入占比逐步增加，财产净收入占比略有下滑（见表2、图4）。受国家政策性因素影响，城镇单位就业人员工资总

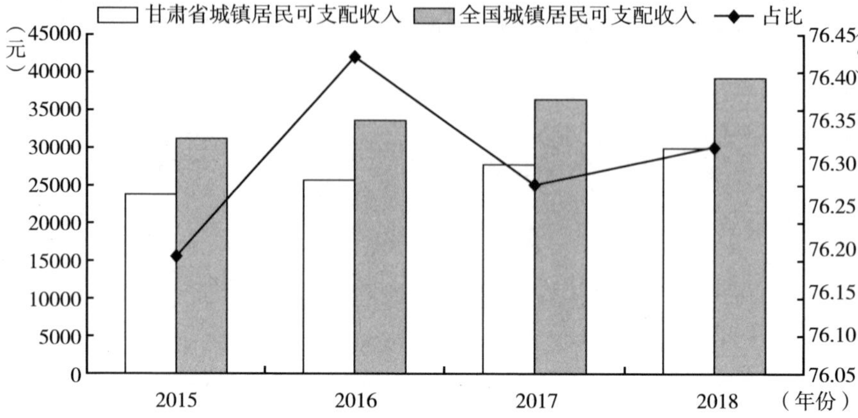


**图2　2015～2018年甘肃城镇居民人均可支配收入与全国数据比较**

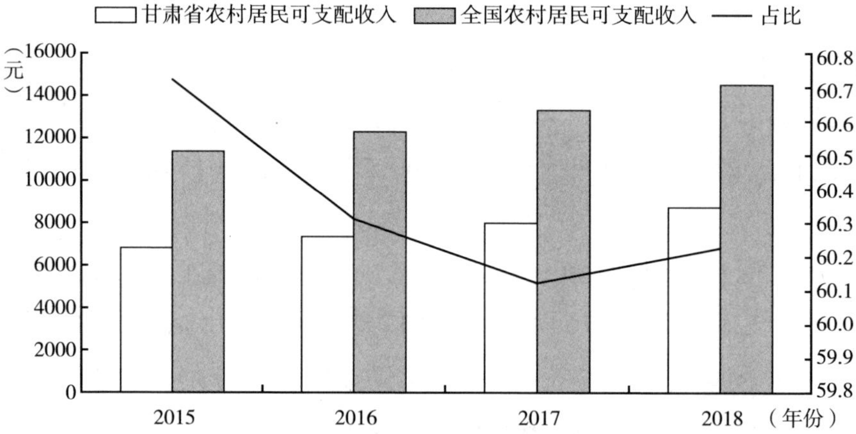


**图3　2015～2018年甘肃农村居民人均可支配收入与全国数据比较**

额逐年递增，工资性收入占总收入的比重有所增加，转移净收入占总收入比重逐步下降，收入结构仍需进一步优化。2019年上半年，全省城镇居民人均可支配收入15334元。其中，工资性收入增长9.5%，经营净收入增长4.1%，财产净收入增长3.6%，转移净收入增长6.2%。

**表 2　2015～2018 年甘肃城镇居民人均可支配收入情况**

单位：元，%

| 年份 | 2015 | | 2016 | | 2017 | | 2018 | |
|---|---|---|---|---|---|---|---|---|
| | 绝对值 | 构成 | 绝对值 | 构成 | 绝对值 | 构成 | 绝对值 | 构成 |
| 可支配收入 | 23767 | | 25693.5 | | 27763.4 | | 29957 | |
| 工资性收入 | 15189 | 63.91 | 16751.2 | 65.20 | 18459.6 | 66.49 | 19930 | 66.53 |
| 经营净收入 | 1805 | 7.59 | 1960.6 | 7.63 | 2132.1 | 7.68 | 2333.8 | 7.79 |
| 财产净收入 | 2295 | 9.66 | 2355.8 | 9.17 | 2378.7 | 8.57 | 2527.5 | 8.44 |
| 转移净收入 | 4478 | 18.84 | 4625.9 | 18.00 | 4793 | 17.26 | 5165.5 | 17.24 |

资料来源：2015 年、2016 年、2017 年、2018 年《甘肃省国民经济和社会发展统计公报》。

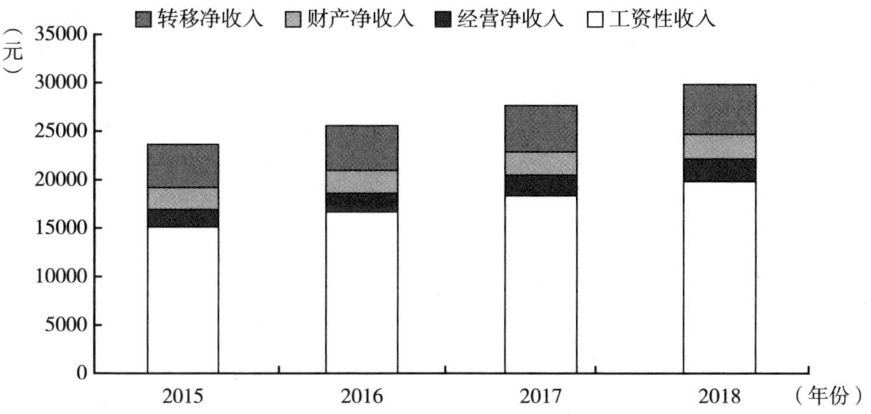


**图 4　2015～2018 年甘肃省城镇居民人均可支配收入**

2. 农村居民收入中财产净收入稳步上升

从农村居民人均可支配收入来源看，主要为经营净收入，其次是工资性收入和转移净收入（见表 3、图 5）。2015～2017 年经营净收入占总收入的比例逐渐增加，从 43.61% 增加至 44.03%；2018 年该比例略有回落。工资性收入占总收入的比例基本保持稳定，2015～2018 年分别为 28.47%、28.50%、28.17% 和 28.79%。财产净收入占比增加显著，与2015年相比，2018年财产净收入占可支配收入比例上升了0.55个百分点。转移净收入占总收入比重呈逐年下降趋势，2018年比2015年减少了0.69个百分点。总体来看，收入结构并无显著变化，仍需进一步优化。2018年，全省农村居民人均可支配收入8804.1元，同比增长9.0%。其中，工资性收入、经营净收入、财产净收入和转移净收入分别比上年增长11.4%、7.5%、48.6%和6.3%。2019年上半年，全省农村居民人均可支配收入4177元，其中，工资性收入增长9.3%，经营净收入增长8.8%，财产净收入下降10.7%，转移净收入增长10.9%。

**表3 2015～2018年甘肃农村居民人均可支配收入及其构成**

单位：元，%

| 年份 | 2015 | | 2016 | | 2017 | | 2018 | |
|---|---|---|---|---|---|---|---|---|
| | 绝对值 | 构成 | 绝对值 | 构成 | 绝对值 | 构成 | 绝对值 | 构成 |
| 可支配收入 | 6936 | | 7456.9 | | 8076.1 | | 8804.1 | |
| 工资性收入 | 1975 | 28.47 | 2125 | 28.50 | 2275.4 | 28.17 | 2534.7 | 28.79 |
| 经营净收入 | 3025 | 43.61 | 3261.4 | 43.74 | 3556.2 | 44.03 | 3823.7 | 43.43 |
| 财产净收入 | 128 | 1.85 | 128.4 | 1.72 | 142.3 | 1.76 | 211.5 | 2.40 |
| 转移净收入 | 1808 | 26.07 | 1942 | 26.04 | 2102.2 | 26.03 | 2234.1 | 25.38 |

资料来源：2015年、2016年、2017年、2018年《甘肃省国民经济和社会发展统计公报》。

## （三）城乡收入差距逐步缩小

1. 城乡居民可支配收入差距逐步缩小，但仍大于全国平均水平

2015年至今，全省城乡收入差距持续缩小，农村居民人均可支配收入增速快于城镇居民可支配收入增速是主要原因。但甘肃城乡收

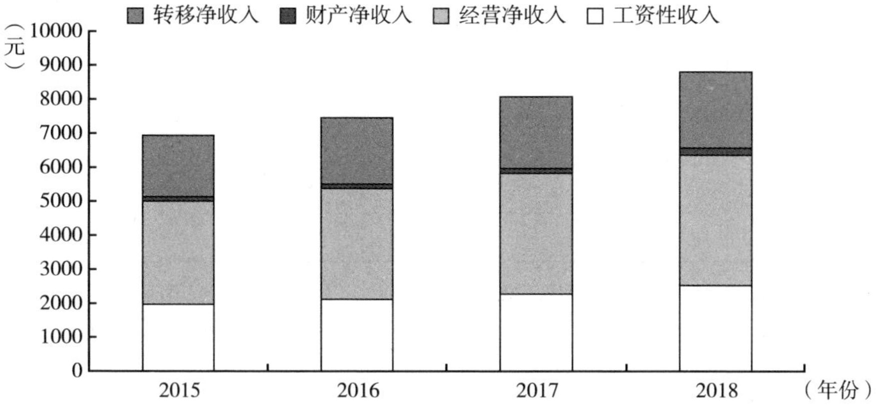


**图 5　2015～2018 年甘肃农村居民人均可支配收入及其构成**

入水平差异仍然大于全国平均水平，2015 年为 3.43，2016 年为 3.45，2017 年为 3.44，2018 年为 3.40，同期全国平均水平依次为 2.73、2.72、2.71 和 2.69（见表4、图6）。

**表 4　2015～2018 年甘肃省城乡居民人均可支配收入差异**

单位：元，%

| 年份 | 地区 | 城镇居民人均可支配收入 | 农村居民人均可支配收入 | 城镇/农村 |
|---|---|---|---|---|
| 2015 | 全国 | 31195 | 11422 | 2.73 |
| | 甘肃 | 23767 | 6936 | 3.43 |
| | 占全国比例 | 76.19 | 60.72 | |
| 2016 | 全国 | 33616 | 12363 | 2.72 |
| | 甘肃 | 25693.49 | 7457 | 3.45 |
| | 占全国比例 | 76.43 | 60.32 | |
| 2017 | 全国 | 36396 | 13432 | 2.71 |
| | 甘肃 | 27763.4 | 8076.1 | 3.44 |
| | 占全国比例 | 76.28 | 60.13 | |

续表

| 年份 | 地区 | 城镇居民人均可支配收入 | 农村居民人均可支配收入 | 城镇/农村 |
|---|---|---|---|---|
| 2018 | 全国 | 39251 | 14617 | 2.69 |
| | 甘肃 | 29957 | 8804.1 | 3.40 |
| | 占全国比例 | 76.32 | 60.23 | |

资料来源：2015 年、2016 年、2017 年、2018 年《中华人民共和国国民经济和社会发展统计公报》；2015 年、2016 年、2017 年、2018 年《甘肃省国民经济和社会发展统计公报》。

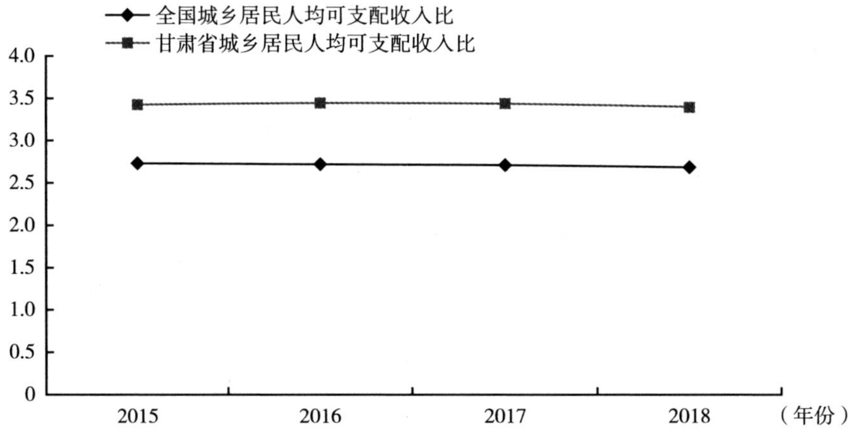


**图 6　2015～2018 年甘肃省和全国城乡居民人均可支配收入比**

2. 恩格尔系数持续下降

从消费支出结构来看，食品、居住类消费仍然占据整体消费的 50%左右（见表 5、图 7、表 6、图 8）。食品消费占居民家庭现金支出的比例（恩格尔系数）逐年递减。城镇居民消费恩格尔系数 2015 年为 30.63%，2016 年为 29.57%，2017 年为 29.2%，2018 年为 28.71%；农村居民消费恩格尔系数 2015 年为 32.86%，2016 年为 31.29%，2017 年为 30.36%，2018 年为 29.73%（见图 9）。可以看出，随着城乡一体化的不断推进和深入，全省城乡居民生活水平有了显著提高。

**表5　2015～2018年甘肃城镇居民人均消费支出情况**

单位：元，%

| 年份 | 2015 | | 2016 | | 2017 | | 2018 | |
|---|---|---|---|---|---|---|---|---|
| | 绝对值 | 构成 | 绝对值 | 构成 | 绝对值 | 构成 | 绝对值 | 构成 |
| 生活消费支出 | 17451 | | 19539.2 | | 20659.4 | | 22606.0 | |
| 食品烟酒 | 5346 | 30.63 | 5777.3 | 29.57 | 6032.6 | 29.20 | 6491.3 | 28.71 |
| 衣着 | 1759 | 10.08 | 1776.9 | 9.09 | 1905.8 | 9.22 | 1906.3 | 8.43 |
| 居住 | 3540 | 20.29 | 3752.6 | 19.21 | 3828.3 | 18.53 | 5060.8 | 22.39 |
| 生活用品及服务 | 1125 | 6.45 | 1329.1 | 6.80 | 1358 | 6.57 | 1446.8 | 6.40 |
| 交通和通信 | 1850 | 10.60 | 2517.9 | 12.89 | 2952.6 | 14.29 | 2448.9 | 10.83 |
| 教育文化娱乐 | 2045 | 11.72 | 2322.1 | 11.88 | 2341.9 | 11.34 | 2440.3 | 10.79 |
| 医疗保健 | 1391 | 7.97 | 1583.4 | 8.10 | 1741.2 | 8.43 | 2207.4 | 9.76 |
| 其他商品和服务 | 395 | 2.26 | 479.9 | 2.46 | 499.1 | 2.42 | 604.2 | 2.67 |

资料来源：2015年、2016年、2017年、2018年《甘肃省国民经济和社会发展统计公报》。

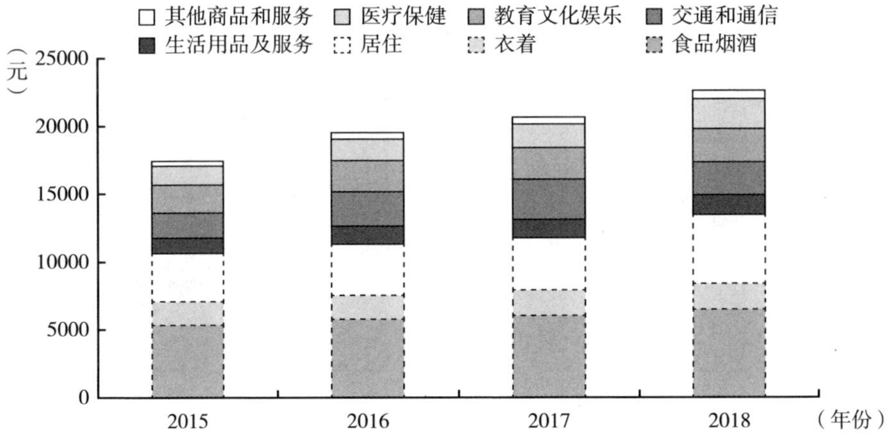


**图7　2015～2018年甘肃城镇居民人均消费支出情况**

**表 6　2015～2018 年甘肃农村居民消费支出及其结构**

单位：元，%

| 年份 | 2015 | | 2016 | | 2017 | | 2018 | |
|---|---|---|---|---|---|---|---|---|
| | 绝对值 | 构成 | 绝对值 | 构成 | 绝对值 | 构成 | 绝对值 | 构成 |
| 生活消费支出 | 6830 | | 7487 | | 8029.7 | | 9064.6 | |
| 食品烟酒 | 2244 | 32.86 | 2342.6 | 31.29 | 2438.2 | 30.36 | 2694.5 | 29.73 |
| 衣着 | 466 | 6.82 | 482.5 | 6.44 | 507.9 | 6.33 | 557.9 | 6.15 |
| 居住 | 1221 | 17.88 | 1341.1 | 17.91 | 1561.5 | 19.45 | 1725.8 | 19.04 |
| 生活用品及服务 | 445 | 6.52 | 458.7 | 6.13 | 484.9 | 6.04 | 513.9 | 5.67 |
| 交通和通信 | 812 | 11.89 | 954.6 | 12.75 | 1016 | 12.65 | 1077.9 | 11.89 |
| 教育文化娱乐 | 854 | 12.50 | 965.5 | 12.90 | 993.7 | 12.38 | 1201.9 | 13.26 |
| 医疗保健 | 670 | 9.81 | 821.3 | 10.97 | 890.6 | 11.09 | 1132.6 | 12.49 |
| 其他商品和服务 | 118 | 1.73 | 120.9 | 1.61 | 136.8 | 1.70 | 160.1 | 1.77 |

资料来源：2015 年、2016 年、2017 年、2018 年《甘肃省国民经济和社会发展统计公报》。

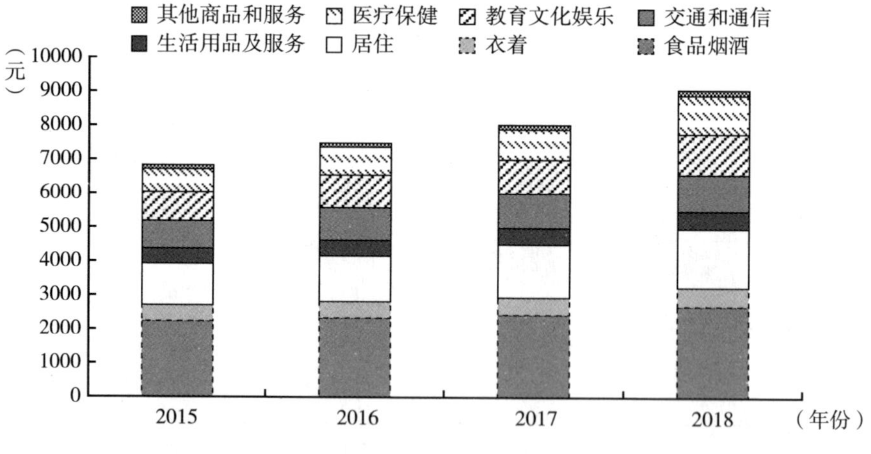


**图 8　2015～2018 年甘肃农村居民消费支出及其结构**

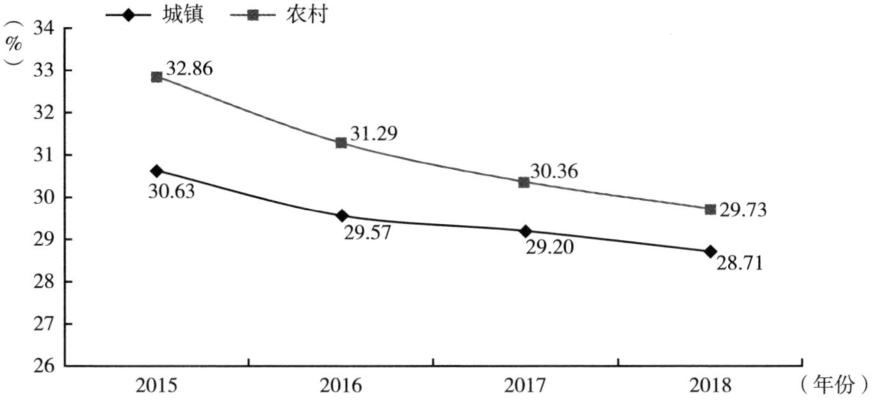


**图 9　2015～2018 年甘肃城镇与农村居民消费恩格尔系数**

## 二　居民增收影响因素及面临的主要困境

### （一）城乡二元结构问题突出

随着城镇化进程的加快和国家对甘肃发展的政策支持，全省城乡居民人均可支配收入持续增加，城乡收入差距不断缩小。但由于诸多领域中城乡二元结构问题仍然突出，城乡发展差距仍然较大，表现在城乡居民收入差距始终存在、区域收入差距突出等方面。多个研究表明，城乡二元结构是影响居民收入差距的重要因素。穆红梅（2019）基于收入结构视角，研究了我国城镇化水平与城乡居民收入差距之间的关系。黄渊基等人（2019）在总结中国城乡融合发展取得成绩和历史经验的基础上，对新时代城乡融合发展的现状、问题和对策展开研究，认为城乡融合发展的关键在于城乡间的支撑和可持续发展，新时代应继续提高农村居民人均可支配收入，缩小城乡收入分配差距。高文武等人（2019）基于 1995～2016 年安徽省城乡居民数据，对城乡收入差距问题进行实证研究，认为经济发展水平、城市化水平、城乡二元化对城乡居民收入差距影响分别呈现正相关性、波浪形和波动性上升的关系。

## （二）社会经济发展水平低且不均衡

1. 经济发展总量低

纵观甘肃改革开放以来的发展，尽管取得了不少成绩，但是跟经济飞速发展的东南部地区相比差距巨大。20 世纪 90 年代初，东部沿海发达省份得益于地理位置优势和外贸体制改革，经济实现腾飞式发展。甘肃受制于区域经济发展基础薄弱、经济发展方式转变过程缓慢等因素，经贸、人文皆落后于中、东、南部发达省份，而且这一差距逐年拉大。2018 年，全国 GDP 突破 90 万亿元，甘肃省 GDP 为 8246.1 亿元，同比增长 6.3%，占全国的比重仅为 0.92%，居全国第 23 位。排在 GDP 首位的广东省为 9.73 万亿元，排在甘肃省上一位的贵州省 GDP 为 14806.5 亿元，甘肃省还没有破万亿元大关。据国家统计局公布，2018 年，全国居民人均可支配收入 28228 元，其中，城镇居民人均可支配收入 39251 元，农村居民人均可支配收入 14617 元。[①] 甘肃省城镇居民人均可支配收入为 29957 元，约为全国的 76.32%，仅比上年增加了 0.04 个百分点；农村居民人均可支配收入为 8804 元，约为全国的 60.23%，比上年增加了 0.11 个百分点。

2. 区域经济发展水平差异大

从区位上看，全省各地区发展基础条件不同，导致区域经济发展差距逐渐拉大。从 2018 年全省各地市 GDP 产值可以看出，排名第一的兰州市与排名第二的庆阳市相差 2000 多万元，是排名末尾的甘南州 GDP 的 17 倍。从县域经济发展来看，各县域之间发展不平衡的问题更加突出。河西地区、兰州地区以及各市（州）所在地区的县域

① 国家统计局：《2018 年居民收入和消费支出情况》，2019 年 1 月 21 日。

经济增长较快，陇南、甘南以及临夏等地区县域经济增长缓慢。2017年，GDP排名最高的永登县（107.15亿元）与排名最后的两当县（7.86亿元）相差将近100亿元。优质生产要素不断向经济发展水平较高的地区流动和集聚，导致经济发展水平差异越来越大，进而造成收入差距更难缩小。

3. 城乡金融发展不均衡

市场经济离不开货币资金的流转，这一特征决定了金融在社会经济中的核心位置。随着现代经济的发展，金融资源逐渐成为一个国家或地区经济增长的关键性约束条件，其核心地位不断加强。国内外学者从理论及实证的角度对金融发展与收入分配的关系展开研究，结论虽然存在一定分歧，但大部分都认同金融发展规模和效率与收入差距存在长期的均衡关系。甘肃省城乡二元结构突出，金融资源的城乡配置也呈现不平衡的发展状态，即明显倾向于城市。无论是金融相关比率、货币化比率，还是存贷款占比、金融机构信贷比以及金融机构效益水平，甘肃农村地区都低于城镇。农村金融发展的滞后势必制约农村经济的发展。金融资源的不均衡会进一步加剧城乡经济发展的二元性，导致城乡收入差距不断拉大。

4. 公共服务产品供给不平衡

近年来，甘肃省社会保障水平不断提高，城乡居民生活条件不断改善，基本公共服务水平稳步提升。但是，由于地方政府财政能力薄弱、城乡二元结构等因素的制约，全省各地区在教育、医疗卫生、社会保障和公共基础设施等公共服务供给方面仍然存在较大的差异。城乡二元结构影响复杂，最显著的就是户籍壁垒下产生的不同的制度管理和保障政策的影响，制约了农村居民在经济、社会、文化等方面整体性均衡性发展。公共服务供给的不均衡都会直接或间接地拉大城乡居民收入差距，从而影响社会的稳定程度。

## 三　提高甘肃城乡居民收入的对策建议

### （一）建立城乡融合机制，缩小城乡收入差距

1. 促进城乡公共服务均等化

目前，基本公共服务不平衡是城乡发展不平衡最突出的表现，也是影响城乡收入差距的重要因素之一。促使教育、医疗、社保等公共资源在城乡之间的均衡配置，提高农村地区，特别是农村贫困地区人群的教育发展水平和医疗保障水平，通过建立全民覆盖、普惠共享、城乡一体、均等服务的基本公共服务体系，不断弱化城乡二元结构，从而缩小城乡收入差距。

2. 促进城乡要素流动合理化

中国经济的飞速发展加剧了城乡之间要素流动的不平衡性。长久以来，城乡之间要素流动的模式以“农村流入城市”为主，造成农村生产力不足，进而影响到农村社会经济的全面发展。要激活农村经济，必须推动城乡要素流动合理化，即推动城乡要素的有序自由流动和平等交换。一要消除要素流动壁垒，在城乡之间构建公平透明的市场竞争规则；二要推动农村电子商务发展，借助“互联网＋”经济克服因区位条件不佳造成的收入差距；三要进一步发挥技术、管理、服务、大数据等新生产要素在生产过程中的重要作用，推进新一代信息技术与各行各业的深度融合。

3. 促进人力资本均衡化

针对人力资本分布不均衡的问题，一要努力提高贫困落后地区的人力资本水平。加快推进贫困落后地区的基础设施建设，全面提高贫困落后地区的教育、医疗等公共服务水平，逐渐缩小贫困落后地区与发达地区人力资本水平的差距。从根本上增强落后地区人群的竞争能

力，从而实现劳动者在资源获取上的机会公平；二要借助乡村振兴制定有效激励机制吸引人才“回流”。农村农业资源丰富，市场潜力巨大，特色种养业、乡村旅游业以及农村电子商务的深入推进都亟须各类人才的参与。

## （二）做好“三农”工作，促进农民增收致富

### 1. 聚焦解决扶贫攻坚薄弱环节

要高质量完成“两不愁三保障”，克服薄弱环节是关键。一要加快推进县域基础设施与公共服务建设，保障住房安全和饮水安全任务高质量完成。二要狠抓义务教育均衡优质发展，助推实现教育公平。扶贫的根本是扶志和扶智，教育才是彻底脱贫的唯一出路。着力改善基础教育办学条件，完善学生资助体系，不让一个孩子因贫辍学；充分发挥优质教育资源的带动作用，提升全省义务教育城乡一体化水平；不断完善控辍保学长效机制，最终实现“贫困地区义务教育巩固率达到94%”的目标任务。三要完善医疗救助体系，关注农村特困人员的救助供养工作。切实解决“错保”“漏保”问题，做到精准施救；提升供养服务硬件设施条件，提高工作人员和护理人员的服务能力水平；鼓励社会资金参与，通过建立社区救助基金等措施强化社会救助体系。四要重点关注就业困难人员、农村贫困劳动力等群体，出台相关政策措施，多渠道开发就业岗位，加大培训力度，提高劳动者就业质量。五要在新一轮西部大开发中找准定位，在产业扶贫方面有新作为。确切落实“一户一策、因户施策”，激发脱贫户自身的积极性和主动性；不断强化扶贫产业和贫困户的利益联合机制，通过技能培训实现贫困户土地有租金、务工有工资、入股有分红；要定期回头看，重点关注返贫风险户、临界对象户，实行动态监测，确保每个人都是“真脱贫”。

2. 大力实施乡村振兴战略

第一，促进传统农业向现代农业、观光农业等高效益产业发展。一要加大农田水利等农业生产所需的基础设施建设与维护管理力度，不断改善农业生产条件，夯实农村发展基础；二要推广先进农业生产技术，促进农业生产向高效化、机械化和规范化发展，在不断提升农产品品质的同时，不断提高农业生产效益；三要加强农村市场体系建设，政府部门致力于农产品产销对接，不仅是省份之间的对接，还要加强共建“一带一路”国家的对接。

第二，推进农村产业多元融合发展。一要推进特色农业建设，加快农村第三产业发展。例如，推进生态农业、乡村旅游、乡村传统文化等特色产业推动乡村产业振兴，促进农民增收。二要从政策、资金等方面支持企业下乡，利用乡村资源发展壮大村级集体经济。各乡镇政府要统筹利用扶持资金，立足自身优势积极寻求企业合作，力图实现多元化发展模式。三要不断延伸农业产业链条、价值链。例如，“一村一品”项目后期的品牌效应将带动乡村旅游、餐饮等其他多元化产业发展，促进村民就业，提供种养技术，增加致富门路，让更多的农民富裕起来，让村集体经济发展成果惠及广大百姓。

第三，加快促进农村电商发展。一要不断完善县乡村物流基础设施网络，支持产地建设农产品贮藏保鲜、分级包装等设施，鼓励企业在县乡和具备条件的村建立物流配送网点；二要统筹农产品产地、集散地、销地批发市场建设，加强农产品物流骨干网络和冷链物流体系建设；三要加快推进宽带网络向村庄延伸，推进提速降费。[①]

第四，不断创新农村支农金融体系。科学完善的农村支农金融体系能为农村经济发展和生产提供有力保障。通过设立融资担保基金、

① 《中共中央　国务院关于坚持农业农村优先发展做好“三农”工作的若干意见》，新华社，2019 年 2 月 19 日。

改革考核激励措施等不断优化信贷结构，完善信贷体制，引导金融机构向支农领域倾斜，缓解小微企业及弱势群体融资难的问题。

第五，人才队伍建设。一要引进和培养现代化农业人才。二要加强培训农村剩余劳动力，提升农民就业能力。积极引导、转移农村富余劳动力，使其各尽其才，实现增收致富的目的。三要扶持农民自主创业，引领劳动力就业向创业转变。

### （三）提升对外开放水平，推动经济飞跃发展

1. 加快推进基础设施建设

一要加强区域间基础设施互联互通建设。发挥甘肃兰州的综合交通枢纽作用，加强与青海省、宁夏回族自治区等西北省区基础设施和发展战略互联互通，共同推动建设西北城市群经济圈，释放黄金段的吸附效应和带动效应。二要加速推进物流枢纽节点基础设施建设。加快推进兰州、嘉峪关、敦煌三大国际空港和兰州、天水、武威三大国际陆港建设，构建公铁航多式联运中心，提升天水、武威、酒嘉综合交通枢纽地位。三要加快冷链物流体系建设。大力建设冷链物流基地，把物流网络联通到全省广大农村，让农产品可直接搭乘冷链箱，通过公路、铁路、海运等多式联运，销售到国内外市场，减少运输时间，确保农产品质量。

2. 全力发展外向型经济

一要重点发展优势产业。依托矿产资源加工、特色农产品生产以及独特的自然、文化资源等优势，加强与共建“一带一路”国家和地区的经贸合作及文化交流。二要集中力量建设综合性外贸示范基地，发挥产业集群优势。充分发挥现有外贸基地示范区的带动作用，依靠龙头企业或各类开发区的优势基础建设企业型或综合型示范基地，例如中药材加工与出口基地、清真食品出口基地等，形成优势互补、多元协调的发展格局。三要充分发挥文化交流合作平台效应。不

断提高会展服务水平，强化营销意识，做强做优品牌展会，推动会展从“政府主导”模式转变为“政府+市场”模式或者直接以市场化模式为主，实现会展经济的可持续性。

3. 多方位扶持民营经济发展

民营企业尽管规模上不足50%，但为中国贡献50%税收，贡献60% GDP，贡献70%科技，贡献80%就业，新增就业90%，而且这些成绩是在国企占主导地位的环境中取得的。[①] 因此，民营企业是中国经济中效率高、活力强的群体。新经济周期的启动，民营经济更将成为主力军，政府应从基础制度、融资政策、税收、限制领域、监管方式等方面实施一系列改革措施，出台政策措施支持民营企业高质量发展。要充分发挥民企的优势，推动全省新型产业快速增长。

### （四）推进收入分配制度改革，实现发展成果共享

1. 积极推进初次分配制度改革

一要逐步消除因资源垄断造成的收入分配不公。烟草、石油、电力、通信、石油、金融等垄断行业需要进一步完善工资预算制度，严格控制其工资总额。二要强制企业定岗定酬，职工薪酬的制定要公开化、民主化。企业在招聘过程中必须明确提示岗位的薪酬范围，工资分配必须经过职代会、工会会商通过，且依法公示。三要合理限制“劳务派遣”。电力、通信、金融、传统媒体甚至司法机构、社区等滥用“劳务派遣”的现象严重。合同工、临时工承担与正式员工职责相同的工作，但收入和待遇与正式员工相差甚远，严重违背了同工同酬的分配原则。应通过立法和行政命令并行的手段，促使企业合理界定“劳务派遣”的范畴。

① 《国务院：强调对国有和民营经济一视同仁》，《经济日报》2018年8月20日。

2. 实施以增加知识价值为导向的分配政策

重点关注、激励对于社会发展有突出贡献的群体，如科研人员、技能人才、基层干部队伍、新型职业农民、小微创业者以及企业经营管理人员等。深入实施科研人员、技能人才等七大类重点群体激励计划，构建知识价值收入分配体系，扩大中等收入群体规模。

3. 不断完善社会保障制度，促使各民生项目落到实处

一是增加农村、边远地区及困难地区基本公共服务支出。调整财政支出结构，引导财政资金向农村、边远地区及困难地区倾斜，逐步弱化教育、医疗、住房、就业等方面的城乡差异。二是积极落实面向弱势群体的社会保障制度。对于生活困难的农民工、残疾人、重疾患者等弱势群体，政府应视情况对其养老保险、医疗保险给予补贴或全额资助。三是构建灵活的社会保险制度。随着网络信息技术的不断发展，养老保险、社会救助和社会福利等制度均可依据经济发展水平、物价、工资水平以及人口素质等因素进行动态调整，从而进一步完善社会保障和社会福利综合体系。

## 参考文献

穆红梅：《城镇化水平与城乡收入差距关系研究——基于收入结构视角》，《经济问题》2019 年第 8 期。

黄渊基、蔡保忠、郑毅：《新时代城乡融合发展：现状、问题与对策》，《城市发展研究》2019 年第 6 期。

高文武、徐明阳、范佳健等：《经济发展、城乡二元化对城乡居民收入差距影响的实证分析》，《统计与决策》2018 年第 3 期。

孙群力：《中国省域居民收入分配问题研究》，经济科学出版社，2016。

全国人大财经委专题调研组：《国民收入分配若干问题研究》，中国财政经济出版社，2010。

孙敬水、黄秋虹：《中国城乡居民收入差距主要影响因素及其贡献率研究——基于全国31个省份6937份家庭户问卷调查数据分析》，《经济理论与经济管理》2013年第6期。

刘叔申、吕凯波：《财政支出结构、产业结构和城乡居民收入差距——基于1978~2006年省级面板数据的研究》，《经济问题》2011年第11期。

# B.9
# 甘肃各县（市、区）固定资产投资评价

杨春利*

**摘　要：** 通过构建县区固定资产投资评价指标体系，采用加权综合指数法，从经济效益和社会效益两大方面，较为全面地分析了2017年甘肃省各县（市、区）固定资产投资的整体效益。结果表明：2017年甘肃省各县（市、区）固定资产投资整体效益处于中等及以下水平，其中处于中等水平的县（市、区）约占3.4%，其余约96.6%的县（市、区）固定资产投资整体效益均处于中低及以下水平。从指标分析结果看，边际资本产出比率低可能是大部分县（市、区）投资整体效益偏低的最主要原因，而当年固定资产投资大范围、大幅度下降是投资整体效益偏低的重要原因。

**关键词：** 固定资产投资　整体效益　甘肃

改革开放后，甘肃省不断扩大固定资产投资规模，1978年全省固定资产投资总额仅为9.3亿元。近年来，甘肃省在“一带一路”倡议背景下，加强项目谋划对接，全力推进重大项目建设工程，激发民间投资活力，全省固定资产投资规模快速持续扩大，2016年增至9534.1亿元，与改革初期相比，增长千倍以上。与此同时，全省经

---

* 杨春利，甘肃省社会科学院副研究员，研究方向为资源环境与区域可持续发展。

济也经历了高速发展阶段，固定资产投资显然成为全省经济快速发展的重要支撑基础。

然而，从2017年开始，受内外多种因素影响，全省固定资产投资显著下滑，当年投资总额仅实现5696.35亿元，比2016年净减少3837.75亿元，出现40.25%的历史最大降幅；2018年投资降幅收窄至3.9%，仍然处于负增长状态，全年实现投资总额5474.2亿元。2019年1~9月，全省固定资产投资同比增长5.5%，回升态势较为明显，但压力依然较大。

长期来看，随着经济发展由高速增长阶段转向高质量发展阶段，固定资产投资作为拉动经济增长的重要因素，未来仍将是转变经济增长方式的重要内容和调整产业结构的有效手段。因而对全省固定资产投资进行全面分析评价，把握基本特征，是合理调控投资规模、优化投资结构、提高投资效益的前提与基础。

## 一 评价方法及指标体系构建

### （一）总体思路

投资活动是一个复杂的经济系统，涉及经济社会领域的众多方面，尤其是对于经济增长的拉动作用毋庸置疑。目前，关于投资评价主要是围绕其使用效益进行分析评判，一般来讲，固定资产投资的成效不仅表现于对经济总量增长的贡献上，也间接地体现在经济结构优化调整、居民收入水平提高、财税收入增加等多个方面。因此，要全面反映固定资产投资效益，必然需要从不同影响方面选择相应评价指标，并加以综合评判，才能得出一个科学合理的评价结果。

基于此，本文依据固定资产投资效益长期性、间接性、综合性等基本特点，并结合县（市、区）固定资产投资的实际情况，以及数据的可获取性，选择10项适当的评价指标构建出指标体系。在此基础上，为了客观科学地评价甘肃县（市、区）固定资产投资情况，详细对比了学术界关于固定资产投资的多种评价方法与成果，通过综合权衡各自优缺点及评价实际需求，采用加权综合指数法对各县（市、区）固定资产投资进行评价，各项指标权重主要通过层次分析法进行分配，最后结合各指标标准化后数据，计算得出各县（市、区）固定资产投资效益指数，并针对评价得分情况对各项指标进行了详细分析。

## （二）评价指标体系构建

依据固定资产投资相关理论，在遵循科学性、全面性、可操作性等原则上，根据评价目标实际需求以及数据可获取程度，从经济效益和社会效益两大方面，选择了四类要素共10项评价指标。其中，反映固定资产投资经济效益的包括两类评价要素，6项评价指标；反映社会效益的有两类评价要素，共4项评价指标，具体评价指标体系如表1所示。

**表1　甘肃县（市、区）固定资产投资评价的指标体系**

<table>
<tr><th>评价目标</th><th>评价要素</th><th>具体指标</th><th>计算公式</th><th>指标属性</th></tr>
<tr><td rowspan="6">经济效益（0.835）</td><td rowspan="2">直接效益（0.438）</td><td>边际资本产出比率(0.343)</td><td>固定资产投资额/GDP增量×100%</td><td>-</td></tr>
<tr><td>固定资产交付使用率(0.095)</td><td>新增固定资产/固定资产投资总额×100%</td><td>+</td></tr>
<tr><td rowspan="4">综合效益（0.397）</td><td>投资消费比率(0.161)</td><td>社会消费品零售总额/固定资产投资额×100%</td><td>+</td></tr>
<tr><td>投资消费弹性系数(0.195)</td><td>社会消费品零售总额增长率/固定资产投资增长率</td><td>+</td></tr>
<tr><td>投资财政收入比率(0.019)</td><td>财政收入增加额/固定资产投资额×100%</td><td>+</td></tr>
<tr><td>投资财政收入弹性系数(0.022)</td><td>财政收入增加率/固定资产投资增长率</td><td>+</td></tr>
</table>

续表

| 评价目标 | 评价要素 | 具体指标 | 计算公式 | 指标属性 |
|---|---|---|---|---|
| 社会效益(0.165) | 居民收入(0.041) | 投资收入比率(0.019) | 居民可支配收入/固定资产投资额×100% | + |
| | | 投资收入弹性系数(0.022) | 居民可支配收入增长率/固定资产投资增长率 | + |
| | 社会就业(0.124) | 投资就业比(0.058) | 就业人员数/固定资产投资额 | + |
| | | 投资就业弹性系数(0.066) | 就业人数增长率/固定资产投资增长率 | + |

注："+"代表正向指标，"-"代表逆向指标。

## （三）评价方法及标准

多指标评价通常会存在一个基本问题，即同一地区在不同评价指标下的表现有所差异，因而常常带来总体评判定位上的困惑。因此，在对甘肃各县（市、区）固定资产投资评价时，为了既能利用多指标评价的全面性，又可以总体评价出每个县（市、区）的总体投资效益，本文在综合对比分析当前固定资产投资评价主要研究方法的基础上，采用加权综合指数法对甘肃各县（市、区）固定资产投资进行评价。其基本原理在于，对投资效益评价来说，客观存在不同影响程度的评价指标，这种影响程度可以用权数大小来表示。同时，对于同一指标而言，不同地区的指标水平高低也不同，这种差异主要通过指标本身数值大小来表示；在这种情况下，每个地区的各个指标评价的权数和，即可综合反映出各个地区投资效果的差别，综合权数评分之和高，说明该地区投资效果好，反之亦然。加权综合的关键在于通过综合比较评价指标，而合理反映出评价对象之间的差别。

一般而言，经过处理的综合指数评分区间处在0~100分，结合

2017 年各县（市、区）投资效益评价得分的实际情况，将评价分类标准大致划分如下（见表 2）。

**表 2 甘肃省各县（市、区）投资效益评价等级标准划分**

| 类别 | 得分(S) | 评价等级 |
|---|---|---|
| 第 1 类 | ≥80 | 高 |
| 第 2 类 | 60≤S<80 | 较高 |
| 第 3 类 | 50≤S<60 | 中等 |
| 第 4 类 | 30≤S<50 | 较低 |
| 第 5 类 | <30 | 低 |

## 二 各县（市、区）固定资产投资效益测度

### （一）数据获取及处理

选取甘肃省 86 个县（市、区）作为评价单元，其中由于嘉峪关未设置下辖县区，将嘉峪关一并纳入县区分析中，因此共 87 个评价县（市、区），评价时间以 2017 年为基准，各评价指标相关数据均来源于《甘肃发展年鉴 2018》。

其中，财政收入选择一般公共预算收入表示；居民可支配收入选择城镇居民可支配收入表示；就业人员数采用在岗职工人数表示。逆向指标采取“倒数”法处理，使之与评价目标间的逻辑关系保持一致。数据量纲问题，采用极值标准化方法对各项指标数据进行标准化处理。

### （二）固定资产投资效益得分

通过对各项指标数据权重值与标准化指标值进行综合运算，得到

2017 年甘肃省 87 个县（市、区）固定资产投资效益评价得分情况，如表 3 所示。

**表 3　2017 年甘肃省各县（市、区）固定资产投资效益评价情况**

| 地区 | 综合得分 | 经济效益得分 | 社会效益得分 | 地区 | 综合得分 | 经济效益得分 | 社会效益得分 |
|---|---|---|---|---|---|---|---|
| 城关区 | 58.48 | 51.32 | 7.16 | 庄浪县 | 39.57 | 35.01 | 4.56 |
| 安宁区 | 51.31 | 45.91 | 5.40 | 秦州区 | 39.49 | 35.77 | 3.73 |
| 西固区 | 50.88 | 46.58 | 4.30 | 秦安县 | 39.13 | 35.40 | 3.74 |
| 临夏市 | 49.03 | 41.60 | 7.43 | 夏河县 | 38.93 | 35.67 | 3.26 |
| 西峰区 | 48.81 | 43.24 | 5.57 | 山丹县 | 38.74 | 34.59 | 4.15 |
| 金川区 | 46.26 | 39.51 | 6.75 | 卓尼县 | 38.65 | 34.92 | 3.74 |
| 清水县 | 46.11 | 36.70 | 9.41 | 肃州区 | 38.61 | 35.01 | 3.60 |
| 永靖县 | 45.35 | 36.86 | 8.49 | 和政县 | 38.33 | 32.87 | 5.46 |
| 白银区 | 45.22 | 39.81 | 5.41 | 迭部县 | 38.25 | 34.20 | 4.05 |
| 红古区 | 44.06 | 38.17 | 5.90 | 玉门市 | 38.20 | 35.01 | 3.20 |
| 永昌县 | 43.96 | 38.12 | 5.84 | 敦煌市 | 38.14 | 35.23 | 2.92 |
| 麦积区 | 43.45 | 39.26 | 4.19 | 临洮县 | 38.07 | 33.92 | 4.15 |
| 七里河区 | 43.25 | 39.25 | 4.00 | 广河县 | 38.05 | 33.99 | 4.06 |
| 玛曲县 | 43.00 | 39.12 | 3.88 | 安定区 | 37.88 | 33.49 | 4.39 |
| 嘉峪关市 | 42.21 | 38.23 | 3.98 | 平川区 | 37.75 | 31.51 | 6.25 |
| 永登县 | 41.76 | 37.60 | 4.16 | 积石山县 | 37.56 | 31.39 | 6.16 |
| 武都区 | 41.55 | 36.58 | 4.97 | 崇信县 | 37.52 | 34.00 | 3.52 |
| 会宁县 | 41.14 | 37.43 | 3.71 | 皋兰县 | 37.46 | 34.80 | 2.66 |
| 东乡县 | 41.07 | 32.64 | 8.43 | 武山县 | 37.32 | 34.59 | 2.72 |
| 静宁县 | 40.92 | 36.06 | 4.86 | 文县 | 37.25 | 33.80 | 3.45 |
| 合作市 | 40.91 | 36.36 | 4.55 | 舟曲县 | 37.18 | 32.57 | 4.61 |
| 康乐县 | 40.51 | 35.70 | 4.82 | 康县 | 37.16 | 33.40 | 3.76 |
| 张家川县 | 40.41 | 36.21 | 4.20 | 西和县 | 37.13 | 33.67 | 3.46 |
| 镇原县 | 40.34 | 36.61 | 3.73 | 靖远县 | 37.08 | 32.83 | 4.25 |
| 甘州区 | 40.27 | 35.49 | 4.77 | 民乐县 | 37.06 | 33.47 | 3.60 |
| 成县 | 40.11 | 35.82 | 4.29 | 碌曲县 | 36.85 | 33.09 | 3.76 |

续表

| 地区 | 综合得分 | 经济效益得分 | 社会效益得分 | 地区 | 综合得分 | 经济效益得分 | 社会效益得分 |
|---|---|---|---|---|---|---|---|
| 临泽县 | 36.79 | 33.65 | 3.14 | 榆中县 | 34.12 | 31.63 | 2.49 |
| 灵台县 | 36.70 | 33.50 | 3.19 | 华池县 | 34.04 | 30.05 | 3.99 |
| 临夏县 | 36.54 | 32.38 | 4.17 | 景泰县 | 33.97 | 30.36 | 3.61 |
| 礼县 | 36.47 | 32.19 | 4.28 | 古浪县 | 33.21 | 29.76 | 3.45 |
| 天祝县 | 36.39 | 32.61 | 3.79 | 金塔县 | 32.80 | 30.07 | 2.73 |
| 通渭县 | 36.11 | 31.13 | 4.98 | 民勤县 | 32.77 | 29.78 | 2.99 |
| 崆峒区 | 35.97 | 31.81 | 4.16 | 临潭县 | 32.62 | 29.21 | 3.41 |
| 岷县 | 35.91 | 31.40 | 4.51 | 合水县 | 32.52 | 28.90 | 3.62 |
| 正宁县 | 35.49 | 31.85 | 3.64 | 高台县 | 32.45 | 28.97 | 3.47 |
| 环县 | 35.48 | 32.20 | 3.28 | 漳县 | 31.56 | 27.90 | 3.66 |
| 凉州区 | 35.15 | 30.84 | 4.31 | 两当县 | 31.44 | 27.70 | 3.75 |
| 渭源县 | 35.07 | 31.59 | 3.49 | 肃北县 | 31.03 | 27.91 | 3.12 |
| 甘谷县 | 34.74 | 33.46 | 1.28 | 宕昌县 | 30.83 | 27.67 | 3.16 |
| 瓜州县 | 34.70 | 32.34 | 2.36 | 泾川县 | 30.81 | 27.51 | 3.30 |
| 徽县 | 34.69 | 31.33 | 3.36 | 庆城县 | 28.39 | 25.17 | 3.22 |
| 宁县 | 34.31 | 30.08 | 4.23 | 阿克塞县 | 24.03 | 20.57 | 3.46 |
| 陇西县 | 34.27 | 30.66 | 3.61 | 肃南县 | 22.23 | 12.70 | 9.53 |
| 华亭县 | 34.19 | 30.19 | 4.00 | | | | |

## 三　各县（市、区）固定资产投资效益分析

### （一）总体效益分析

从评价结果来看，2017年甘肃省各县（市、区）固定资产投资效益总体较低，87个县（市、区）综合得分均在60分以下，平均得分为37.9分。其中，50分以上只有3个县（市、区），最高得分为城关区（58.48分）；40分以下有61个县（市、区），最低得分为肃南县22.23

分。按平均得分来算，处于平均分以上的有39个县（市、区），占评价县（市、区）总数的45%，平均分以下的48个县（市、区），占55%。

从评价等级来看，2017年各县（市、区）综合效益主要分布在中等、较低和低3个等级，未出现投资综合效益高或较高的县（市、区）。其中，投资整体效益处于中等水平的有3个县（市、区），分别是城关区、安宁区和西固区，占总评价县（市、区）数的3.4%，平均得分为53.56分；投资效益相对较低的有临夏市、西峰区、金川区等81个县（市、区），占评价县（市、区）总数的93.2%，平均得分37.90分；庆城县，阿克塞县，肃南县等3县（市、区）的投资效益相对最低，占评价县区总数的3.4%，平均得分24.88分（见表4）。

**表4　2017年甘肃省各县（市、区）固定资产投资综合效益评价归类**

| 评价等级 | 县(市、区) | 数量 | 平均分 |
|---|---|---|---|
| 高 | — | 0 | — |
| 较高 | — | 0 | — |
| 中等 | 城关区,安宁区,西固区 | 3 | 53.56 |
| 较低 | 临夏市,西峰区,金川区,清水县,永靖县,白银区,红古区,永昌县,麦积区,七里河区,玛曲县,嘉峪关市,永登县,武都区,会宁县,东乡县,静宁县,合作市,康乐县,张家川县,镇原县,甘州区,成县,庄浪县,秦州区,秦安县,夏河县,山丹县,卓尼县,肃州区,和政县,迭部县,玉门市,敦煌市,临洮县,广河县,安定区,平川区,积石山县,崇信县,皋兰县,武山县,文县,舟曲县,康县,西和县,靖远县,民乐县,碌曲县,临泽县,灵台县,临夏县,礼县,天祝县,通渭县,崆峒区,岷县,正宁县,环县,凉州区,渭源县,甘谷县,瓜州县,徽县,宁县,陇西县,华亭县,榆中县,华池县,景泰县,古浪县,金塔县,民勤县,临潭县,合水县,高台县,漳县,两当县,肃北县,宕昌县,泾川县 | 81 | 37.90 |
| 低 | 庆城县,阿克塞县,肃南县 | 3 | 24.88 |

从评价目标看，经济效益平均得分为33.72分，占综合效益比重为88.7%，高于经济效益0.835的权重分配，说明固定资产投资对经济增长的拉动作用更明显。而社会效益平均得分为4.28分，占综合效益比重为11.3%，低于0.165的权重分配，虽然仅选择了居民可支配收入和就业人数两项主要指标，仍然可以看出，固定资产投资对社会发展的促进作用低于对经济增长的拉动作用。

### （二）经济效益分析

1. 直接效益

（1）边际资本产出比率

由于边际效益递减原理，全社会固定资产投资不是规模越大越好，也不是投资增速越高越好，而需要与区域发展基础要素合理匹配，才能取得最优投资经济效益。因此，借助“边际资本产出比率”（ICOR）来反映固定资产投资的宏观效率，其基本含义是单位GDP增量所需的投资拉动。若评价对象的边际资本产出比率越大，则表示投资效益越低，反之，边际资本产出比率越小表示投资效益越高。

通过计算，2017年甘肃省各县（市、区）边际资本产出比率如表5所示，由于当年部分县（市、区）地区生产总值出现负增长，因此肃南县等46个（市、区）的边际资本产出比率呈现负值，一定程度说明这些县（市、区）投资的宏观效益低。与此同时，共有41个县（市、区）的边际资本产出比率表现为正值，其中，西固区ICOR值为2.1，意味着每增加1元的地区生产总值，大约需要2.1元的固定资产投资，相对于其他县（市、区）而言，投资的宏观效益最高。但从全省平均来看，2017年各县（市、区）边际资本产出比率平均值为49.8，同期全国值仅为7.6，相较而言，大部分县（市、区）的边际资本产出仍然偏低。

**表5　2017年甘肃省各县（市、区）边际资本产出比率**

| 县（市、区） | ICOR | 县（市、区） | ICOR | 县（市、区） | ICOR | 县（市、区） | ICOR |
|---|---|---|---|---|---|---|---|
| 西固区 | 2.1 | 会宁县 | 24.9 | 华池县 | -3.5 | 武山县 | -19.2 |
| 嘉峪关市 | 2.6 | 舟曲县 | 25.4 | 高台县 | -4.6 | 临泽县 | -22.2 |
| 西峰区 | 2.9 | 迭部县 | 26.2 | 泾川县 | -5.1 | 和政县 | -22.2 |
| 城关区 | 3.4 | 广河县 | 28.5 | 天祝县 | -5.6 | 临潭县 | -23.4 |
| 金川区 | 4.5 | 崇信县 | 35.6 | 肃北县 | -6.1 | 甘州区 | -23.6 |
| 七里河区 | 5.0 | 华亭县 | 42.1 | 合水县 | -6.2 | 康县 | -23.7 |
| 东乡县 | 7.3 | 夏河县 | 46.0 | 正宁县 | -6.4 | 平川区 | -24.0 |
| 安宁区 | 7.6 | 成县 | 46.0 | 宁县 | -7.0 | 秦安县 | -25.0 |
| 永登县 | 8.4 | 庄浪县 | 46.2 | 敦煌市 | -7.0 | 古浪县 | -30.5 |
| 白银区 | 8.7 | 渭源县 | 48.8 | 民勤县 | -7.6 | 宕昌县 | -31.5 |
| 玛曲县 | 9.6 | 两当县 | 53.9 | 灵台县 | -8.4 | 永昌县 | -34.5 |
| 玉门市 | 9.9 | 通渭县 | 86.1 | 民乐县 | -9.2 | 临洮县 | -34.8 |
| 麦积区 | 11.5 | 安定区 | 134.4 | 永靖县 | -9.4 | 崆峒区 | -47.3 |
| 合作市 | 12.3 | 卓尼县 | 172.6 | 礼县 | -9.6 | 陇西县 | -47.8 |
| 武都区 | 12.6 | 碌曲县 | 333.9 | 金塔县 | -9.7 | 景泰县 | -48.8 |
| 临夏市 | 12.9 | 静宁县 | 345.6 | 凉州区 | -12.1 | 文县 | -52.3 |
| 皋兰县 | 13.0 | 康乐县 | 703.7 | 红古区 | -13.0 | 西和县 | -94.2 |
| 秦州区 | 15.3 | 张家川县 | 805.2 | 岷县 | -15.7 | 靖远县 | -187.5 |
| 环县 | 17.6 | 肃州区 | 4302.8 | 瓜州县 | -16.2 | 漳县 | -236.7 |
| 临夏县 | 22.1 | 肃南县 | -0.8 | 甘谷县 | -16.4 | 山丹县 | -308.9 |
| 清水县 | 22.5 | 庆城县 | -2.5 | 积石山县 | -17.5 | 徽县 | -1648.7 |
| 榆中县 | 23.3 | 阿克塞县 | -3.1 | 镇原县 | -17.5 | | |

（2）固定资产交付使用率

固定资产交付使用率主要用来反映建设阶段固定资产形成的效率，比值越大，交付使用率就越高，表示投资直接效益越显著。从表6可以看出，永靖县、玛曲县、张家川县以及敦煌市等4县（市、区）固定资产交付使用率均超过100%，说明当年新增固定资产额超过当年固定资产投资额，投资直接效果明显。其余县（市、区）中，红古区等14个县（市、区）固定资产交付使用率在80%以上，碌曲县等28个县（市、区）固定资产交付使用率为60%～80%，说明投资直接效果也比较明显。与此同时，临夏县等31个县（市、区）固定资产交付使用率在50%以下，说明投资直接效果较低，其中华亭县等9个县（市、区）的固定资产交付使用率在30%以下，七里河区的固定资产交付使用率仅为11.8%，说明这些县（市、区）的固定资产投资形成效率明显偏低。

**表6　2017年甘肃省各县（市、区）固定资产交付使用率**

单位：%

| 县（市、区） | 固定资产交付使用率 | 县（市、区） | 固定资产交付使用率 | 县（市、区） | 固定资产交付使用率 | 县（市、区） | 固定资产交付使用率 |
|---|---|---|---|---|---|---|---|
| 永靖县 | 119.5 | 清水县 | 81.7 | 金塔县 | 66.5 | 高台县 | 54.7 |
| 玛曲县 | 112.6 | 碌曲县 | 78.7 | 正宁县 | 66.5 | 渭源县 | 52.8 |
| 张家川县 | 105.9 | 临洮县 | 78.6 | 广河县 | 66.4 | 安定区 | 52.2 |
| 敦煌市 | 105.6 | 和政县 | 77.9 | 天祝县 | 65.4 | 靖远县 | 50.9 |
| 红古区 | 98.8 | 崇信县 | 77.6 | 肃州区 | 63.7 | 岷县 | 50.1 |
| 卓尼县 | 97.6 | 瓜州县 | 77.5 | 合作市 | 63.4 | 临夏县 | 49.5 |
| 夏河县 | 94.2 | 华池县 | 76.2 | 肃北县 | 62.4 | 安宁区 | 49.0 |
| 灵台县 | 93.4 | 民乐县 | 72.9 | 武山县 | 62.3 | 平川区 | 48.4 |
| 成县 | 90.3 | 礼县 | 71.3 | 麦积区 | 62.3 | 临潭县 | 46.0 |
| 康乐县 | 90.0 | 庄浪县 | 70.4 | 皋兰县 | 61.1 | 临夏市 | 44.5 |
| 西和县 | 89.8 | 西固区 | 70.1 | 武都区 | 60.9 | 积石山县 | 44.1 |
| 镇原县 | 89.7 | 永昌县 | 69.6 | 舟曲县 | 60.9 | 甘州区 | 44.1 |
| 文县 | 89.0 | 秦安县 | 69.6 | 秦州区 | 59.2 | 宁县 | 44.1 |
| 会宁县 | 88.8 | 临泽县 | 69.3 | 西峰区 | 58.7 | 通渭县 | 43.9 |
| 甘谷县 | 86.1 | 玉门市 | 68.0 | 山丹县 | 58.5 | 民勤县 | 43.4 |
| 康县 | 83.5 | 永登县 | 67.5 | 徽县 | 58.4 | 合水县 | 42.9 |
| 迭部县 | 83.4 | 静宁县 | 67.3 | 肃南县 | 56.5 | 榆中县 | 41.2 |

续表

| 县（市、区） | 固定资产交付使用率 | 县（市、区） | 固定资产交付使用率 | 县（市、区） | 固定资产交付使用率 | 县（市、区） | 固定资产交付使用率 |
|---|---|---|---|---|---|---|---|
| 环县 | 39.5 | 陇西县 | 35.8 | 华亭县 | 28.3 | 古浪县 | 18.9 |
| 白银区 | 38.8 | 泾川县 | 34.2 | 崆峒区 | 25.1 | 阿克塞县 | 12.5 |
| 庆城县 | 38.4 | 金川区 | 33.9 | 宕昌县 | 24.8 | 两当县 | 12.0 |
| 景泰县 | 37.8 | 东乡县 | 31.8 | 嘉峪关市 | 23.7 | 七里河区 | 11.8 |
| 城关区 | 37.0 | 凉州区 | 30.1 | 漳县 | 19.0 | | |

2. 综合效益

（1）投资消费比率

投资消费比率主要用来反映固定资产投资对消费的影响效果，通过社会消费品零售总额与固定资产投资额的比值来表示，比值越大，说明投资对消费的影响效果越显著。从表7可以看出，城关区、安宁区、临夏市、七里河区和白银区投资消费比率都超过100%，其中城关区高达231.22%，一定程度上说明投资对社会消费品零售额的影响效果比较明显。比率在80%～100%的县（市、区）有甘州区等7个，在60%～80%的有红古区等9个县（市、区）。其余安定区等56个县（市、区）的投资消费比均在50%以下，其中肃北县的投资消费比仅为7.16%，说明社会消费品零售额与固定资产投资之间作用不太明显。

**表7　2017年甘肃省各县（市、区）固定资产投资消费比率**

单位：%

| 地区 | 投资消费比率 | 地区 | 投资消费比率 | 地区 | 投资消费比率 | 地区 | 投资消费比率 |
|---|---|---|---|---|---|---|---|
| 城关区 | 231.22 | 七里河区 | 122.70 | 永昌县 | 98.33 | 西峰区 | 81.09 |
| 安宁区 | 181.87 | 白银区 | 121.66 | 金川区 | 94.54 | 肃南县 | 80.64 |
| 临夏市 | 145.35 | 甘州区 | 98.98 | 麦积区 | 87.60 | 西固区 | 80.28 |

续表

| 地区 | 投资消费比率 | 地区 | 投资消费比率 | 地区 | 投资消费比率 | 地区 | 投资消费比率 |
|---|---|---|---|---|---|---|---|
| 红古区 | 75.69 | 安定区 | 49.94 | 景泰县 | 34.56 | 碌曲县 | 20.76 |
| 天祝县 | 71.09 | 敦煌市 | 49.33 | 皋兰县 | 33.82 | 玛曲县 | 20.57 |
| 静宁县 | 67.95 | 古浪县 | 48.99 | 环县 | 33.13 | 崇信县 | 19.56 |
| 崆峒区 | 67.65 | 泾川县 | 46.82 | 临洮县 | 32.83 | 渭源县 | 19.40 |
| 镇原县 | 65.81 | 民勤县 | 46.68 | 广河县 | 31.87 | 金塔县 | 17.30 |
| 凉州区 | 63.55 | 庄浪县 | 46.26 | 武山县 | 29.65 | 舟曲县 | 17.30 |
| 庆城县 | 63.05 | 高台县 | 45.60 | 康乐县 | 27.97 | 文县 | 16.37 |
| 秦安县 | 62.05 | 靖远县 | 45.11 | 临夏县 | 27.91 | 漳县 | 15.40 |
| 武都区 | 60.42 | 临泽县 | 44.42 | 华亭县 | 26.97 | 宕昌县 | 15.20 |
| 肃州区 | 58.85 | 合水县 | 43.99 | 成县 | 26.38 | 徽县 | 14.13 |
| 山丹县 | 58.06 | 积石山县 | 43.88 | 玉门市 | 26.26 | 两当县 | 14.08 |
| 宁县 | 55.61 | 嘉峪关市 | 43.65 | 通渭县 | 26.07 | 迭部县 | 14.00 |
| 正宁县 | 55.39 | 岷县 | 41.79 | 榆中县 | 25.35 | 清水县 | 13.52 |
| 民乐县 | 55.26 | 甘谷县 | 39.97 | 东乡县 | 25.21 | 卓尼县 | 12.94 |
| 永登县 | 54.14 | 平川区 | 39.29 | 张家川县 | 24.70 | 临潭县 | 12.87 |
| 合作市 | 52.60 | 礼县 | 39.15 | 夏河县 | 24.17 | 西和县 | 12.73 |
| 秦州区 | 52.60 | 永靖县 | 38.17 | 康县 | 23.39 | 阿克塞县 | 10.19 |
| 华池县 | 51.04 | 陇西县 | 37.62 | 和政县 | 23.29 | 肃北县 | 7.16 |
| 会宁县 | 50.69 | 灵台县 | 37.18 | 瓜州县 | 22.99 | | |

（2）投资消费弹性

投资消费弹性反映的是一定时期内一定程度的投资变动所引起的社会消费品零售额变动的程度，弹性系数越大，投资引起消费变动程度越明显。

具体来看，2017 年清水县投资消费弹性系数为 89.08，处于各县（市、区）之首，理论上说明投资引起消费的变动程度最大。实际上，由于 2017 年清水县固定资产投资为 66.8 亿元，同比仅增长 0.13%，而消费总额同比增长了 11.88%，因此投资消费弹性系数相对较大。其余武山县等14个县（市、区）的投资消费弹性系数也呈现正值，表明投资引起消费的变动程度较为明显。同样，由于2017年大部分县（市、区）固定资产投资同比下降，投资消费弹性呈现负值，如环县等72个县（市、区）的投资消费弹性系数均呈现负值，表明投资引起消费的变动程度不明显（见表8）。

**表8　2017年甘肃省各县（市、区）固定资产投资消费弹性系数**

| 地区 | 投资消费弹性系数 | 地区 | 投资消费弹性系数 | 地区 | 投资消费弹性系数 | 地区 | 投资消费弹性系数 |
|---|---|---|---|---|---|---|---|
| 清水县 | 89.08 | 正宁县 | -0.12 | 古浪县 | -0.16 | 高台县 | -0.26 |
| 武山县 | 11.43 | 永靖县 | -0.12 | 临洮县 | -0.16 | 城关区 | -0.26 |
| 康乐县 | 2.72 | 合水县 | -0.12 | 庆城县 | -0.16 | 广河县 | -0.26 |
| 卓尼县 | 2.29 | 肃北县 | -0.12 | 漳县 | -0.17 | 宕昌县 | -0.27 |
| 麦积区 | 2.10 | 玉门市 | -0.12 | 静宁县 | -0.17 | 七里河区 | -0.29 |
| 夏河县 | 2.09 | 金川区 | -0.13 | 礼县 | -0.17 | 金塔县 | -0.30 |
| 合作市 | 1.85 | 东乡县 | -0.13 | 会宁县 | -0.17 | 崇信县 | -0.32 |
| 秦安县 | 1.78 | 天祝县 | -0.13 | 陇西县 | -0.17 | 临泽县 | -0.32 |
| 碌曲县 | 1.43 | 民勤县 | -0.13 | 渭源县 | -0.17 | 徽县 | -0.33 |
| 秦州区 | 1.31 | 成县 | -0.14 | 安定区 | -0.18 | 西和县 | -0.34 |
| 玛曲县 | 1.21 | 瓜州县 | -0.14 | 文县 | -0.18 | 甘州区 | -0.34 |
| 临潭县 | 0.67 | 镇原县 | -0.14 | 平川区 | -0.18 | 民乐县 | -0.36 |
| 榆中县 | 0.60 | 敦煌市 | -0.14 | 积石山县 | -0.18 | 张家川县 | -0.38 |
| 皋兰县 | 0.49 | 靖远县 | -0.14 | 华亭县 | -0.18 | 灵台县 | -0.42 |
| 舟曲县 | 0.43 | 和政县 | -0.14 | 红古区 | -0.19 | 迭部县 | -0.43 |
| 环县 | -0.08 | 岷县 | -0.14 | 崆峒区 | -0.19 | 庄浪县 | -0.43 |
| 西峰区 | -0.08 | 白银区 | -0.15 | 泾川县 | -0.22 | 临夏县 | -0.52 |
| 肃南县 | -0.09 | 阿克塞县 | -0.15 | 武都区 | -0.22 | 两当县 | -0.85 |
| 宁县 | -0.11 | 肃州区 | -0.15 | 通渭县 | -0.23 | 景泰县 | -0.90 |
| 华池县 | -0.11 | 安宁区 | -0.15 | 山丹县 | -0.23 | 嘉峪关市 | -0.91 |
| 康县 | -0.12 | 临夏市 | -0.16 | 永登县 | -0.24 | 甘谷县 | -4.22 |
| 永昌县 | -0.12 | 凉州区 | -0.16 | 西固区 | -0.25 | | |

（3）投资财政收入比率

2017 年甘肃省各县（市、区）投资财政收入比率如表 9 所示，可以看出，甘肃省各县（市、区）投资财政收入比率普遍不高，平均值仅为6.4%，而同期全国投资财政收入比率为26.9%，显然，除肃南县之外，其余86个县（市、区）的投资财政收入比率均低于全国水平，说明各县（市、区）一般公共预算收入相较固定资产投资而言，规模普遍偏低。具体来看，肃南县投资财政收入比率为37.75%，实际上，2017 年肃南县的一般公共预算收入仅为23709 万元，但相较其他县区具有更少的固定资产投资，因而该指标处于各县（市、区）之首。其他县（市、区）中，投资财政收入比率超过10%的有安宁区等10个县（市、区），5%以下县（市、区）有 37 个，几乎占到全部县（市、区）的一半，其中临潭县等4县（市、区）甚至低于2%。

**表 9　2017 年甘肃省各县（市、区）投资财政收入比率**

单位：%

| 地区 | 投资财政比率 | 地区 | 投资财政比率 | 地区 | 投资财政比率 | 地区 | 投资财政比率 |
|---|---|---|---|---|---|---|---|
| 肃南县 | 37.75 | 白银区 | 8.48 | 崇信县 | 6.49 | 静宁县 | 5.26 |
| 安宁区 | 18.89 | 华亭县 | 8.21 | 临泽县 | 6.47 | 漳县 | 5.24 |
| 永靖县 | 15.06 | 西峰区 | 8.10 | 岷县 | 6.31 | 康县 | 5.24 |
| 红古区 | 14.63 | 民乐县 | 7.62 | 高台县 | 6.23 | 临洮县 | 5.15 |
| 临夏市 | 14.58 | 西固区 | 7.52 | 玛曲县 | 6.20 | 广河县 | 5.07 |
| 城关区 | 12.70 | 山丹县 | 7.41 | 陇西县 | 6.05 | 通渭县 | 5.06 |
| 嘉峪关市 | 12.45 | 武都区 | 7.26 | 民勤县 | 5.89 | 肃北县 | 5.03 |
| 成县 | 11.80 | 平川区 | 7.13 | 临夏县 | 5.71 | 肃州区 | 5.00 |
| 积石山县 | 11.44 | 东乡县 | 7.02 | 徽县 | 5.66 | 礼县 | 4.97 |
| 七里河区 | 10.99 | 金川区 | 6.96 | 靖远县 | 5.56 | 会宁县 | 4.83 |
| 永昌县 | 10.91 | 凉州区 | 6.92 | 环县 | 5.51 | 甘谷县 | 4.76 |
| 永登县 | 9.90 | 皋兰县 | 6.78 | 敦煌市 | 5.35 | 康乐县 | 4.73 |
| 甘州区 | 9.19 | 天祝县 | 6.64 | 庆城县 | 5.35 | 崆峒区 | 4.70 |
| 华池县 | 8.99 | 古浪县 | 6.51 | 和政县 | 5.30 | 麦积区 | 4.67 |

续表

| 地区 | 投资财政比率 | 地区 | 投资财政比率 | 地区 | 投资财政比率 | 地区 | 投资财政比率 |
|---|---|---|---|---|---|---|---|
| 合水县 | 4.67 | 榆中县 | 4.12 | 瓜州县 | 3.19 | 宁县 | 2.55 |
| 文县 | 4.66 | 镇原县 | 3.98 | 玉门市 | 3.10 | 武山县 | 2.30 |
| 安定区 | 4.62 | 舟曲县 | 3.77 | 宕昌县 | 3.10 | 两当县 | 2.25 |
| 秦州区 | 4.58 | 渭源县 | 3.63 | 迭部县 | 3.09 | 临潭县 | 1.98 |
| 合作市 | 4.43 | 夏河县 | 3.59 | 金塔县 | 3.02 | 卓尼县 | 1.90 |
| 秦安县 | 4.41 | 泾川县 | 3.58 | 西和县 | 2.68 | 灵台县 | 1.88 |
| 景泰县 | 4.37 | 阿克塞县 | 3.34 | 张家川县 | 2.67 | 碌曲县 | 1.30 |
| 庄浪县 | 4.20 | 正宁县 | 3.29 | 清水县 | 2.57 | | |

（4）投资财政收入弹性

2017年，甘肃省各县（市、区）投资财政收入弹性系数平均值为0.20，表明投资变化一定情况下财政收入变化不太明显，而且与全国投资财政收入弹性值1.42相比，明显偏低。具体来看（见表10），由于西固区、安宁区等43个县（市、区）的财政收入同比减少，同时71个县（市、区）固定资产投资同比下降，因此投资财政收入弹性值正负相当，呈现正值的有44个县（市、区），负值县（市、区）为43个。其中，投资财政收入弹性系数高于全省平均水平的有30个县（市、区），高于全国水平的仅有5个县（市、区），清水县同样由于2017年固定资产投资增幅较低，相比之下，其投资财政收入弹性系数全省最高。总体来说，2017年甘肃省各县（市、区）投资财政收入弹性普遍不高，表明投资引起消费的变动程度不明显。

**表10　2017年甘肃省各县（市、区）投资财政弹性系数**

| 地区 | 投资财政弹性系数 | 地区 | 投资财政弹性系数 | 地区 | 投资财政弹性系数 | 地区 | 投资财政弹性系数 |
|---|---|---|---|---|---|---|---|
| 清水县 | 25.56 | 麦积区 | 1.86 | 迭部县 | 1.08 | 山丹县 | 0.86 |
| 武山县 | 9.61 | 玛曲县 | 1.59 | 秦安县 | 0.94 | 高台县 | 0.81 |
| 两当县 | 6.36 | 张家川县 | 1.16 | 阿克塞县 | 0.93 | 皋兰县 | 0.74 |

续表

| 地区 | 投资财政弹性系数 | 地区 | 投资财政弹性系数 | 地区 | 投资财政弹性系数 | 地区 | 投资财政弹性系数 |
|---|---|---|---|---|---|---|---|
| 天祝县 | 0.71 | 西固区 | 0.16 | 泾川县 | -0.07 | 景泰县 | -0.45 |
| 和政县 | 0.66 | 秦州区 | 0.14 | 东乡县 | -0.10 | 庄浪县 | -0.47 |
| 榆中县 | 0.61 | 文县 | 0.14 | 宁县 | -0.12 | 民乐县 | -0.48 |
| 西和县 | 0.60 | 庆城县 | 0.14 | 肃州区 | -0.12 | 平川区 | -0.50 |
| 临泽县 | 0.57 | 康县 | 0.13 | 镇原县 | -0.13 | 崇信县 | -0.52 |
| 灵台县 | 0.51 | 安宁区 | 0.12 | 成县 | -0.14 | 城关区 | -0.53 |
| 渭源县 | 0.50 | 合水县 | 0.11 | 通渭县 | -0.15 | 康乐县 | -0.54 |
| 玉门市 | 0.50 | 瓜州县 | 0.11 | 广河县 | -0.16 | 七里河区 | -0.56 |
| 正宁县 | 0.42 | 临夏市 | 0.09 | 肃北县 | -0.16 | 嘉峪关市 | -0.92 |
| 临洮县 | 0.40 | 静宁县 | 0.06 | 积石山县 | -0.17 | 华亭县 | -0.93 |
| 漳县 | 0.33 | 安定区 | 0.06 | 古浪县 | -0.19 | 舟曲县 | -1.06 |
| 永靖县 | 0.31 | 靖远县 | 0.04 | 甘州区 | -0.23 | 甘谷县 | -1.66 |
| 敦煌市 | 0.27 | 武都区 | 0.01 | 白银区 | -0.23 | 临潭县 | -1.76 |
| 徽县 | 0.27 | 陇西县 | -0.01 | 宕昌县 | -0.27 | 红古区 | -2.07 |
| 崆峒区 | 0.24 | 凉州区 | -0.02 | 金川区 | -0.27 | 合作市 | -3.28 |
| 岷县 | 0.22 | 肃南县 | -0.02 | 西峰区 | -0.30 | 卓尼县 | -4.47 |
| 民勤县 | 0.21 | 华池县 | -0.04 | 永登县 | -0.31 | 夏河县 | -6.47 |
| 礼县 | 0.21 | 会宁县 | -0.04 | 临夏县 | -0.38 | 碌曲县 | -12.20 |
| 永昌县 | 0.20 | 环县 | -0.07 | 金塔县 | -0.42 | | |

## （三）社会效益分析

1. 投资收入比率

投资收入比率反映的是固定资产投资在提高居民生活水平方面的间接影响。从各县（市、区）投资收入比率来看（见表 11），2017 年全省各县（市、区）固定资产投资收入比率平均值为 6.2，高于平均值的有 32 个县（市、区），占全部县（市、区）的 36.7%，低于平均值的有 55 个县（市、区），占比 63.3%。其中，肃南县 2017 年城镇居民可支配收入 24972 元，而同期固定资产投资额为全省最低，仅为 62804

万元，因此相较而言，其比值远远高于其他县（市、区）。同时阿克塞县、东乡县、碌曲县等县（市、区）的该项比值也较高。可以看出，由于全省各县（市、区）之间城镇人均可支配收入的差距明显小于固定资产投资的差距。因此，固定资产投资额越小的县（市、区），该项指标的比值可能越大，反之，则指标的比值就越小，所以城关区、七里河区等投资规模大县（市、区）的指标比值明显靠后。

**表 11　2017 年甘肃省各县（市、区）投资收入比率**

单位：%

| 地区 | 投资收入比率 | 地区 | 投资收入比率 | 地区 | 投资收入比率 | 地区 | 投资收入比率 |
|---|---|---|---|---|---|---|---|
| 肃南县 | 39.76 | 广河县 | 7.06 | 安宁区 | 5.26 | 武都区 | 3.33 |
| 阿克塞县 | 16.97 | 崇信县 | 6.72 | 灵台县 | 5.18 | 西峰区 | 3.13 |
| 东乡县 | 16.08 | 高台县 | 6.71 | 环县 | 4.78 | 会宁县 | 3.11 |
| 碌曲县 | 14.52 | 山丹县 | 6.70 | 景泰县 | 4.77 | 陇西县 | 2.84 |
| 积石山县 | 14.16 | 平川区 | 6.60 | 文县 | 4.68 | 安定区 | 2.83 |
| 两当县 | 13.43 | 临潭县 | 6.52 | 庆城县 | 4.68 | 瓜州县 | 2.81 |
| 玛曲县 | 13.30 | 卓尼县 | 6.47 | 古浪县 | 4.62 | 甘谷县 | 2.80 |
| 肃北县 | 11.06 | 合作市 | 6.47 | 泾川县 | 4.52 | 武山县 | 2.63 |
| 和政县 | 11.01 | 临夏县 | 6.43 | 秦安县 | 4.52 | 皋兰县 | 2.54 |
| 华池县 | 10.74 | 张家川县 | 6.41 | 徽县 | 4.38 | 玉门市 | 2.50 |
| 舟曲县 | 10.39 | 临泽县 | 6.17 | 宁县 | 4.22 | 甘州区 | 2.49 |
| 永昌县 | 9.45 | 临夏市 | 6.14 | 靖远县 | 4.13 | 嘉峪关市 | 2.47 |
| 永靖县 | 9.17 | 通渭县 | 5.97 | 宕昌县 | 4.02 | 肃州区 | 2.30 |
| 合水县 | 8.99 | 金川区 | 5.97 | 金塔县 | 3.78 | 崆峒区 | 2.22 |
| 迭部县 | 8.98 | 渭源县 | 5.67 | 民勤县 | 3.67 | 麦积区 | 2.16 |
| 夏河县 | 8.74 | 镇原县 | 5.64 | 西和县 | 3.60 | 西固区 | 2.14 |
| 正宁县 | 8.20 | 民乐县 | 5.56 | 永登县 | 3.57 | 七里河区 | 1.61 |
| 漳县 | 8.05 | 庄浪县 | 5.56 | 华亭县 | 3.49 | 凉州区 | 1.52 |
| 康县 | 8.00 | 天祝县 | 5.54 | 清水县 | 3.49 | 秦州区 | 1.31 |
| 康乐县 | 7.97 | 成县 | 5.53 | 白银区 | 3.47 | 城关区 | 1.16 |
| 红古区 | 7.82 | 静宁县 | 5.31 | 临洮县 | 3.41 | 榆中县 | 1.06 |
| 岷县 | 7.26 | 礼县 | 5.30 | 敦煌市 | 3.35 | | |

注：由于人均可支配收入与投资额之间差距大，两者比值相对太小，为了对比方便，表中比值与实际比值间成 $10^{-4}$ 倍关系。

2. 投资收入弹性

投资收入弹性反映了单位固定资产投资理论上能够引起居民收入水平的变化程度，受绝大部分县（市、区）固定资产投资同比下降影响，2017 年仅有 15 个县（市、区）投资收入弹性系数为正值，其余 72 个县（市、区）投资收入弹性值均为负值，一定程度上说明两者之间的影响关系不太明显。

具体来看，清水县投资收入弹性系数为 63.31，为各县（市、区）最高值，从实际情况来看，2017 年清水县城镇居民可支配收入为 21527 元，同比增长 8.45%，在全省大约处于中等水平，然而受固定资产投资增幅影响，该系数明显大于其他县（市、区），同样呈现正值的还有武山县、康乐县、卓尼县等 14 个县（市、区），其共同特征均为城镇居民收入并不高，但 2017 年固定资产投资同比出现了不同程度的增长。相比之下，各县（市、区）中城镇居民可支配收入比较高的金川区、城关区、嘉峪关市等县（市、区）由于固定资产投资规模下降幅度较大，其该项指标值较小且靠后（见表 12）。

**表 12　2017 年甘肃省各县（市、区）投资收入弹性系数**

| 地区 | 投资收入弹性系数 | 地区 | 投资收入弹性系数 | 地区 | 投资收入弹性系数 | 地区 | 投资收入弹性系数 |
|---|---|---|---|---|---|---|---|
| 清水县 | 63.31 | 榆中县 | 0.58 | 西峰区 | -0.13 | 金川区 | -0.14 |
| 武山县 | 7.07 | 舟曲县 | 0.56 | 镇原县 | -0.13 | 瓜州县 | -0.15 |
| 康乐县 | 2.67 | 皋兰县 | 0.46 | 安宁区 | -0.13 | 环县 | -0.15 |
| 卓尼县 | 2.58 | 秦州区 | 0.38 | 和政县 | -0.13 | 成县 | -0.15 |
| 夏河县 | 2.23 | 肃南县 | -0.11 | 康县 | -0.13 | 阿克塞县 | -0.15 |
| 麦积区 | 1.98 | 正宁县 | -0.11 | 东乡县 | -0.13 | 临夏市 | -0.15 |
| 合作市 | 1.87 | 敦煌市 | -0.12 | 永昌县 | -0.13 | 平川区 | -0.16 |
| 秦安县 | 1.50 | 合水县 | -0.12 | 民勤县 | -0.14 | 积石山县 | -0.16 |
| 玛曲县 | 1.43 | 华池县 | -0.12 | 肃北县 | -0.14 | 岷县 | -0.16 |
| 碌曲县 | 1.29 | 永靖县 | -0.12 | 天祝县 | -0.14 | 礼县 | -0.17 |
| 临潭县 | 0.92 | 宁县 | -0.12 | 玉门市 | -0.14 | 凉州区 | -0.17 |

续表

| 地区 | 投资收入弹性系数 | 地区 | 投资收入弹性系数 | 地区 | 投资收入弹性系数 | 地区 | 投资收入弹性系数 |
|---|---|---|---|---|---|---|---|
| 静宁县 | -0.17 | 崆峒区 | -0.20 | 山丹县 | -0.26 | 甘州区 | -0.39 |
| 肃州区 | -0.17 | 陇西县 | -0.20 | 张家川县 | -0.26 | 迭部县 | -0.40 |
| 古浪县 | -0.17 | 安定区 | -0.20 | 宕昌县 | -0.27 | 城关区 | -0.40 |
| 白银区 | -0.18 | 华亭县 | -0.21 | 高台县 | -0.28 | 庄浪县 | -0.44 |
| 庆城县 | -0.18 | 渭源县 | -0.21 | 七里河区 | -0.30 | 灵台县 | -0.47 |
| 临洮县 | -0.18 | 广河县 | -0.24 | 崇信县 | -0.30 | 临夏县 | -0.52 |
| 红古区 | -0.18 | 永登县 | -0.24 | 徽县 | -0.33 | 两当县 | -0.92 |
| 靖远县 | -0.19 | 泾川县 | -0.24 | 西和县 | -0.36 | 嘉峪关市 | -1.09 |
| 漳县 | -0.19 | 通渭县 | -0.25 | 民乐县 | -0.36 | 景泰县 | -1.09 |
| 文县 | -0.20 | 武都区 | -0.25 | 金塔县 | -0.36 | 甘谷县 | -4.09 |
| 会宁县 | -0.20 | 西固区 | -0.25 | 临泽县 | -0.37 | | |

3. 投资就业比

2017年甘肃省各县（市、区）投资就业比平均值为0.039，据此来看，全省县（市、区）中该指标高于平均值的有36个县（市、区），占全部县（市、区）的41.3%，低于平均值的有51个县（市、区），占比58.7%。

其中，永靖县2017年在岗职工人数为23893人，同年该县的固定资产投资为207989万元，两者之比为0.1149，相较其他县（市、区）而言，该项比值为全省最高，此外，东乡县、肃南县的比值也均超过0.1。而瓜州县2017年固定资产投资为1029938万元，但同期在岗职工人数仅为8436人，因而其投资就业比位于全省最后（见表13）。

**表13 2017年甘肃省各县（市、区）投资就业比**

| 地区 | 投资就业比 | 地区 | 投资就业比 | 地区 | 投资就业比 | 地区 | 投资就业比 |
|---|---|---|---|---|---|---|---|
| 永靖县 | 0.1149 | 城关区 | 0.0996 | 平川区 | 0.0762 | 西峰区 | 0.0668 |
| 东乡县 | 0.1079 | 临夏市 | 0.0987 | 红古区 | 0.0688 | 永昌县 | 0.0656 |
| 肃南县 | 0.1079 | 金川区 | 0.0852 | 积石山县 | 0.0684 | 白银区 | 0.0636 |

续表

| 地区 | 投资就业比 | 地区 | 投资就业比 | 地区 | 投资就业比 | 地区 | 投资就业比 |
|---|---|---|---|---|---|---|---|
| 安宁区 | 0.0619 | 成县 | 0.0411 | 甘谷县 | 0.0301 | 高台县 | 0.0230 |
| 和政县 | 0.0582 | 永登县 | 0.0408 | 康县 | 0.0294 | 玉门市 | 0.0230 |
| 武都区 | 0.0552 | 七里河区 | 0.0399 | 卓尼县 | 0.0289 | 夏河县 | 0.0222 |
| 通渭县 | 0.0535 | 临洮县 | 0.0398 | 民乐县 | 0.0287 | 庆城县 | 0.0219 |
| 甘州区 | 0.0517 | 张家川县 | 0.0393 | 西和县 | 0.0286 | 宕昌县 | 0.0218 |
| 静宁县 | 0.0516 | 临夏县 | 0.0386 | 漳县 | 0.0282 | 灵台县 | 0.0209 |
| 合作市 | 0.0464 | 华亭县 | 0.0376 | 景泰县 | 0.0276 | 临泽县 | 0.0201 |
| 凉州区 | 0.0450 | 广河县 | 0.0358 | 玛曲县 | 0.0275 | 民勤县 | 0.0184 |
| 庄浪县 | 0.0449 | 嘉峪关市 | 0.0349 | 渭源县 | 0.0269 | 两当县 | 0.0181 |
| 西固区 | 0.0446 | 迭部县 | 0.0338 | 文县 | 0.0267 | 敦煌市 | 0.0176 |
| 安定区 | 0.0445 | 秦州区 | 0.0329 | 正宁县 | 0.0264 | 清水县 | 0.0171 |
| 岷县 | 0.0442 | 会宁县 | 0.0327 | 合水县 | 0.0261 | 武山县 | 0.0160 |
| 麦积区 | 0.0438 | 陇西县 | 0.0322 | 古浪县 | 0.0259 | 皋兰县 | 0.0150 |
| 舟曲县 | 0.0434 | 天祝县 | 0.0321 | 碌曲县 | 0.0257 | 肃北县 | 0.0141 |
| 崆峒区 | 0.0421 | 山丹县 | 0.0316 | 徽县 | 0.0255 | 阿克塞县 | 0.0126 |
| 康乐县 | 0.0418 | 肃州区 | 0.0311 | 崇信县 | 0.0247 | 榆中县 | 0.0114 |
| 靖远县 | 0.0416 | 华池县 | 0.0310 | 环县 | 0.0237 | 金塔县 | 0.010 |
| 宁县 | 0.0415 | 秦安县 | 0.0307 | 临潭县 | 0.0237 | 瓜州县 | 0.008 |
| 礼县 | 0.0414 | 镇原县 | 0.0307 | 泾川县 | 0.0235 | | |

4. 投资就业弹性

2017 年各县（市、区）在岗职工人数变化也比较明显，共有 62 个县（市、区）的在岗职工人数出现减少，与固定资产投资同样出现下降的情况相比，不少县（市、区）的投资就业弹性系数反而变为正值，因此，该指标的负值县（市、区）的数量明显少于前述几种弹性指数的县（市、区）数，虽然弹性系数普遍偏小，超过 1 的仅有 6 个县（市、区），弹性系数处于正值但明显低于 1 的县（市、区）共有 44 个，弹性系数呈现负值的共有 27 个县（市、区），整体说明固定资产投资对就业的影响也不显著（见表 14）。

**表 14　2017 年甘肃省各县（市、区）投资就业弹性系数**

| 地区 | 投资就业弹性系数 | 地区 | 投资就业弹性系数 | 地区 | 投资就业弹性系数 | 地区 | 投资就业弹性系数 |
|---|---|---|---|---|---|---|---|
| 清水县 | 20.25 | 永昌县 | 0.19 | 白银区 | 0.06 | 张家川县 | -0.03 |
| 两当县 | 1.67 | 庆城县 | 0.19 | 永登县 | 0.06 | 环县 | -0.03 |
| 山丹县 | 1.55 | 泾川县 | 0.16 | 西固区 | 0.06 | 和政县 | -0.04 |
| 康乐县 | 1.34 | 肃州区 | 0.16 | 通渭县 | 0.05 | 积石山县 | -0.06 |
| 金塔县 | 1.12 | 正宁县 | 0.14 | 华池县 | 0.05 | 岷县 | -0.06 |
| 嘉峪关市 | 1.06 | 敦煌市 | 0.14 | 文县 | 0.04 | 临泽县 | -0.07 |
| 阿克塞县 | 0.83 | 靖远县 | 0.14 | 天祝县 | 0.04 | 渭源县 | -0.08 |
| 景泰县 | 0.64 | 秦安县 | 0.13 | 红古区 | 0.03 | 漳县 | -0.12 |
| 高台县 | 0.61 | 静宁县 | 0.13 | 民乐县 | 0.03 | 西和县 | -0.14 |
| 崇信县 | 0.43 | 榆中县 | 0.12 | 康县 | 0.03 | 陇西县 | -0.17 |
| 秦州区 | 0.42 | 华亭县 | 0.12 | 礼县 | 0.03 | 舟曲县 | -0.18 |
| 庄浪县 | 0.41 | 永靖县 | 0.11 | 广河县 | 0.03 | 肃南县 | -0.26 |
| 甘州区 | 0.39 | 凉州区 | 0.10 | 宁县 | 0.02 | 皋兰县 | -0.28 |
| 安定区 | 0.33 | 宕昌县 | 0.10 | 崆峒区 | 0.02 | 城关区 | -0.34 |
| 玉门市 | 0.29 | 成县 | 0.10 | 临潭县 | 0.01 | 玛曲县 | -0.35 |
| 临洮县 | 0.27 | 西峰区 | 0.09 | 卓尼县 | 0.00 | 合作市 | -0.55 |
| 金川区 | 0.26 | 镇原县 | 0.08 | 临夏县 | -0.01 | 麦积区 | -0.56 |
| 古浪县 | 0.24 | 迭部县 | 0.08 | 东乡县 | -0.01 | 碌曲县 | -0.71 |
| 灵台县 | 0.23 | 会宁县 | 0.07 | 临夏市 | -0.01 | 夏河县 | -1.00 |
| 肃北县 | 0.22 | 平川区 | 0.07 | 徽县 | -0.02 | 武山县 | -1.23 |
| 民勤县 | 0.22 | 安宁区 | 0.07 | 七里河区 | -0.02 | 甘谷县 | -9.62 |
| 武都区 | 0.19 | 瓜州县 | 0.07 | 合水县 | -0.03 | | |

## 四　主要结论

近些年来，尽管甘肃省固定资产投资规模显著扩大，投资结构也在不断优化，第三产业投资持续增加，民间投资比重逐步提升，但从固定资产的投资效益来看，甘肃省投资效益远远低于全国平均水平。

2017 年，甘肃省固定资产投资增速出现负增长，投资规模显著下滑，其中既有一些短期影响因素，也有经济发展规律所决定的必然趋势，从县（市、区）固定资产投资整体效益的评价结果看，全省 87 个县（市、区）整体投资效益均处于中低水平，基本符合当年甘肃固定资产投资发展的实际情况。

在区域分布上，投资效益评价相对靠前的县（市、区）大多分布在兰州以及工业基础好的地市，而投资整体效益相对靠后的县（市、区）主要分布在传统的农牧业地区，明显反映出投资效益与区域经济发展基础具有显著的正相关性。

各县（市、区）固定资产投资的经济效益总体上对整体效益的贡献程度更大，而其社会效益的贡献程度相对较小。其中，边际资本产出比率低可能是大部分县（市、区）投资整体效益偏低的最主要原因，而当年固定资产投资大范围、大幅度下降是投资整体效益偏低的重要原因。

# B.10
# 甘肃上市公司发展现状分析报告

常红军*

**摘　要：** 甘肃上市公司在过去20多年中发展较为迅速，综合实力不断增强，在甘肃经济社会发展中发挥着重要作用。但甘肃上市公司在发展中也存在上市公司数量少，规模偏小，营利能力不强，带动能力有限，融资能力较弱，行业分布不均衡，后备资源匮乏，高科技企业、战略性新兴产业少等诸多问题。认真研究、发展上市公司对繁荣甘肃区域经济具有重要的现实意义。积极发挥甘肃各级政府在上市公司发展中的引领推动作用，鼓励和支持企业积极谋求上市发展，抓住“一带一路”建设和证券市场快速发展给甘肃带来的良好机遇，推动甘肃上市公司快速发展，提升甘肃整体经济水平和质量显得十分重要和必要。

**关键词：** 上市公司　区域经济　甘肃

甘肃省自改革开放以来，经济增长成效显著。近年来，国家西部大开发战略和“一带一路”倡议实施的政策叠加效应，给甘肃带来了良好的大发展机遇。上市公司是优质企业的代表，是先进生产力的

* 常红军，甘肃省社会科学院副研究员，研究方向为金融证券、区域经济学。

企业组织代表，上市公司的发展状况与区域经济发展密切相关。甘肃上市公司作为甘肃经济发展的中坚力量，认真研究甘肃上市公司现状，加快促进甘肃上市公司发展，对积极推动甘肃经济持续健康发展至关重要。由于目前甘肃上市公司基本上都是在上海证券交易所和深圳证券交易所上市的 A 股上市公司，因此本文所指上市公司为 A 股上市公司，甘肃上市公司是指注册地在甘肃的 A 股主板、中小企业板和创业板的上市公司等。

## 一　甘肃上市公司发展现状分析

### （一）甘肃上市公司发展状况总体较好

甘肃上市公司自 1993 年原甘肃长风特种电子股份有限公司（现甘肃靖远煤电股份有限公司）作为甘肃首家上市公司于 1994 年 1 月 6 日在深圳证券交易所上市交易以来，发展到现在经历了“从无到有，从一家到多家”的过程。截至 2018 年 12 月 31 日，甘肃共有上市公司 33 家（见表 1），上市公司总股本 301.88 亿股，总市值 1794.39 亿元。甘肃 33 家上市公司中，在上海证券交易所上市的有 16 家，在深圳证券交易所主板上市的有 8 家，在中小板上市的有 6 家，在创业板上市的有 3 家（见表 1）。

**表 1　甘肃省上市公司一览**

| 序号 | 公司名称 | 股票代码 | 股票简称 | 证券类别 | 所属行业 | 注册地址 |
| --- | --- | --- | --- | --- | --- | --- |
| 1 | 甘肃靖远煤电股份有限公司 | 000552 | 靖远煤电 | 深交所主板 A 股 | 采矿业 | 白银市 |
| 2 | 甘肃上峰水泥股份有限公司 | 000672 | 上峰水泥 | 深交所主板 A 股 | 制造业 | 白银市 |

续表

| 序号 | 公司名称 | 股票代码 | 股票简称 | 证券类别 | 所属行业 | 注册地址 |
|---|---|---|---|---|---|---|
| 3 | 海南亚太实业股份有限公司 | 000691 | 亚太实业 | 深交所主板A股 | 房地产业 | 兰州市 |
| 4 | 甘肃工程咨询集团股份有限公司 | 000779 | 甘咨询 | 深交所主板A股 | 科学研究和技术服务业 | 兰州市 |
| 5 | 甘肃电投能源发展股份有限公司 | 000791 | 甘肃电投 | 深交所主板A股 | 电力、热力、燃气及水生产和供应业 | 兰州市 |
| 6 | 兰州黄河企业股份有限公司 | 000929 | 兰州黄河 | 深交所主板A股 | 制造业 | 兰州市 |
| 7 | 银亿股份有限公司 | 000981 | ST银亿 | 深交所主板A股 | 制造业 | 兰州市 |
| 8 | 甘肃皇台酒业股份有限公司 | 000995 | ST皇台 | 深交所主板A股 | 制造业 | 武威市 |
| 9 | 中核华原钛白股份有限公司 | 002145 | 中核钛白 | 深交所中小板A股 | 制造业 | 嘉峪关市 |
| 10 | 天水华天科技股份有限公司 | 002185 | 华天科技 | 深交所中小板A股 | 制造业 | 天水市 |
| 11 | 恒康医疗集团股份有限公司 | 002219 | 恒康医疗 | 深交所中小板A股 | 制造业 | 陇南市 |
| 12 | 兰州佛慈制药股份有限公司 | 002644 | 佛慈制药 | 深交所中小板A股 | 制造业 | 兰州市 |
| 13 | 天水众兴菌业科技股份有限公司 | 002772 | 众兴菌业 | 深交所中小板A股 | 农林牧渔业 | 天水市 |
| 14 | 兰州庄园牧场股份有限公司 | 002910 | 庄园牧场 | 深交所中小板A股 | 制造业 | 兰州市 |
| 15 | 大禹节水集团股份有限公司 | 300021 | 大禹节水 | 深交所创业板A股 | 制造业 | 酒泉市 |

续表

| 序号 | 公司名称 | 股票代码 | 股票简称 | 证券类别 | 所属行业 | 注册地址 |
|---|---|---|---|---|---|---|
| 16 | 海默科技(集团)股份有限公司 | 300084 | 海默科技 | 深交所创业板 A 股 | 采矿业 | 兰州市 |
| 17 | 甘肃陇神戎发药业股份有限公司 | 300534 | 陇神戎发 | 深交所创业板 A 股 | 制造业 | 兰州市 |
| 18 | 甘肃亚盛实业(集团)股份有限公司 | 600108 | 亚盛集团 | 上交所主板 A 股 | 农林牧渔业 | 兰州市 |
| 19 | 兰州长城电工股份有限公司 | 600192 | 长城电工 | 上交所主板 A 股 | 制造业 | 兰州市 |
| 20 | 甘肃酒钢集团宏兴钢铁股份有限公司 | 600307 | 酒钢宏兴 | 上交所主板 A 股 | 制造业 | 酒泉市 |
| 21 | 甘肃荣华实业(集团)股份有限公司 | 600311 | 荣华实业 | 上交所主板 A 股 | 采矿业 | 武威市 |
| 22 | 甘肃省敦煌种业集团股份有限公司 | 600354 | 敦煌种业 | 上交所主板 A 股 | 农林牧渔业 | 酒泉市 |
| 23 | 方大炭素新材料科技股份有限公司 | 600516 | 方大炭素 | 上交所主板 A 股 | 制造业 | 兰州市 |
| 24 | 甘肃莫高实业发展股份有限公司 | 600543 | 莫高股份 | 上交所主板 A 股 | 制造业 | 兰州市 |
| 25 | 甘肃刚泰控股(集团)股份有限公司 | 600687 | ST 刚泰 | 上交所主板 A 股 | 制造业 | 兰州市 |
| 26 | 甘肃祁连山水泥集团股份有限公司 | 600720 | 祁连山 | 上交所主板 A 股 | 制造业 | 兰州市 |
| 27 | 兰州民百(集团)股份有限公司 | 600738 | 兰州民百 | 上交所主板 A 股 | 批发和零售 | 兰州市 |
| 28 | 甘肃国芳工贸(集团)股份有限公司 | 601086 | 国芳集团 | 上交所主板 A 股 | 批发和零售 | 兰州市 |
| 29 | 白银有色集团股份有限公司 | 601212 | 白银有色 | 上交所主板 A 股 | 制造业 | 白银市 |
| 30 | 甘肃蓝科石化高新装备股份有限公司 | 601798 | ST 蓝科 | 上交所主板 A 股 | 制造业 | 兰州市 |

续表

| 序号 | 公司名称 | 股票代码 | 股票简称 | 证券类别 | 所属行业 | 注册地址 |
|---|---|---|---|---|---|---|
| 31 | 兰州兰石重型装备股份有限公司 | 603169 | 兰石重装 | 上交所主板 A 股 | 制造业 | 兰州市 |
| 32 | 金徽酒股份有限公司 | 603919 | 金徽酒 | 上交所主板 A 股 | 制造业 | 陇南市 |
| 33 | 读者出版传媒股份有限公司 | 603999 | 读者传媒 | 上交所主板 A 股 | 文化、体育和娱乐业 | 兰州市 |

注：所属行业指所属证监会行业。

### （二）上市公司在甘肃经济社会发展中发挥着重要作用

经过20多年的积淀，甘肃上市公司在区域经济发展中有着重要的地位，在增强经济活力、调整产业结构、扩大社会就业等方面发挥着积极作用，对甘肃经济社会发展做出了突出贡献。数据显示，甘肃上市公司主要经营指标显著高于全省经济发展核心指标，发展质量明显优于全省企业平均水平，2017年和2018年甘肃上市公司实现净利润分别占规模以上企业净利润的45.75%和34.14%，上市公司在全省的经济发展中具有重要的作用和地位（见表2）。

**表2　甘肃上市公司净利润情况**

单位：亿元，%

| 年份 | 2018 | 2017 |
|---|---|---|
| 甘肃上市公司净利润 | 92.34 | 112.96 |
| 甘肃省规模以上工业企业净利润 | 270.40 | 246.90 |
| 占比 | 34.14 | 45.75 |

## （三）甘肃上市公司综合实力不断增强

近年来，甘肃上市公司综合实力不断增强，发展态势良好。截至2018年底，甘肃上市公司总市值达到1794.39亿元，占2018年甘肃省生产总值的21.79%；2018年，全省上市公司中25家实现盈利，17家实现净利润同比增长，共实现净利润92.34亿元（见表3）。

**表3　2018年甘肃上市公司经营情况**

| 序号 | 股票简称 | 营业收入（亿元） | 净利润（亿元） | 净资产收益率（%） | 基本每股收益（元） |
|---|---|---|---|---|---|
| 1 | 靖远煤电 | 40.9 | 5.73 | 8.11 | 0.2505 |
| 2 | 上峰水泥 | 53 | 14.9 | 50.47 | 1.81 |
| 3 | 亚太实业 | 0.3772 | 0.1076 | 13.77 | 0.034 |
| 4 | 甘咨询 | 21.1 | 2.39 | 11.22 | 0.624 |
| 5 | 甘肃电投 | 23.1 | 5.08 | 7.97 | 0.4996 |
| 6 | 兰州黄河 | 5.09 | -0.6572 | -9.66 | -0.3636 |
| 7 | SY银亿 | 89.7 | -4.74 | -3.52 | -0.14 |
| 8 | ST皇台 | 0.2548 | -0.9549 | 0 | -0.54 |
| 9 | 中核钛白 | 30.9 | 4.03 | 12.72 | 0.2548 |
| 10 | 华天科技 | 71.2 | 4.29 | 7.07 | 0.1829 |
| 11 | 恒康医疗 | 38.4 | -13.9 | -41.1 | -0.76 |
| 12 | 佛慈制药 | 5.45 | 0.7428 | 5.31 | 0.1455 |
| 13 | 众兴菌业 | 9.26 | 1.13 | 4.19 | 0.31 |
| 14 | 庄园牧场 | 6.58 | 0.6353 | 5.46 | 0.34 |
| 15 | 大禹节水 | 17.8 | 1.10 | 7.08 | 0.13 |
| 16 | 海默科技 | 7.02 | 0.6401 | 3.61 | 0.1714 |
| 17 | 陇神戎发 | 2.03 | 0.1228 | 1.71 | 0.0405 |
| 18 | 亚盛集团 | 25.1 | 0.826 | 1.78 | 0.0435 |
| 19 | 长城电工 | 17.8 | 0.2011 | 0.59 | 0.0262 |
| 20 | 酒钢宏兴 | 454 | 11.0 | 10.77 | 0.1745 |
| 21 | 荣华实业 | 0.8224 | -1.09 | -14.02 | -0.1633 |

续表

| 序号 | 股票简称 | 营业收入（亿元） | 净利润（亿元） | 净资产收益率(%) | 基本每股收益(元) |
|---|---|---|---|---|---|
| 22 | 敦煌种业 | 7.67 | -2.65 | -26.94 | -0.4122 |
| 23 | 方大炭素 | 117 | 59.9 | 44.07 | 3.21 |
| 24 | 莫高股份 | 2.31 | 0.1887 | 2.39 | 0.08 |
| 25 | ST 刚泰 | 110 | -11.7 | -21.19 | -0.7830 |
| 26 | 祁连山 | 57.7 | 6.89 | 11.77 | 0.8435 |
| 27 | 兰州民百 | 13.8 | 15.8 | 62.21 | 2.023 |
| 28 | 国芳集团 | 29.3 | 1.32 | 7.44 | 0.20 |
| 29 | 白银有色 | 619 | 2.26 | 0.26 | 0.004 |
| 30 | ST 蓝科 | 8.04 | 0.5554 | 3.56 | 0.177 |
| 31 | 兰石重装 | 25.5 | -14.8 | -59.73 | -1.4367 |
| 32 | 金徽酒 | 14.6 | 2.59 | 13.57 | 0.71 |
| 33 | 读者传媒 | 7.61 | 0.4043 | 2.46 | 0.07 |
| 合计 | | 422.162 | 92.342 | 123.4 | 7.7561 |

## （四）甘肃上市公司地域分布情况

从甘肃上市公司在省内各市州分布看，上市公司主要分布在7个市，其中兰州市20家，酒泉市3家，白银市3家，武威市2家，天水市2家，陇南市2家，嘉峪关市1家，其余庆阳市、平凉市、定西市、甘南藏族自治州、临夏回族自治州、金昌市、张掖市7个市（州）目前尚无上市公司（见图1）。

## （五）甘肃上市公司控股股东情况

从控股股东看，甘肃33家A股上市公司，国有控股上市公司占了15家，其余18家为自然人控股公司。其中国有控股上市公司最终实际控制人为国务院国资委的有2家，分别是中国机械工业集团有限

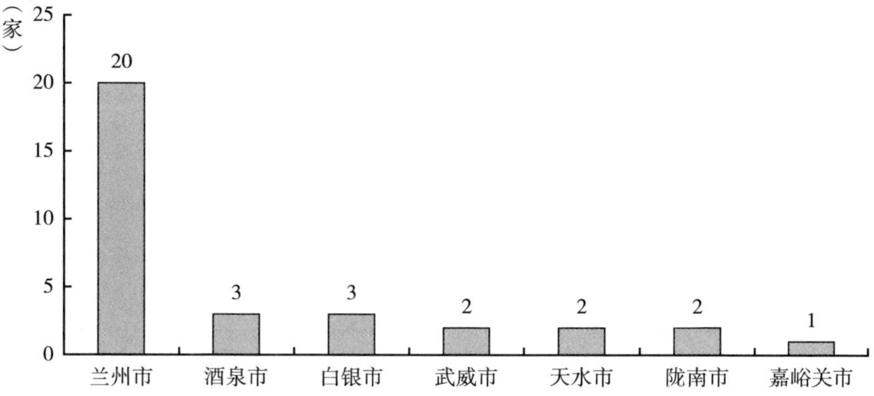


**图1　甘肃上市公司地域分布**

公司控股的蓝科高新和中国建材集团有限公司控股的祁连山水泥。甘肃省地方国资控股 13 家，其中甘肃省财政厅控股的有 1 家，为读者传媒，甘肃省国资委控股的有 10 家，分别为靖远煤电、甘咨询、甘肃电投、陇神戎发、亚盛集团、长城电工、酒钢宏兴、莫高股份、白银有色和兰石重装，另有 2 家为地市国资控股，分别是兰州市国资委控股的佛慈制药，酒泉市国资委控股的敦煌种业。

## （六）甘肃上市公司行业分布情况

甘肃上市公司行业分布和涉及领域十分有限，在中国证监会《上市公司行业分类指引》19 个行业中，甘肃只在其中 6 个行业有上市公司，分别为制造业 21 家、采矿业 3 家、农林牧渔业 3 家、批发和零售业 2 家、房地产业 1 家、科学研究和技术服务业 1 家、电力热力燃气及水生产和供应业 1 家、文化、体育和娱乐业 1 家（见图 2）。综合甘肃辖区上市公司行业来看，以制造、采矿业、农林牧渔业、批发和零售业等传统产业为主，国家重点发展的十大产业，甘肃辖区上市公司几乎没有涉及。

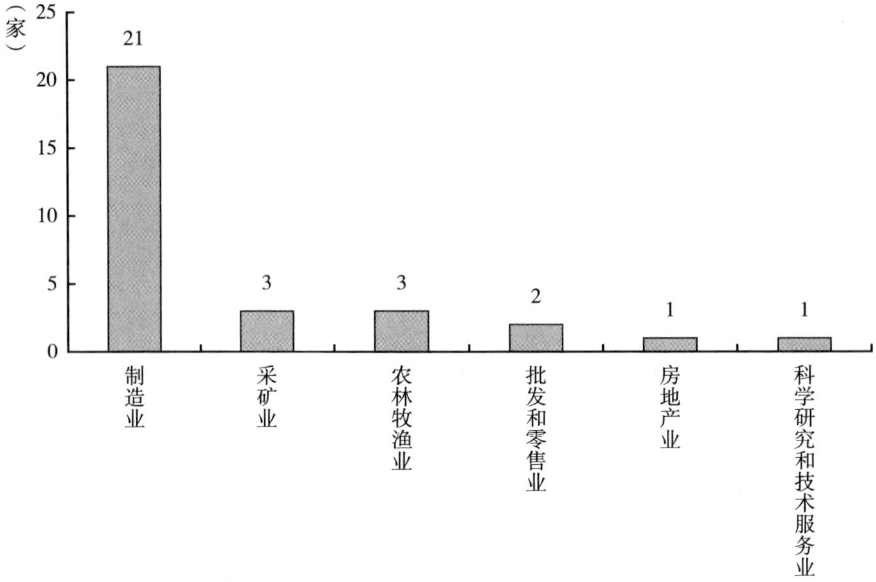


**图2 甘肃上市公司行业分布**

## 二 甘肃市上市公司发展中存在的主要问题

### （一）上市公司数量少，规模偏小，带动能力有限

2018年底，A股上市公司总数达3583家，甘肃上市公司家数占全国的0.92%，上市公司数量明显偏少；沪深两市总市值为48.59万亿元，而甘肃上市公司总市值占比仅为0.369%，其中，市值超过百亿元的仅方大炭素、白银有色、银亿股份和酒钢宏兴4家，甘肃上市公司规模较小，缺乏在全国有影响力的大型蓝筹公司；甘肃资本证券化率仅为21.76%，远低于48.3%的全国平均水平。同时，省内几家较大上市公司虽然注册地在甘肃，但经营活动重点早已不在甘肃。无论是上市公司数量还是规模，对甘肃经济发展带动作用有限，这说明甘肃经济对证券市场的利用程度还相当低。

## （二）上市公司融资能力较弱

一方面，直接融资能力较弱。2017 年全年有 438 家公司登陆 A 股，是 A 股历史上新股发行数量最多的一年，甘肃仅新增上市公司 3 家，募集资金 21 亿元；另一方面，上市公司再融资能力较低。2017 年是我国 A 股上市公司定向增发再融资募集资金最高的年份，共计筹集资金 9382.66 亿元。甘肃省上市公司再融资中仅有兰州民百（集团）股份有限公司实现再融资 4.09 亿元，占比为全部上市公司再融资总额的 0.043%。2018 年全年 A 股市场股权融资募集资金合计 12087.35 亿元；其中，首发募集资金 1378.15 亿元，增发募集资金 7503.52 亿元，配股募集资金 228.32 亿元，优先股募集资金 1349.76 亿元，可转债募集资金 1071.10 亿元，可交换债募集资金 556.51 亿元。在 2018 年 IPO 严审常态化之后，2019 年上半年过会率大增，尤其需要说明的是，在 2019 年 6 月 13 日，科创板正式开板。按发审委审核通过结果统计 2019 年上半年新股发行为 81 家。2019 年上半年，A 股市场股权融资包括新股发行、增发股票、配股、可转债、可交换债、优先股等 6 种形式在内的股权融资总募资规模合计达 6102.11 亿元。自 2018 年以来，甘肃没有一家公司新股发行，也没有一家上市公司进行股权融资，更遑论在科创板零的突破。从上述数据分析可以看出，甘肃省拟上市公司资源匮乏程度严重，上市公司融资能力薄弱。

## （三）上市公司行业分布不均衡

甘肃上市公司从行业的角度来看，一是涉及行业较少，二是主要集中在制造业、采矿业和农林牧渔业，且多为传统企业，创新能力差，产业落后，既不代表优势产业，也不代表新兴产业的方向。甘肃上市公司行业分布方面的单一性和传统特征，一方面缺乏企业竞争优势，严重制约了上市公司未来发展的空间；另一方面不利于甘肃经济结构调整优化，对甘肃经济发展会产生一定的不利影响。

### （四）上市公司盈利能力较弱

2018年，全国3622家上市公司实现营业收入45.45万亿元，净利润3.39万亿元，共有456家公司亏损，亏损公司家数占比为12.58%，平均净资产收益率为9.37%，实现基本每股收益0.52元。甘肃33家上市公司实现营业收入422.16亿元，净利润92.34亿元，共有8家公司亏损，亏损公司家数占比为24.24%，平均净资产收益率为3.74%，实现基本每股收益0.235元。甘肃上市公司中营业收入过百亿元的仅有3家，净利润最高的是方大炭素59.9亿元。就2018年甘肃上市公司盈利能力与全国平均水平来看，如表4所示，甘肃上市公司在平均营业收入、净利润、净资产收益率及基本每股收益方面均显著低于全国平均水平，甘肃上市公司的盈利能力亟待提高。

**表4　甘肃上市公司盈利情况**

| 项目 | 上市公司平均实现营业收入（亿元） | 上市公司平均净利润（亿元） | 上市公司平均净资产收益率（%） | 上市公司平均基本每股收益（元） |
|---|---|---|---|---|
| 甘肃 | 12.79 | 2.79 | 3.74 | 0.235 |
| 全国 | 125.48 | 9.35 | 9.37 | 0.52 |
| 占比（%） | 10.19 | 29.83 | 39.91 | 45.19 |

### （五）甘肃上市公司中高科技企业、战略性新兴产业企业领域少

截至2018年底，甘肃上市公司中主板上市公司占上市公司总数的72.73%，而中小板和创业板上市公司只占上市公司总数的18.18%和9.09%（见表5）。同期对应的全国主板、中小板和创业板上市公司比重分别为53.51%、25.65%和20.84%。2019年6月在上

海证券交易所开板的科创板，是为了支持走在世界科技前沿、拥有关键核心技术、科技创新能力突出的企业快速发展的平台，截至2019年10月14日，威胜信息、普元信息首发上市申请获科创板上市委同意，科创板IPO过会企业达到67家。中小板和创业板，尤其是科创板，作为我国多层次资本市场体系的重要组成部分，为民营中小企业和科技创新企业提供了资本支持平台，在促进我国中小企业发展、民营经济发展、培育战略性新兴产业、推动经济高质量发展方面具有重要意义。甘肃中小板和创业板上市公司占比低于全国水平，截至目前尚未有科创板上市企业，从一个方面说明了甘肃上市公司中高科技企业、战略性新兴产业领域企业少，民营经济发展滞后。

**表5　甘肃上市公司所属板块情况**

| 板块 | 数量(家) | | 比例(%) | |
|---|---|---|---|---|
| 主板 | 24 | 上海证券交易所:16 | 72.72 | 上海证券交易所:48.48 |
| | | 深圳证券交易所:8 | | 深圳证券交易所:24.24 |
| 中小板 | 6 | | 18.18 | |
| 创业板 | 3 | | 9.09 | |
| 科创板 | 0 | | 0 | |
| 合计 | 33 | | 100 | |

## （六）上市公司后备资源培育任重道远

截至2018年12月末，在甘肃证监局登记备案进行辅导的拟上市公司共有9家。兰州银行股份有限公司正在审核中；甘肃清河源清真食品股份有限公司、兰州金川新材料科技股份有限公司完成辅导验收；西部中大建设集团股份有限公司、甘肃扶正药业科技股份有限公司、金昌宇恒镍网股份有限公司、甘肃中天羊业股份有限公司、华龙证券股份有限公司和甘肃银行股份有限公司6家处于辅导期。甘肃优质企业数量较少，多数拟上市公司虽是甘肃省优质企业，但与经济发达省份同类型公司相比，普遍规模较小，核心竞争力不足，盈利能力不强。从纳税指标、企业盈利情况、企业规模等各个方面来衡量，甘肃适合上市的后备企业数量少。

## 三 上市公司对甘肃经济社会发展的作用和意义

### （一）上市公司在甘肃经济发展中有着重要的地位和作用

依靠微观企业主体创造财富是推动和促进甘肃经济发展的主要力量和方式，上市公司作为甘肃优秀企业的典型代表，更是发挥着重要作用。一是上市公司能够借助资本市场筹集发展所需资金，扩大企业规模，实现规模效益；二是上市公司根据资本市场发展要求，积极创新管理和技术，创造自身发展更好的综合素质和条件；三是上市公司在税收缴纳、劳动力就业等方面作用更大；四是通过资本市场的资源配置功能，引导社会资金、人力、管理、技术等优质资源不断流向经营效率高、投入回报率高、企业成长性好的上市公司，借助上市公司平台实现社会资源优质高效配置与要素集聚。因此，上市公司积极发展能够为甘肃经济发展带来显著效益，上市公司发展优势可以转化为甘肃经济发展优势，增强甘肃区域经济实力，发展上市公司对发展和繁荣甘肃区域经济具有重要的现实意义。

### （二）上市公司能够为甘肃企业发展发挥模范带头作用

资本市场有着严格的法律法规规定，一方面，企业上市，其主体资格、管理规范程度、盈利能力、股本规模、资产结构以及募集资金使用情况等必须符合相应的条件，有着严格的要求；另一方面，企业上市后，在经营发展过程中一旦出现触及上市资格条件的情况，根据中国证监会和交易所相关规定，亦会面临暂停上市或退市的风险。因此，上市公司无论是在谋求上市和上市后保住其上市资格，都需要积极发展，努力进行技术创新，改善经营管理，吸引和留住人才，能够为甘肃企业发展发挥模范带头作用。

### （三）企业上市能够给企业带来良好的发展资源

企业上市，能够为企业持续发展带来良好的发展资源，一是借助资本市场的融资功能，只要符合再融资条件，就可以持续不断地为公司的后续发展获得所需资金；二是作为公众公司，上市公司比较容易获得社会、市场、公众和消费者的认可和信任，有利于企业经营；三是经营状况良好、具备相关条件的上市公司可以通过股权激励计划留住人才、吸引人才，提高企业的竞争力；四是作为公众公司，在社会和广大投资者的监督下，在相关法律法规的约束下，企业能够持续守法规范经营，不断进行管理创新；五是企业发展，技术创新是根本，上市公司可以利用品牌优势、资金优势和人才优势等为提升其竞争能力和获利能力不断进行技术创新。

### （四）上市公司是推动甘肃科技创新、产业结构优化调整的有生力量

目前，甘肃技术创新中企业是主力军。甘肃上市公司作为实力雄厚、创新意识强烈的优秀企业群体，在甘肃技术创新中担当着重要角色。甘肃上市公司积极推动技术创新，一方面，能够带动甘肃整体技术进步，推动经济发展；另一方面，在甘肃产业结构优化调整中发挥重要作用。

## 四　促进甘肃上市公司发展的建议

甘肃应该重视发挥上市公司在经济发展中的积极带头作用，

从政府引领推动角度以及企业自身积极发展角度出发，抓住“一带一路”建设给甘肃带来的发展机遇，积极营造好企业内外部发展氛围，加快甘肃上市公司发展，从而实现甘肃整体经济水平的提升。

## （一）进一步加大政府促进企业上市的力度

政府应高度重视企业上市工作，积极推动省内企业上市。一是深入挖掘省内上市后备资源，着力加强对新材料、新能源、生物医药、信息技术、先进装备等战略性新兴产业和文化旅游产业的培育；二是培育重点后备企业，完善公司治理，规范企业经营管理行为，积极做好上市知识普及培训；三是甘肃省应制定企业上市培育规划和相关优惠政策，鼓励支持质地优良企业尽快上市；四是应由甘肃省地方金融监督管理局牵头，联合甘肃省国有资产监督管理委员会、中国证监会甘肃监管局等相关部门和中介机构，加强企业上市工作，推动甘肃省质地优良企业尽快上市，帮助企业利用主板、中小板、创业板、科创板等多层次资本市场融资，进一步增强资本市场服务甘肃实体经济能力。

## （二）加快推进国有企业上市

甘肃国有企业在甘肃经济发展中占据着主导力量，为了推动甘肃地区上市公司的发展，应加快推进国有企业上市。一是政府主导推进，认真研究企业上市进展情况，积极解决上市中存在的困难和问题，加快金川集团股份有限公司、华龙证券股份有限公司、甘肃银行股份有限公司、兰州银行股份有限公司等大型国有控股公司上市进程；二是以省属国有控股上市公司为平台，通过定向增发、收购等方式将相关联产业优质资产注入上市公司，在使更多国有资产证券化的同时，增强了国有控股上市公司的规模和实力，提高国有控股上市公司质量。

### （三）结合甘肃十大生态产业发展助推企业上市

近年来，甘肃省十分重视绿色产业发展，积极培育和推进十大生态产业发展。甘肃省十大生态产业，一方面，符合甘肃实际，能够带动甘肃整体经济发展；另一方面，甘肃十大生态产业符合国家产业发展战略，更为重要的是，十大生态产业符合资本市场发展要求，能够获得资本市场多方面政策支持。因此，甘肃应把培育发展十大生态产业和发展上市公司有机结合起来，积极谋求符合条件的企业上市，实现十大生态产业发展和上市公司发展“双赢”。

### （四）积极推进经营不善的上市公司进行资产重组

上市公司是宝贵的资源，充分发挥上市公司融资功能能够有效解决企业发展资金问题，甘肃上市公司中有多家公司通过资产重组一方面保住了“壳”资源，另一方面使优质企业和资产通过“借壳”方式进入资本市场。靖远煤电、甘肃电投及甘咨询都是甘肃资本运作的成功案例。甘肃省应积极引导、支持经营不善的上市公司进行资产重组，重点鼓励省内优秀企业向其注入优质资产，使其获得新的发展活力，促进其健康发展，充分发挥上市公司价值。

### （五）加快推进高新技术产业、新兴产业发展

随着我国资本市场的不断发展，主板、中小板、创业板和科创板多元化、多层次资本市场体系的建立，甘肃加快上市公司发展，应以文化、枢纽、技术、信息、生态“五个制高点”为契机和抓手，一是应重点着眼于挖掘、扶持高新技术企业发展，鼓励更多的金融、信息技术、文化旅游类企业进入资本市场；二是积极推动上市公司技术创新，促进产业结构优化，提升上市公司竞争优势。

## 参考文献


中国证券监督管理委员会网站，http：//www. csrc. gov. cn/pub/newsite/。

中国证券监督管理委员会－甘肃局网站，http：//www. csrc. gov. cn/pub/gansu。

上海证券交易所网站，http：//www. sse. com. cn/。

深圳证券交易所网站，http：//www. szse. cn/。

甘肃省统计局网站，http：//www. gstj. gov. cn/。

东方财富网，http：//www. eastmoney. com/。

# 专题调研篇

## Special Research Reports

# B.11
# 甘肃五个国家级经济技术开发区发展报告

王丹宇*

**摘　要：** 国家级经开区是国家实施区域发展战略和推动地方经济增长的重要载体。近年来，甘肃省努力完善政策保障，加快改善基础设施，积极创新体制机制，着力提升管理效能，国家级经开区已逐渐成为省域内特色产业最集中、工业经济聚集度最高、经济发展最具活力的区域，也成为促进甘肃省经济结构调整的重要支撑和推动经济转型升级发展的主要力量。依然处于成长和转型阶段的甘肃省国家级经开区尚存在诸如基础设

* 王丹宇，甘肃省社会科学院区域经济研究所副研究员，主要研究方向为区域经济。

施配套滞后、综合经济实力不强、产业层次低、科技创新能力弱及管理体制和运行机制不顺畅等一些问题。在新形势下，应秉持新发展理念，明确目标定位，完善体制机制，提升开放水平，推动国家级经开区转型升级和创新驱动发展。

**关键词：** 经济技术开发区 区域发展 甘肃省

国家级经济技术开发区（以下简称“国家级经开区”）是我国为贯彻落实改革开放政策而设立的现代化工业、产业园区，在我国现存经开区中居于最高地位。1984 年国家设立首批国家级经开区，截至目前，全国已设立了 219 家国家级经开区。历经 30 多年发展，国家级经开区已成为国家实施区域发展战略的重要载体，也成为我国创新驱动示范区和体制机制改革试验区，为推动国家、地方经济的快速发展做出了重要贡献。

甘肃省努力完善政策保障，加快改善基础设施，积极创新体制机制，着力提升管理效能，强化招商引资和重大项目建设，国家级经开区已逐渐成为特色产业最集中、工业经济聚集度最高、经济发展最具活力的区域，也成为促进甘肃省经济结构调整的重要支撑和推动经济转型升级发展的主要力量①。

## 一 甘肃省五个国家级经开区发展成就

2002 ~2013 年，甘肃省共获批 5 家国家级经开区，分别是国家

① 沈丽莉：《开发区如何谱写产业承接“大文章”》，《甘肃日报》2015 年 9 月 24 日。

级兰州经开区、国家级金昌经开区、国家级天水经开区、国家级酒泉经开区和国家级张掖经开区。经过多年的发展建设，目前5个国家级经开区规划面积已达到549平方公里，基本概况见表1。

**表1　甘肃省国家级经开区概况**

| 名称 | 时间 | 空间格局 | 规划面积 | 区域 |
| --- | --- | --- | --- | --- |
| 兰州经开区 | 始建于1993年，2002年升级为国家级经开区 | 安宁园区、西固园区、红古园区、皋兰园区、机场北高新园区、皋兰生修复与产业发展示范区 | 265.32平方公里 | 兰白经济区 |
| 金昌经开区 | 始建于1988年，2010年升级为国家级经开区 | 金川工业园、河西堡工业园 | 91平方公里 | 河西走廊经济区 |
| 天水经开区 | 始建于1992年，2010年升级为国家级经开区 | 二十铺工业园、东十里工业园、下曲工业园、社棠工业园、冀城产业园 | 40平方公里 | 陇东南经济区 |
| 酒泉经开区 | 始建于2000年，2013年升级为国家级经开区 | 南园规划区、西园规划区 | 58.9平方公里 | 河西走廊经济区 |
| 张掖经开区 | 始建于1994年，2013年升级为国家级经开区 | 生态科技产业园、循环经济示范园、农产品产业园、煤化工产业园、智能终端产业科技和大数据产业园 | 93.37平方公里 | 河西走廊经济区 |

资料来源：国家级经开区网站。

甘肃省国家级经开区作为省域经济发展的重要载体，产业集聚水平不断提升，产业承载能力逐步增强，开放开发平台作用日益显现，对甘肃经济稳定向好发展做出了重要贡献。

## （一）国家级经开区对甘肃省经济的支撑和带动作用稳步提升

2018 年，5 个国家级经开区实现地区生产总值 554.3 亿元，较上年增长 2.75%，完成工业增加值 228.2 亿元，较上年增长 11.4%，高于全省增速 7.1 个百分点。5 个国家级经开区工业增加值占全省开发区[①]工业增加值的24.5%（见图 1），5 个国家级经开区完成财政收入 93.4 亿元，较上年增长 10.6%，占全省开发区财政收入的 60.3%（见图 2），占全省财政收入的 10.7%。国家级经开区经济保持了较好的增长势头，对全省经济社会发展的支撑和带动作用进一步提升。

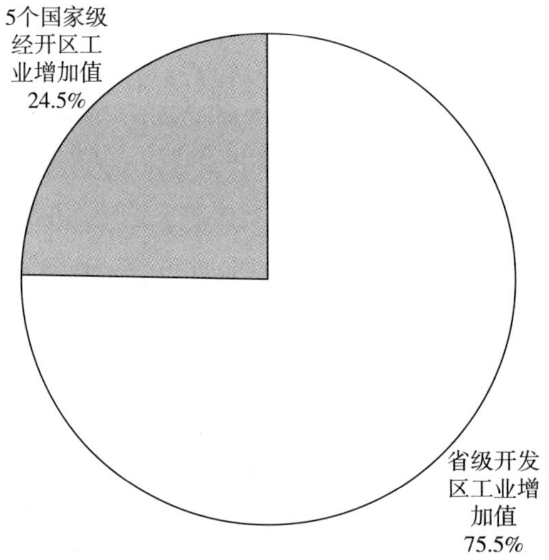


**图 1　2018 年甘肃省国家级经开区工业增加值占全省开发区份额**

① 这里的全省开发区是指 35 个国家级及省级开发区，下同。

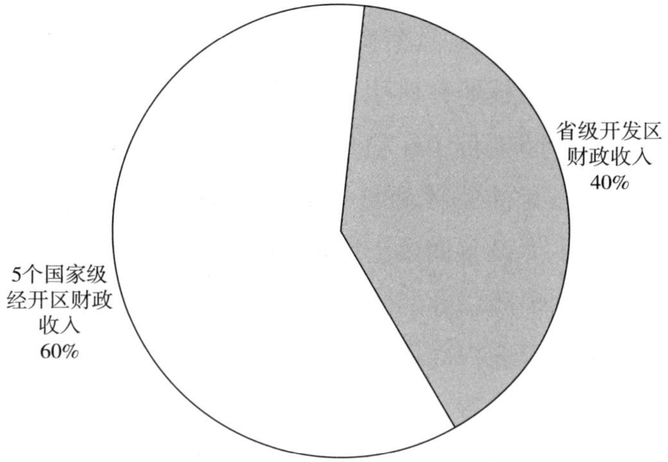


**图 2　2018 年甘肃省国家级经开区财政收入占全省开发区份额**

### （二）国家级经开区是产业集聚发展和提升的重要平台

甘肃省国家级经开区充分依托地方资源禀赋和产业基础，坚持以“传统产业改造提升、新兴产业壮大培育、产业链条延伸耦合、优势特色集聚集约”为主导，加快特色优势产业提升发展水平。全省逐步形成了体系完备、特色鲜明的区域内优势产业集群和战略性新兴产业集群，主要有酒泉经开区新能源装备制造业、天水经开区先进装备制造产业、金昌经开区有色金属新材料产业等。其中，国家级酒泉经开区新能源装备制造业和清洁能源生产及综合利用产业在规模实力、配套能力方面全国领先；金昌经开区新材料产业集群镍、钴、铂族贵金属市场份额已分别达到国内总量的 55%、65% 和 90%；钴生产能力居世界第二位，镍生产能力居世界第四位，铜生产能力居国内第三位。

国家级经开区落地、实施了一批投资效益好、带动作用强的基地型投资项目，天水经开区岐黄药业出城入园项目总部经济城项目一期18万平方米全部建成；金昌紫金云大数据产业园区数据中心项目一期工程投入运行；张掖经开区引进香港新恒基国际集团80亿元秸秆综合利用生态产业园项目正在稳步推进；兰州金通储能10万吨/年动力锂离子电池用三元前驱体项目一期、3万吨/年三元前驱体生产线主体工程建设和主体设备调试已完成。随着一批重大项目稳步推进和建成投产，经开区提质增效和转型升级成果逐步显现，产业集群的集约化、规模化水平得到提高。

### （三）国家级经开区是承接产业转移的重要载体和合作共建的平台

甘肃省充分发挥国家级经开区的开放开发平台作用，完善基础设施建设，提高服务水平，经开区对国内外产业转移项目的承接能力不断提升。2017年至2018年末，甘肃省5家国家级经开区共承接东部地区产业转移项目42项，总投资70亿元，到位资金40亿元，项目涉及生物医药、农副产品加工、产业节能环保、装备制造、招商服务外包、装配式建筑、电工电气、新能源、电子信息及新材料等领域。共实现税收收入5.3亿元，带动就业人口7000余人，为地方经济社会发展做出了贡献，5家国家级经开区承接项目数、总投资、到位资金情况见表2。经开区内已汇集了正威国际电子信息产业园、九州通西北现代医药园、中铝兰州分公司、华电新能源、敦煌种业、大禹节水、奥凯种机、金风科技、东方电汽、浙江正泰、华锐科技、大弓农化等一大批国内外知名企业。这些投资额高、带动力强、有助于优化产业结构的企业在经开区落户，充分说明国家级经开区已成为甘肃省承接产业转移项目的最重要载体。

表 2　甘肃省国家级经开区承接产业转移项目

单位：项，亿元

| 名称 | 项目数 | 总投资 | 到位资金 |
|---|---|---|---|
| 兰州经开区 | 8 | 22.25 | 17.53 |
| 金昌经开区 | 13 | 27.7 | 9.6 |
| 天水经开区 | 11 | 17.97 | 11.47 |
| 酒泉经开区 | 6 | 2.9 | 1.8 |
| 张掖经开区 | 4 | 1.2 | 0.16 |

资料来源：甘肃省商务厅。

甘肃省国家级经开区深入贯彻落实商务部实施的开发区创新提升工程，积极开展东西部地区国家级经开区合作共建工作。截至目前，国家级兰州经开区与广州南沙经开区、金昌经开区与广东湛江经开区、天水经开区与杭州和余杭及镇江经开区、酒泉经开区与增城经开区、张掖经开区与南京经开区分别签订了战略合作协议。合作内容包括基础设施建设、资源开发、产业合作、技术交流及人才培训互动等诸多方面。

## （四）国家级经开区绿色生态产业不断壮大

甘肃省国家级经开区是甘肃省国家循环经济示范省建设的重中之重，近年来甘肃省紧抓国家低碳试点工业园区和国家循环化改造示范试点园建设时机，全面落实省委、省政府关于绿色发展崛起的决定和十大绿色生态产业规划，有针对性地招商引资和加快重大项目落地建设，加快培育和壮大绿色生态产业链，构建绿色生态产业体系。通过淘汰落后产能、清洁生产技术和节能技术改造、环保设施改造升级和新技术引用、合同能源管理等方式，全面提升经开区绿色发展能力。国家级金昌经开区被国家发改委确定为国家园区循环化改造示范点园区，经开区工业固废、废气、废水综合利用率分别达到66.16%、91%、93%，初步实现企业小循环、产业中循环、区域大循环，循环经济“金昌模式”被确定为全国区域循环经济12个典型案例之一向全国推广①。国家级兰州经开区、天水经开区、酒泉经开区、张掖经开区也分别建成了日处理量5000～6000吨的污水处理厂，实现工业及生活污水集中处理。

### （五）国家级经开区是科技创新和成果转化的重要平台

甘肃省努力完善政策体系，不断加大扶持力度，搭建科技创新平台，积极引导国家级经开区致力于推进科技创新和成果转化。《甘肃省人民政府办公厅关于促进国家级经开区转型升级创新发展的实施意见》（甘政办发〔2015〕14号）、《甘肃省人民政府办公厅关于促进开发区改革和创新发展的实施意见》（甘政办发〔2017〕157号）等政策文件相继出台。2016～2018年，甘肃省商务厅对5个国家级经开区投入外经贸发展专项资金共计1150万元，主要用于支持国家级经开区科技孵化中心建设、经开区内企业科技创新、品牌培育、市场开拓和营销能力等项目。目前，国家级兰州经开区高新技术企业已达到70家，省级以上研发机构有150个，其中：国家级重点实验室7个，国家级工程技术研究中心10个，国家级企业技术中心1个。孵化器在孵企业30家，4家企业成功申报高新技术企业。国家级张掖经开区有规模以上工业企业40家，高新技术企业16家。国家级金昌经开区拥有国家级镍钴新材料工程技术研究中心、国家企业技术中心及2个省级工程技术研究中心、11个省级企业技术中心；国家级天水经开区拥有国家级和省级企业技术中心和工程技术研究中心共28个。

## 二　甘肃省五个国家级经开区发展现状

### （一）经济规模现状

从经济生产总量来看，2018年甘肃省5个国家级经开区实现地

① 《镍都金昌：艰苦创业铸辉煌　扬帆起航再出发》，《甘肃经济日报》2019年9月17日。

区生产总值554.3亿元，同比增长2.75%，远低于全国219个国家级经开区增幅（13.9%），也低于同期全国平均水平（6.6%）3.85个百分点；近三年5个国家级经开区生产总值增速整体呈波动趋势，2016年、2017年增速高于全省开发区增速，2018年增速低于全省开发区增速（见图3）。2018年，兰州经开区实现生产总值255.16亿元，占到5个经开区总量的46%，是张掖经开区生产总值的10倍。三年来，5个国家级经开区完成生产总值状况如图4所示。

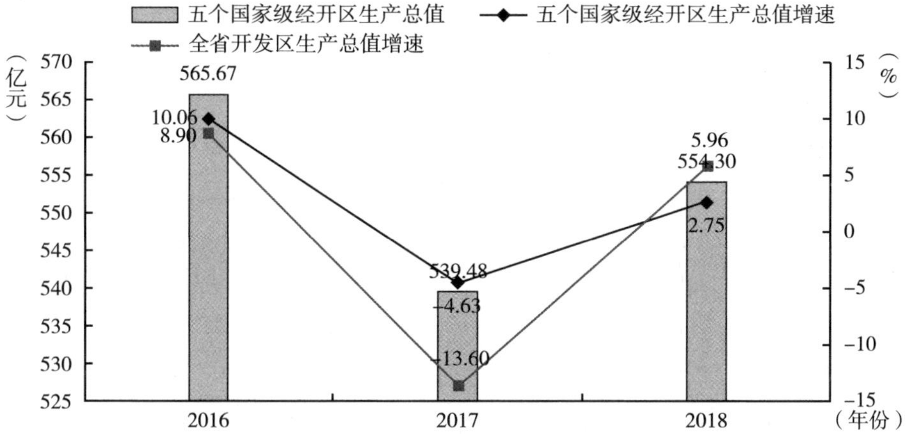


**图3　2016～2018年全省开发区与国家级经开区生产总值增速**

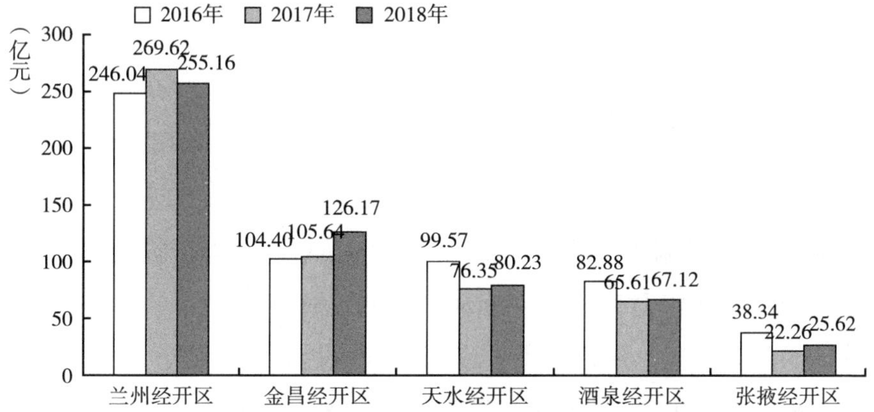


**图4　2016～2018年5个国家级经开区生产总值**

## （二）产业发展现状

从产业方向来看，甘肃省国家级经开区呈现较为明显的区域分异特征，西部地区国家级酒泉经开区、金昌经开区主要发展风光新能源及装备制造业、有色冶金新材料及深加工产业、新型建材产业；张掖经开区主要发展非金属矿产资源加工和农副产品加工。东南部的天水经开区重点布局先进装备制造产业、电工电器电子信息产业及有色冶金产业。甘肃省国家级经开区主导产业概况如表3所示。

**表3　甘肃省国家级经开区主导产业**

| 经开区 | 规划主导产业 |
|---|---|
| 兰州经开区 | 总部经济、有色冶金、先进装备制造、现代物流、生物医药等产业 |
| 金昌经开区 | 有色金属深加工、化工循环经济、新能源及装备制造等产业 |
| 天水经开区 | 机械制造、电工电器、电子信息、医药食品等产业 |
| 酒泉经开区 | 新能源装备制造、生物制药、农副产品精深加工等产业 |
| 张掖经开区 | 特色农副产品加工、有色冶金新材料、生物制药、现代服务业等产业 |

资料来源：《甘肃省人民政府办公厅关于印发甘肃省“十三五”开发区发展规划的通知》，2016。

## （三）投资规模现状

2018年，甘肃省5个国家级经开区完成固定资产投资246.5亿元，其中：兰州经开区完成固定资产投资188.7亿元，占到5个经开区总量的76.55%，张掖经开区固定资产投资规模最小，为5.34亿元，占到5个经开区总量的2.17%。三年来，5个经开区固定资产投资状况如图5所示。

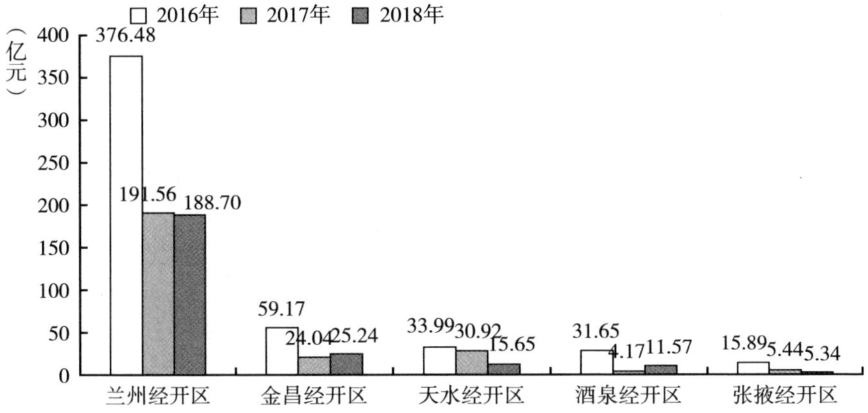


**图5　甘肃省国家级经开区固定资产投资状况**

## （四）产出效益现状

2018 年甘肃省 5 个国家级经开区财政收入合计 171.73 亿元，税收收入合计 122.02 亿元，其中：兰州经开区和天水经开区得益于经开区交通便利，投资环境较完善，工业基础较好，财政收入占到 5 个经开区总量的 78%，税收收入占到 5 个经开区总量的 69%，财政回馈度较高（见图 6）。

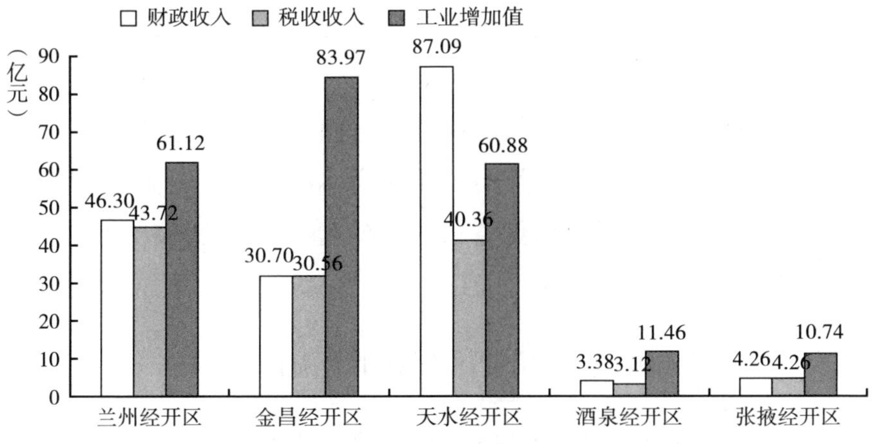


**图6　2018 年甘肃省 5 个国家级经开区产出效益状况**

### （五）入驻企业现状

截至2018年底，5个国家级经开区累计入驻企业4037家，其中兰州经开区1436家，金昌经开区794家，天水经开区461家，酒泉经开区770家，张掖经开区576家，吸纳就业人员约20万人，起到了较好的区域带动作用。国家级经开区内共有外资企业23家，其中，兰州经开区12家，天水经开区3家，酒泉经开区5家，张掖经开区3家。

### （六）利用外资现状

2018年，5个国家级经开区积极落实优惠政策，加大招商引资力度，实际利用外资2399.62万美元。兰州经开区全年签约引进项目5个，总投资额达6.07亿元，已开工建设4个，开工率达80%，资金到位率达14%。国家级经开区内23家外资企业合同外资额1亿美元，实际利用外资1亿美元。

## 三　甘肃省国家级经开区存在的问题和面临的挑战

从总体来看，尚处于成长和转型期的甘肃省国家级经开区仍然存在基础设施配套滞后、综合经济实力不强、产业层次不高、科技创新能力弱、管理体制和运行机制待理顺等方面的问题。这些问题阻碍了经开区的进一步开放开发，削弱了其作为体制机制先行先试的示范作用，也使经开区与全国及西部省份国家级经开区相比较，发展滞后，大而不强，发展差距明显。

### （一）甘肃省国家级经开区存在的问题

1. 综合经济实力不强，发展受到区位条件制约

目前甘肃省国家级经开区虽然已初步形成了先进装备制造、新能

源及装备制造、有色冶金、农副产品精深加工、生物医药等产业集群，但整体发展水平不高，总体实力不强，没有真正形成主导产业集聚，对相关产业链的带动力、吸引力、影响力不强。酒泉、张掖经开区升级为国家级经开区较晚（2013 年），享受国家级优惠政策较迟，在经济运行、招商引资、投入产出等经济实力方面的积累较少，酒泉经开区的主导产业极大部分依赖当地资源，受资源减少及国家去产能政策影响，生产总值与兰州、天水经开区有较大差距。另外，甘肃省地处祖国西北内陆，不沿边，不靠海，受区位条件制约，企业运输成本增加，园区大多数企业投资扩张意愿不强，项目投资后劲不足，导致经开区发展和转型升级缓慢。

2. 国家级经开区基础设施建设滞后

甘肃省国家级经开区近年来不断加大基础设施建设投入，但仍然不能满足基础设施配套的要求，部分产业园区道路、供水、供电、供气热、排污等设施尚不完善，智慧园区建设、投融资平台建设等配套服务平台也不具竞争力。虽然各国家级经开区通过各种形式筹措资金，启动基础设施建设，但由于投入需求太大，资金严重匮乏，基础设施建设滞后于项目建设，给项目引进、企业运行带来影响。此外，甘肃省国家级经开区以工业经济为主，增值税是其主要的税收组成部分，现行税制下“国家、省、市、经开区”依层留成的方式使经开区财力疲弱，支撑有限。

3. 产业层次不高，创新能力不强

目前甘肃省处于工业化中期阶段，国家级经开区整体处于产业聚集阶段，经开区内产业除了政府主导、“地理”聚集，还有因“政策寻租”效应形成的产业聚集，具有真正的专业化分工和区域竞争优势的产业集群较少，产业层次不高，科技创新能力弱，产品附加值不够高，自主知识产权和知名品牌较少，缺乏竞争力强、创新型领军企业，经开区先行先试功能弱化。

4. 国家级经开区缺乏明确的法律地位

国家级经开区管理机构具备同级人民政府权限。作为派出机构，依据授权行使经济社会发展、服务、监督职能。目前，甘肃省尚未出台有关国家级经开区的专门法规，对国家级经开区的功能定位、管理模式、组织原则和组织形式没有从法律上予以明确，经开区管委会非独立行政机构，定性不明确，行政授权缺失，执法权限不明，指导监督滞后等问题导致经开区内设机构如建设部门、环保部门、国土安全部门独立执法遇到阻碍，需要相关上一级职能部门（具备执法资格）进行协调才得以进行，这种低效率使经开区在宏观控制和管理上缺乏力度，无法在环境建设、产业发展、公共服务等方面发挥应有的作用。

5. 国家级经开区管理体制和运行机制待理顺

国家级经开区建立初期，管委会模式精简高效。随着经开区的不断发展，经开区管委会权限下放不充分、不到位，部分职能缺失的弊端逐渐显现。作为地方政府的派出机构，经开区在土地征用、规划批复、资金融通、人才交流等方面仍然拘囿于其他相关部分，市级管理权限遭遇尴尬。国家级兰州、金昌、张掖、酒泉经开区除项目审批权限外，将原本下放给经开区的国土、规划、财政等行政管理权限逐一上收，有些虽未上收但须逐事逐项上报审批，程序烦琐，周期较长，给企业增加了时间成本。另外，国家级经开区管理机构降格对经开区招商引资、宣传推介及对外交流合作也有一定的影响。

6. 与全国及西部省份国家级经开区相比较，甘肃省国家级经开区发展滞后

在省域范围内35个省级以上开发区年度考核排名中，5个国家级经开区基本上处在上游水平（见表4），但从全国范围来看，甘肃省国家级经开区年度排名总体靠后。自2016年起，商务部对国家级

经开区发展水平实施动态考核管理，从国家级经开区产业基础、科技创新、区域带动、生态环保、行政效能等5大方面设置了53项考核指标进行综合水平考核评价。对当年考核评价结果处于最后10名的国家级经开区予以通报和约谈，对连续两次考核评价结果处于最后5名的国家级经开区按程序报国务院批准降为省级经济开发区。从年度排名来看，甘肃省5个国家级经开区排名位置都比较靠后，考核名次呈逐年下降态势。2018年，兰州经开区排名第173位，天水经开区排名第165位，金昌、酒泉、张掖经开区排名靠后，面临被商务部约谈甚至降级的境地[①]。

**表4　2016~2017年甘肃省5个国家级开发区年度考核排名**

| 开发区 | 2016年得分 | 排名 | 2017年得分 | 排名 |
|---|---|---|---|---|
| 兰州经开区 | 87.814 | 2 | 86.25 | 2 |
| 金昌经开区 | 82.311 | 4 | 78.93 | 4 |
| 天水经开区 | 84.246 | 3 | 81.79 | 3 |
| 张掖经开区 | 77.76 | 6 | 75.14 | 7 |
| 酒泉经开区 | 77.036 | 8 | 75.04 | 8 |

资料来源：甘肃省国家级经开区网站。

与西部省份国家级经开区相比较，甘肃省国家级经开区呈现“大而不强”的特征：在数量上，甘肃省国家级经开区多于邻近省份新疆、陕西、青海及宁夏，在发展速度方面低于宁夏回族自治区，在发展质量及效益方面远低于陕西。综合来看，无论是竞争力还是整体发展水平都居西北五省区中下游，与西南重庆、成都相较，差距愈加明显[②]（见表5）。

① 《中国开发区年鉴》，中华人民共和国商务部网站。

② 沈丽莉：《开发区如何谱写产业承接“大文章”》，《甘肃日报》2015年9月24日。

**表 5　西部省份国家级经开区一揽**

| 省份 | 开发区 | 2017 年排名 | 2018 年排名 |
|---|---|---|---|
| 四川（8） | 成都经开区 | 综合排名第 12 名 | 综合排名第 19 名 |
| | 广安经开区 | | |
| | 德阳经开区 | | |
| | 遂宁经开区 | | |
| | 绵阳经开区 | | 综合排名第 29 名 |
| | 广元经开区 | | |
| | 宜宾临港经开区 | | |
| | 内江经开区 | | |
| 贵州（2） | 贵阳经开区 | 综合排名第 109 名 | 综合排名第 36 名 |
| | 遵义经开区 | | |
| 陕西（5） | 西安经开区 | 综合排名第 22 名 | 综合排名第 17 名<br>利用外资第 5 名<br>西部省区第一 |
| | 陕西航空经开区 | | |
| | 陕西航天经开区 | | 科技创新第 4 名 |
| | 汉中经开区 | | |
| | 神府经开区 | | |
| 青海（2） | 西宁经开区 | 综合排名第 50 名 | |
| | 格尔木昆仑经开区 | | |
| 宁夏（2） | 银川经开区 | 综合排名第 75 名 | 综合排名第 98 名 |
| | 石嘴山经开区 | | |

资料来源：《中国开发区年鉴》，中华人民共和国商务部网站；各地经开区网站。

### （二）甘肃省国家级经开区发展面临的挑战与机遇

国家级经开区是在特定经济结构背景下，作为体制改革试验的特定政策的空间载体逐渐演化成为发展增长极的。随着经济社会结构的深度变迁，以及自身经历多年快速发展后的多重变化，国家级经开区在新的历史阶段面临新的挑战和机遇①。

1. 面临的挑战

首先，世界经济出现了新的变化，国际产业转移更加注重承接地区域整体竞争力、投资软环境、产业集群及消费市场的需求。那些基础设施完善、产业链完整、配套能力强、产业特色明显的经开区更有可能得到国际产业转移的垂青。

其次，全球经济低迷，国内外竞争加剧。中国经济开始减速、调挡，随着劳动力成本不断上升、土地调控、节能减排、安全生产、行政性新区设立，国家级经开区发展压力重重。

再次，政策红利渐失。自20世纪90年代末始，随着改革开放初期一系列优惠政策的相继取消，经开区的财政、税收、投资、土地等方面政策渐渐与非经开区一致，政策优势的减弱使国家级经开区发展面临竞争和挑战。

最后，受全国经济下行压力影响，国内区域间竞争激烈，与东部发达省份相比较，甘肃省竞争力不强，加之西部省份经开区如西咸新区、贵安新区等的快速发展，甘肃省国家级经开区在承接产业转移、招商引资等方面面临严峻挑战。

2. 发展机遇

首先，我国深入实施“一带一路”倡议，对于身处经济带黄金段的甘肃省，政策优势、区位优势及资源优势叠加，都有助于甘肃省国家级经开区深度参与经济带沿线省区及国际合作，进一步提升对外开放水平。

其次，十八届五中全会提出了“创新、协调、绿色、开放、共享”理念，十九大提出区域协调发展战略，促进实现区域协调发展，

① 黄建洪：《国家级开发区转型升级中的治理体制机制创新：向度与题域》，《中国行政管理》2019年5月1日。

努力平衡东部地区和西部地区、沿海和内地的发展。处于西部地区的甘肃省国家级经开区可以积极利用更多的倾斜政策。

最后，2019年5月，《国务院关于推进国家级经济技术开发区创新提升打造改革开放新高地的意见》（国发〔2019〕11号）印发[①]。意见明确要以高质量发展为目标，坚持供给侧结构性改革，大力激发对外开放活力，努力提升经济发展质量，以新的发展理念推动国家级经开区制度创新、科技创新，打造改革开放新的高地。此次国家级经开区政策红利不仅会促进经开区综合实力的提升，而且支持的重点放在了欠发达地区。①实行差异化的区域政策，相关中央预算内投资和中央财政专项转移支付继续向中西部欠发达地区和东北地区老工业基地倾斜。②地方人民政府可统筹上级转移支付资金和自有资金，对符合条件的中西部欠发达地区和东北地区老工业基地区域内国家级经开区基础设施建设、物流交通、承接产业转移、优化投资环境等项目，提供相应支持[②]。③国家重大产业项目优先规划布局在国家级经开区。地方人民政府要对国家级经开区推进主导产业升级予以适当支持。意见为甘肃省经开区转型升级、创新发展提供了有利的政策支撑。

## 四　甘肃省国家级经开区发展的政策建议

### （一）明确目标定位，推动经开区高质量发展

推动甘肃省国家级经开区发展，必须回归到经开区设立的根本动因，必须明确发展的目标定位。根据国务院指导意见，国家级经开区

① 《国务院关于推进国家级经济技术开发区创新提升打造改革开放新高地的意见》，中国吉林网，2019年5月29日。

② 《国务院关于推进国家级经济技术开发区创新提升打造改革开放新高地的意见》，中国吉林网，2019年5月29日。

建设的目标是带动地区经济发展和实施区域协调发展，构建开放型经济新体制，培育吸引外资新优势，成为绿色集约发展、科技创新驱动的示范区，成为“大众创业、万众创新”的落脚地①。国家级经开区应着力在理念、模式及管理方式等方面加快转型、创新发展。通过落实“创新、协调、绿色、开放、共享”五大发展理念和深化供给侧结构性改革，努力实现由要素驱动向创新驱动为主转变，由工业制造为主向制造业服务业融合发展转变，由同质化竞争向差异化发展转变，由追求规模速度向追求质量效益转变，由招商引资为主向招商引智转变，由硬环境见长向软硬环境综合转变。促进国家级经开区高质量发展，在更高层次参与国际、国内经济合作与竞争。

### （二）政府有效引导，推动国家级经开区转型升级

未来国家级经开区的发展重点应该是社会转型、经济转型以及生态转型。国家级经开区的转型升级应是凝练特色、去除冗余、形成优势的过程，也应是优化治理和创新持续的过程。

首先，甘肃省应推动经开区向生态型转变。树立集约、效益、创新、绿色、生态的发展理念，推动经开区发展方式转变、产业链整合、研发设计创新、竞争力提升，促进产业结构向高附加值转变，向高效、高端转变。其次，甘肃省应推动现有制造业向“制造 + 研发 + 营销”转变，大力发展“四新经济”（新模式、新产业、新业态、新技术），努力培养具有先导力的创新型增长点。最后，甘肃省要积极探索产业转型发展促进机制，聚焦战略性新兴产业，对接《中国制造 2025》，促进移动互联网、大数据等与制造业结合，寻求新材料、新能源等新兴产业的突破，努力打造“集成孵化器”以促进新兴产业发展。

---

① 杨霁帆：《我国经济技术开发区对区域经济增长的溢出效应研究》，深圳大学博士学位论文，2017。

政府的政策导向对经开区的转型升级有着重要的引领作用和平衡作用。政府需要关注两种平衡。一是积极有为与适度无为的平衡。一方面政府需要通过采购政策、税收减免、R&D 资助等方式激励企业创新、转型，另一方面又要避免因为政策不当而形成的负向激励以及由此产生的“假创新”“伪研发”。二是“扶优扶强”与“扶新扶弱”的平衡。双创背景下的强、优意味着品质化“增长极”，政府要扶；新、弱代表成长中的潜力“增长极”，政府也要扶。因此政府需要精准甄别，有效引导，推动国家级经开区创新转型。

### （三）完善体制机制，加快国家级经开区创新驱动发展

创新是引领高质量发展的核心，是促进国家级经开区可持续发展的根本措施，也是甘肃省国家级经开区转型升级的客观方向。

经开区应以市场为导向构建科技创新体系，以新的发展理念，以宽松、适宜的创新创业氛围，以高效、简洁的公共服务水平支持企业自愿创新、主动创新。经开区应以资源聚集为目的建设产业技术创新平台，着力打造产业创新中心，以特色、集约、创新等优势提升经开区先进制造业的国际竞争力。

经开区应以区内企业共性需求为导向建设创新服务平台。包括技术研发平台、知识和信息共享平台、科技成果转化平台、科技金融服务平台等在内的创新服务平台应该成为创新驱动阶段国家级经开区最重要的基础设施。

国家级经开区应创新管理运营机制，积极探索建立企业参与开发区开发建设的会商议事决策机制，支持企业按照共建共享原则建设开发区，参与开发区招商引资工作，进一步提升开发区管委会服务效能。

国家级经开区应完善人才引进政策和机制，吸引国内外创新创业团队和高层次管理和技术人才，建立、创新包括科研经费使用、专利

产权归属、技术股权入股、科技成果评价等在内的激励制度。加强人才培养，探索、试点专业技术人才的定向培养和联合培养制度。

国家级经开区应建设高品质的生活空间。创新驱动阶段，知识和智力成为国家级经开区第一生产要素，国家级经开区的竞争将由吸引“资本”转向吸引并留住“人才”。宜居、人性化、高品质的生活空间是吸引人才和留住人才的先决条件，也应成为未来国家级经开区竞争的着力点。目前居于配套位置的居住、商业、医疗、教育等设施将成为创新驱动阶段国家级经开区发展的重要“基础设施”。

## （四）复制推广自主创新示范区改革试点经验，提升经开区开放水平

《国务院关于推进国家级经济技术开发区创新提升打造改革开放新高地的意见》的核心要义是充分发挥国家级经开区对外开放平台作用，实施更大力度的开放。意见鼓励国家级经开区复制、推广自主创新示范区、自贸实验区的试点经验，率先将国家科技创新政策落实到位[①]。从实践发展来看，目前已经建立了12个自贸实验区，这12个自贸实验区都是以国家级经开区为基础依托发展建设的[②]。可以说，经开区是自贸实验区的一个测试平台。

2018年国务院批复兰州、白银高新技术产业开发区建设国家自主创新示范区，将由国家部级协调小组统筹指导兰、白高新技术产业开发区建设国家自主创新区工作，国家在重大项目安排、政策先行先试、体制机制创新等方面将给予支持。甘肃省必须抓住这样的机遇，积极开展科技体制改革和机制创新，在科技成果转化、双创服务体系建设、科技金融结合、知识产权保护与运用、军民深度融合、实现绿色发展、

① 《国务院关于推进国家级经济技术开发区创新提升打造改革开放新高地的意见》，中国吉林网，2019年5月29日。

② 邱海峰：《经开区，加速融入全球价值链》，《人民日报》（海外版）2019年6月11日。

对外开放合作等方面探索示范，推动更多符合甘肃发展实际的自贸区政策在国家级经开区落地落实，进一步提升甘肃省国家级经开区的开放水平①。

### （五）树立法治行政理念，推动经开区治理体制机制法治化转型

法治是理性化的治理方式。服务型法治政府的核心在于通过确权规则、用权规则、评权规则、督权规则创建政府权力规则，进而实现治理体制的法治化。经开区治理体制机制法治化转型首先需要实现政府职能、组织机构及管理方式的转型。法治行政理念下政府职能转型在于创造良好的投资环境、提供优质的公共服务及维护公平的市场竞争秩序；组织机构转型在于组织机构的法治化、规范化及科学化；管理方式转型的核心要义在于规范有序、便利高效及公开透明。其次，要在经开区机构设置、职能分配、权能配置、人员调配等方面建立起刚性约束，将决策、执行、监督都纳入规则化、程序化的轨道中，并依据明示的法律规则进行管理。最后，在政府“放管服”改革、信息公开等方面也需要运用法治化规范、市场化工具、社会化手段依法行政。

## 参考文献

郝红梅：《国家级经开区的转型升级与创新发展》，《对外经贸》2017 年第 7 期。

王鹏：《基于综合水平、要素贡献及效率评价的甘肃省开发区发展特征研

① 《国务院关于同意兰州、白银高新技术产业开发区建设国家自主创新示范区的批复》，《中华人民共和国国务院公报》2018 年 2 月 28 日。

究》，兰州大学博士学位论文，2018。

黄建洪：《国家级开发区转型升级中的治理体制机制创新：向度与题域》，《中国行政管理》2019 年第 5 期。

周子勋：《改革创新风又起　吹皱国家级经开区发展“一池春水”》，《中国经济时报》2019 年 6 月 6 日。

市政府办：《砥砺奋进铸辉煌　逐梦前行谱华章》，《金昌日报》2019 年 9 月 17 日。

# B.12
# 甘肃民营企业发展环境调研报告

燕星宇*

**摘　要：**　本文依据对兰州新区、定西市、庆阳市、酒泉市、陇南市的部分县区实地的调研资料，结合当地政府部门、金融机构、企业和部分商会交流座谈成果，立足当前民营企业发展现状，发现突出问题，在总结好经验、好做法的基础上，经过深入研究分析，本文提出了改善甘肃民营企业营商环境，推动甘肃民营企业更好发展的对策建议。

**关键词：**　民营企业　营商环境　甘肃

改革开放40年来，民营企业贡献了50%以上的税收，60%以上的国内生产总值，70%以上的技术创新成果，80%以上的城镇劳动就业，90%以上的企业数量，我国民营企业已经成为推动经济发展不可或缺的坚强力量，成为创业就业的主要领域、技术创新的关键主体、国家税收的重要来源，为我国社会主义市场经济发展、政府职能转变、农村富余劳动力转移、国际市场开拓等发挥了重要作用。习近平总书记在民营企业座谈会上强调，民营经济是社会主义市场经济发展的重要成果，是推动社会主义市场经济发展的重要力量，是推进供给

* 燕星宇，甘肃省社会科学院研究实习员，主要研究方向为产业经济和农村经济。

侧结构性改革、推动高质量发展、建设现代化经济体系的重要主体。因此，壮大民营经济、推动民营企业良好发展是实现经济高质量发展的必然要求，优化营商环境、构建“亲清”新型政商关系是推动民营企业行稳致远的重要举措。

## 一　优化营商环境改革新成效

近年来，甘肃省先后推出一系列优化民营企业营商环境的改革举措，省委、省政府先后出台一系列优商惠商的政策性文件，开展“转变作风改善发展环境建设年”活动，不仅催生了大量新的民营企业市场主体，也吸引了各方面的关注和投入，逐步营造出亲商、爱商、富商的社会环境。2019 年上半年，全省实施省外招商引资项目 1161 个，到位资金 1186 亿元，同比增长 16%，刚刚闭幕的“一会一节”又有总投资 92 亿元的 50 个文旅项目签约成功。这说明，甘肃的知名度、吸引力有所提高，外界看好甘肃、投资甘肃的预期和信心在不断增强。笔者在实地走访中，深切感受到甘肃省营商环境各项改革正在相继落地并对民营企业更好发展产生实效。

### （一）市场准入“低门槛”

近几年，通过深化行政审批制度改革，甘肃省持续简政放权，大幅减少行政审批事项，已累计取消、下放行政审批事项近 2000 项；通过推进商事制度改革，先后推出年检改年报、“先照后证”、“一址多照”、“多证合一、一照一码”等一大批改革举措，在全国率先取消各类工商收费，核发电子营业执照近 15 万份，不断激发市场活力和社会创造力，提升企业注册登记的便利化程度，使市场主体的投资、经营自主权不断扩大；通过制定和实施《市场准入负面清单（2018 年版）》，推动“非禁即入”普遍落实。2019 年以来各地推动建立新兴产业包容审慎监管制度，鼓励支持新业态、新模式、新产业发展。这些改革措施，极大地激发了全社会的投资创业热情，呈现各类市场主体数量倍增、新产业新业态新模式大量涌现的良好态势。2019 年上半年，全省新增非公经济市场主体 12.84 万户，累计达到 161.76 万户，同比分别增长 11.61%、9.28%。同时，进一步放开民用机场、基础电信运营、油气勘探开发、国防科技、金融等领域的投资主体限制，鼓励和引导社会资本更多投向绿色产业和生态环境治理，有效地激发了民间投资活力，促进了全省经济持续健康发展。

### （二）创业办事“高效率”

各级政府以群众和企业需求为导向，在项目投资、企业开办、纳税、不动产登记等事项办理上简化审批环节、压缩审批时限、加快审批进程。全省企业名称自主申报系统上线运行后，公章刻制网点嵌入工商登记业务系统，实现一次提交、信息共享、限时办结，进一步缩短了企业开办时间。目前，大部分地区企业开办时间压缩到 5 个工作日以内；在兰州等城市，开办一家企业最快的只需要 1 个小时。大力推行企业投资项目承诺制改革，探索推行“模拟审批”“容缺受理”“区域评估”“企业投资项目代办制”等模式，提升企业投资项目审批落地效率。利用投资项目在线审批监管平台，基本实现投资项目“一次登录、全网通办”。到 2019 年 6 月底，全省通过在线平台受理项目审批核准备案 5830 个，办结 5342 个。持续推进工程建设项目审批制度改革，优化工程建设项目审批流程，缩短审批时限。税务部门实施“便民办税春风行动”，推动办税事项“最多跑一次”，在资料完整且符合法定受理条件的前提下，纳税人最多只需要到税务部门跑一次；升级完善“不来即享”等服务举措，扩大“不来即享”的业务范围。创新优化电子税务局功能，扩大同城通办和全省通办的业务范围，完善网上办税、手机 App 办税、微信办税和自助终端办税等服务渠道，提升12366“一键咨询”“一人通答”服务水平；简化享受减税降费政策所需资料，实现小规模纳税人只需如实填写申报表就可通过系统自动识别享受优惠政策。

### （三）企业发展“低成本”

通过全面清理全省各级政府部门及下属单位涉企收费，推动整治政府部门及下属单位利用行政权力强制服务、强制收费等违规收费行为；通过全面梳理政府定价目录内容中各项涉企经营服务性收费，将政策明确取消、停征、免征的收费项目一律停收，做到“目录之外无定价”。2019年，全省实施了更大规模的减税降费政策，累计新增减税降费81.22亿元；其中民营企业新增减税55.81亿元，占全省新增减税总额的82.1%，是这轮大规模减税降费最主要、最直接、最受惠的受益群体。全面停止政府还贷二级公路收费，取消铁路护路联防费、文物保护维护费等省级行政事业性收费18项。5月以来，全力推进电力直接交易，降低企业成本约10亿元。下调非居民天然气门站价格，全省工业用户节约用气成本约16亿元。对全省公共资源交易平台上开展的交易活动一律免费提供电子标书，在全国率先实现了“免收标书费”，为投标企业减少交易成本1亿元以上。

### （四）政务服务“高质量”

持续深化“一窗办一网办简化办马上办”改革，提升政务服务大厅服务功能，按照“一窗受理、集成服务”要求，完善各级综合性政务大厅“前台综合受理、后台分类审批、统一窗口出件”的集中服务模式，推进政务服务事项实现“一窗”分类受理，持续减少企业和群众到政府办事提供的材料数量。截至目前，1644项政务服务事项实现“最多跑一次”。依托甘肃政务服务网，建设完善全省一体化在线政务服务平台，加快建设市县一体化在线政务服务平台，优化完善政务服务平台门户及移动端，建设完善政务服务平台政务服务事项库、统一身份认证、电子证照、电子印章、运维管理、安全中心等业务系统。持续开展“减证便民”行动，“品行证明”等没有法律依据的一律取消，“安全监管证明”“工商营业执照”等能通过信息共享的一律取消，减少“奇葩证明”“循环证明”，避免用烦琐证明来回折腾企业和群众。兰州新区等地政府建立领导干部联系包抓企业制度，各部门主动推出“上门服务”，通过定期上门问需问难，协调推动各类政策措施有效落地，受到广大企业欢迎。

## （五）市场环境“严监管”

以事中事后监管为重点，完善“一单两库一细则”，开展“双随机一公开”监管，建立以信用监管为核心的新型监管体系，推进市场主体的各项检查事项全覆盖。2019 年上半年，全省各级行政执法部门开展双随机抽查检查 4043 批次 159205 户，跨部门联查 277 批次 4098 户。全省 23829 户市场主体被列入经营异常名录，460 户企业被列入严重违法失信企业。建立守信联合激励和失信联合惩戒机制，省直有关部门签署农资、统计、交通、税收、海关、金融、电力等领域联合惩戒备忘录，省级信用信息共享平台整理归集行政许可、行政处罚信息近 2000 万条，并对 8686 名失信被执行人进行任职限制，形成一处违法、处处受限的局面。政法机关推出优化营商环境“30 条”措施，截至 2019 年 1 月，检察机关筛查产权涉企案件 8698 件，司法行政部门组建 50 个法律服务团队，深入民营企业开展“法治体检”活动，为全省营造良好营商环境提供法治保障。在甘肃政务服务网设置“社会信用信息查询”专栏，实现了一个平台查信用。与省市场监管局、省税务局等 40 多家单位实现数据对接和信息共享。开展涉金融企业、交通领域和政府机构等失信问题专项治理，大力推动统一社会信用代码在相关领域使用。

## 二　民营企业发展亟须解决的问题

当前，民营企业发展面临的问题主要是融资贵、融资难，这与我国金融机构风险评价体系不健全、征信系统不完善、银行系统绩效考核等现实因素相互交织，形成了民营企业处在半停半开、金融机构不敢放贷的两难处境。

### （一）民营企业融资贵、融资难

从全国规模以上工业企业看，过去两年民营企业利润总额增速分别为11.7%、11.9%，虽然不及国有企业的41.7%、12.6%，但至少依然保持正增长。不过利润下滑现象值得重视。数据显示，规模以上工业国有企业利润总额从2017年的1.67万亿元上升到1.86万亿元，但规模以上工业民营企业却从2.38万亿元下降到1.71万亿元。加上银行存款成本的上升，导致银行利率收窄、存贷款利率持平甚至倒挂，推高了融资成本。

融资难是民营企业发展面临的更为严峻的问题。首先，来自市场经济大环境的压力。2018年下半年以来，受债券违约、股权质押平仓风险等影响，金融市场和金融机构对民营企业的风险偏好下降，民营企业整体融资出现困难，影响了企业流动性。其次，来自金融机构的歧视。主要表现为对民营企业的区域歧视和政策歧视，即有些金融机构只做发达地区的业务，对民营企业施行有别于国有企业的融资额度，放款不能一次到位分阶段进行等。此外，虽然融资工具不少，但达标的民营企业并不多，使得众多的民营企业在银行之外再无融资门路。

### （二）地方政府偿债能力减弱，金融机构的资本约束和负债约束

一些规模不大的民营企业在付款周期方面较少有讨价还价的余

地，一般面临给政府做的项目都是通过垫资形式，以前首付款比例能到40%，后来只能付到30%，现在降到20%，付款周期大大拉长。地方政府偿债能力的减弱，将这部分压力转嫁给上游供应商，致使中小企业陷入债务链。

以银行为代表的金融机构主要受制于资本约束和负债约束。2017年起，银行业资金流动性普遍趋紧，利率市场化竞争激烈，银行自身的资金成本压力加大，间接抬高了企业的融资成本。由于甘肃省征信系统建设不完善，企业信息散落在工商、税务等多个单位和部门，信息不共享导致银行获取客户信息不完全，调取企业信息需要额外付费，大大增加了银行放贷成本。加上风险评估体系传导不灵敏，企业多头贷款、过度融资等问题不断出现，增加了银行等金融机构负债风险。

### （三）政务服务质量和水平不高，有力有效的市场监管亟待形成

惠企政策的发布渠道还比较分散，公开形式单一，市场主体知晓度不高，落实不及时、不具体、不连续、不到位，抑制了政策红利效应发挥。一些政务服务部门的干部对民营企业只“清”不“亲”、“敬而远之”，为求“干净”规避沟通联系，服务效果不佳。

总体来说，各级政府部门的管制思想还是比较严重，服务意识、成事意识不强，存在执法裁量权过大，执法机械、不科学的现象；不执行行政复议、仲裁和法院判决结果的现象；利用执法便利向企业直接或变相“吃、拿、卡、要”的现象；以及执法不公正、寻租谋利，执法流程与标准缺乏或模糊、不明确等现象。政府部门在履行企业合作、采购等合同、协议时，有不完全履行约定义务（打折履行）、迟延履行约定义务、不依法承担相应违约责任、不履行约定义务等问题。调研还发现一些政府部门干预、干扰企业的隐性变异现象，如强制开展企业各类评比，变相进行（废止的）资格资质认定，索要没

有法律、法规依据或超越职权的证明与盖章，行政检查过于频繁，效率低下，综合执法流于形式等。

## 三　民营企业发展行稳致远的几点建议

通过总结甘肃省民营经济营商环境改革的好经验、好做法，盘点现阶段存在的问题，在此基础上，结合实地调研的亲身感受，对今后民营企业发展提几点建议。

### （一）坚定信心鼓足干劲

信心、干劲从何而来？至少有这样三个方面。一是习近平总书记在甘肃视察调研并发表重要讲话，作出系列重要指示，给甘肃省当前和今后的发展提供了思想指引、行动指南和强大精神力量，让我们深受教育，倍受鼓舞，极大提振了全省上下砥砺前行、干事创业的斗志和干劲。

二是从中央到地方都加大了对民营经济发展的扶持力度，特别是2018年习近平总书记主持召开民营企业座谈会后，各级各方面都迅速行动起来，政策出台之密、涵盖领域之广、含金量之高，都是不多见的。最近召开的中央全面深化改革委员会第十次会议通过了《关于营造更好发展环境支持民营企业改革发展的意见》，国务院新闻办10月23日举行的政策例行吹风会上解读了将于2020年1月1日起施行的《优化营商环境条例》，甘肃省也出台了促进中小微企业高质量发展58条等一系列政策措施，设立了纾困基金、并购基金、倒贷基金，还将每季度召开民营企业座谈会作为一项制度化的安排固定了下来，让企业家的困难、问题和意见、建议能够及时得到回应和处理。

三是民营企业自身也在不断发展壮大。近两年来，许多民营企业坚定贯彻新发展理念，坚持以供给侧结构性改革为主线，积极贯彻国家在环保、社保、质量、安全、信用等方面的法律法规和制度标准，在较短的时间里完成了自身发展的升级，适应了高质量发展的要求。

## （二）抢抓机遇谋发展

当前，甘肃的民营经济发展确实迎来了难得机遇，拥有光明前景。一是外界的预期在改变。特别是习近平总书记来甘肃考察调研后，无论是各大报纸、杂志等传统媒体，还是微信、微博、今日头条等新媒体，解读甘肃文化、点赞甘肃美景、讲述甘肃故事的内容瞬间多了起来，占据了很大的篇幅，这种热度至今还在持续。加上前段时间王健林、马云等知名企业家也都来到甘肃洽谈对接，展现出投资甘肃的极大热情，甘肃迎来了发展的“高光时刻”。

二是政策的红利在叠加。习近平总书记在重要讲话中对甘肃省的工作给予充分肯定，对甘肃省提出的发展绿色金融等请求事项都现场作出了回应，责成中央有关部门抓紧研究论证。此外，党中央国务院出台的推动西部大开发形成新格局的指导意见，里边有很多利好甘肃的政策。2019 年 8 月 16 日，李克强总理在国务院常务会议上，对运用市场化改革办法推动实际利率水平明显降低和解决“融资难”问题作了安排部署，特别强调要加强对有订单、有市场、有信用企业的信贷支持，确保不发生不合理抽贷、断贷。加上最近的央行降准，降幅 0.5 个百分点，将释放长期资金约 9000 亿元，民营企业要加强对政策的研究和运用，充分享受政策红利，让好政策带来好效果。

三是发展的舞台在扩大。全省正在大力推动的十大生态产业、“一带一路”五个制高点、现代丝路寒旱农业等重点工作，得到了总书记的肯定，要求一年一年抓下去，目前这些工作已经由蓝图策划阶段进入密集施工阶段，甘肃省民营企业完全可以大显身手、大展才华，力争在一些领域唱主角、挑大梁。

## （三）企业和产业加快转型升级

习近平总书记强调，要围绕强龙头、补链条、聚集群，加快改造传统产业，大力培育新兴产业，推动创新要素汇聚，激发实体经济活力，形成更具竞争力的产业格局。“强龙头、补链条、聚集群”这九个字，既是提升产业发展层次水平的依据，也是甘肃省民营经济今后努力的方向。

一要做好强龙头的工作。不久前，全国工商联发布了“2019 年中国民营企业 500 强”榜单。从公布数据看，浙江共有 91 家民企上榜，占到总数的 18%，是全国入选最多的省份，这也是浙江连续 21 年上榜数量位居全国第一；江苏共有 83 家企业入围，位居第二；广东共有 57 家企业上榜，总量低于浙江、江苏，但榜单前 10 强中，广东占了四个，分别是华为、正威、恒大和碧桂园，而且 57 家企业过去一年的营收高达 5.09 万亿元，位居全国第一。甘肃仍然没有一家企业上榜，与青海、西藏和云南一起，成为没有企业上榜的四个省份之一。然而早在 2011 年，甘肃盛达集团曾上榜民企 500 强。这其中的原因是多方面的。

二要做好补链条的功课。甘肃省的民营企业存在产业链不全、不优，优势特色还没发挥出来等短板，习近平总书记在 2019 年经济工作会议上讲过提升产业链水平的问题；在分析研究上半年经济形势和经济工作时再次强调，要提升产业基础能力和产业链水平；在中央财经委第五次会议上也强调，要打好产业基础高级化、产业链现代化的攻坚战，支持上下游企业加强产业协同和技术合作攻关，在开放合作中形成更强创新力、更高附加值的产业链。因此，各相关部门要加强谋划，统筹考虑，研究拿出务实管用的延链、补链、强链措施。要抓好产业链招商，促进一批大项目好项目落地实施。

三要做好聚集群的文章。产业集群不仅能够实现规模效应、集聚效应，降低生产成本和交易成本，从而形成竞争优势；还能激发创新活力，推动企业技术创新、组织创新和制度创新。各相关部门要进一步深化对产业集群的认识，把握全省产业集群发展的阶段性特征，加强调研论证，做好顶层设计，依托重点骨干企业提升产业集群竞争力。

## （四）化解好涉企历史遗留问题

这是营商环境建设的关键举措，背后折射的就是政府的公信力，考验的就是各级政府的执行力和落实力。同样，这也是“一石三鸟”的事情，企业高兴，政府轻松，经济增长。根据甘肃省委、省政府的相关部署，各市州都做了大量工作，化解了一大批涉企遗留问题，让企业切实感受到了政策获得感。据省经合局梳理统计，全省涉企历史遗留问题129个项目中，目前已经得到基本解决的86个，占67%；剩余43个正在推进中（分别是：兰州市5个，张掖市3个，酒泉市9个，白银市8个，天水市5个，甘南州4个，陇南市3个，武威市2个，庆阳市2个，嘉峪关市1个，定西市1个）。在今后的工作中，各级各相关部门要发扬艰苦奋斗的精神，敢于攻坚克难，强化工作举措，逐级压实责任，确保尚未解决的问题一个不落地解决到位。其中，拖欠工程款是涉企遗留问题中企业反映最集中、最强烈的问题之一，李克强总理在国务院常务会议上也多次提出明确要求。据工信部门统计，全省各级政府部门、国有企业拖欠民营企业中小企业账款362.32亿元。截至2019年7月底，已清偿民营企业中小企业账款138.07亿元，当月清偿6.02亿元，清偿进度约38.1%，较上月37.0%增长了1.1个百分点，清欠工作正在稳步推进。但也要清醒看到，部分市县进度缓慢，截至2019年7月底，清偿进度在50%以上的有1个市州（嘉峪关73.9%），清偿进度在25%~50%的市州有7个（陇南47.2%，平凉36.9%，临夏35.6%，酒泉32.5%，张掖

31.8%，定西29.7%，庆阳25.5%），低于25%的有7个市州（天水22.0%，兰州新区19.8%，白银16.6%，兰州15.2%，金昌14.6%，武威14.4%，甘南州进度仅为5.3%）。此外，各市州上报台账中仍存在718家“零清偿”拖欠主体，部分市州存在瞒报漏报和“零报告”情况，个别市州对投诉举报问题核查推动不力，等等。以上问题，各级各相关部门要高度重视，采取有效措施，加快清偿进度，确保按期完成清欠任务。对于存在瞒报漏报情况的市州，要严肃追究责任，倒逼清欠任务落实。

**参考文献**

姚挚袈：《政策“大礼包”助力民营企业发展》，《新产经》2019年第4期。

剧锦文：《中国民企40年：转型升级与高质量发展》，《中国经济报告》2019年第2期。

童有好：《营造民营经济高质量发展环境的若干问题及对策》，《经济纵横》2019年第4期。

刘志彪：《现代化经济体系建设中的重要瓶颈和政策重点》，《中国经济问题》2019年第2期。

# B.13
# 甘肃营商环境评价报告

路慧玲*

**摘　要：** 营商环境是区域社会经济软实力的重要体现，直接影响着各种生产要素在区域内的聚集状况，进而对区域社会经济发展和综合竞争力产生影响。营商环境是一个多元素耦合的大系统，包含的内容要素非常丰富，因此需建立多指标评价体系，在此基础上采用综合评价的方法，对其建设水平进行定量描述。通过评价可知，纵向来看，甘肃省营商环境及各项指标的评价值逐步升高，目前甘肃省营商环境的主要短板是生活环境欠佳，市场环境发展滞后。横向来看，甘肃省内兰州市与其余市州在营商环境上层级分化非常明显，且在全国范围内看，甘肃省营商环境建设非常滞后。因此，从省级层面到各个市州的各部门，都应该充分认识自身在提升区域营商环境中的重要性，聚焦营商环境建设中存在的问题，不断增强部门之间的有效协作，提高行政效率，加大对区域营商环境的测评和监管力度，多措并举，不断提高甘肃省营商环境建设水平。

**关键词：** 营商环境　评价体系　甘肃

* 路慧玲，甘肃省社会科学院公共政策研究所副研究员，主要研究方向为区域经济。

2001～2005年，世界银行为评估各国私营部门发展环境，设计并不断完善企业营商环境的评价指标体系，从此，“营商环境”这一词汇逐步进入学术界和决策者的视野而被广泛关注。当前，营商环境已被认为是一个国家和地区经济发展软实力的重要体现。世界银行的研究表明，良好的营商环境会使投资率增长0.3个百分点，GDP增长率增加0.36个百分点，可见，一个地区营商环境的优劣程度直接影响各种生产要素的聚集状况，进而影响区域社会经济发展程度和综合竞争力。从营商环境构成要素看，它包含了社会、经济、政治、法律、文化、自然环境等多方面的内容，在研究和决策中，不同的人有不同的目标和侧重点，因此，对营商环境的定义也不尽相同。当前，我国已经将优化营商环境纳入推进城市和区域经济发展、提升区域竞争力的重大战略举措当中，习近平总书记和李克强总理在多个场合提及营商环境的重要性，并对营商环境建设做出了重要指示。

甘肃省深居内陆，受多种因素影响，经济发展长期落后。随着当前区域经济一体化发展，区域之间的竞争愈演愈烈，如何在经济发展硬条件多处受限的情况下不断实现突破，通过营商环境等软实力的提升逐步改变自身落后面貌，是甘肃省各级政府部门都十分关注的问题。近年来，甘肃省委、省政府采取一系列举措来优化甘肃省营商环境，如2018年开展的“甘肃营商环境建设年”，并以此为抓手，大力推进“放管服”改革，不断强化政府服务能力和作风建设，取得了一定的成效。为客观评价近年来甘肃省营商环境变化，并对各市州营商环境情况做一比较，本课题设计了甘肃省营商环境评价指标体系，根据年鉴数据对甘肃省营商环境进行横向和纵向评价，此外，还利用已有研究中各省级行政区营商环境的评价结果，分析了甘肃省营商环境同其他省份的差距，通过分析发现了甘肃省营商环境建设中存在的问题并提出对策建议，为政府科学决策提供实证参考。

## 一　营商环境相关研究及政策综述

### （一）营商环境评价方法

世界银行提出“营商环境”这一概念，目的是通过评价全世界各个地区的投资环境，以便为涉外投资者提供参考，因此，世界银行企业营商环境评价体系主要从开办企业、办理施工许可、获得电力、产权登记、获得信贷、保护少数投资者、纳税、跨境贸易、合同执行、破产办理等十个方面进行评价，重点考察企业在生命周期内，投资者所需耗费的时间和费用等成本。2008 年，世界银行发布《中国营商环境报告》，第一次将对中国及中国 30 个城市的营商环境数据纳入其中。随着营商环境建设进入国家顶层设计，国内对营商环境的研究大量涌现，较早的有代明开展的研究，认为营商环境包括政策、制度等软环境以及基础设施等硬环境，而宋林霖等的研究则将营商环境定义为一个多元有机复合体，其内容包括政治、经济、法制和国际环境等。基于此，不同的研究者又根据所选研究地区的实际情况，设计出不同的营商环境评价指标体系。例如，李志军设计的营商环境评价指标体系包括政府服务效率、公共服务、金融信贷服务、人力资源、创新环境、市场环境等 6 个方面，设计 17 个二级指标进行评价。《2019 中国城市营商环境指数评价报告》中，将营商环境分解为软硬环境两个二级指标，自然环境、基础设施环境、技术创新环境、金融环境、人才环境、文化环境、生活环境 7 个三级指标和 35 个四级指标。“中国县域营商环境研究”课题组设计的营商环境评价体系，则从基础设施与要素供给、市场环境与公共服务、政务环境、社会环境、现有企业县域营商环境满意度等五个方面，采取主客观相结合的方法，选择了 60 个指标进行评价。从总体看，国内关于营商环境评价的目的，更倾向于“通过推进‘放管服’改革”来服务企业发展。

### （二）甘肃省营商环境建设的重要举措

2018 年 1 月，甘肃省发展改革委与省公共资源交易局印发《关于进一步加强和规范市县公共资源交易工作的意见》，为进一步促进甘肃省公共资源交易工作的健康发展，提升项目建设绩效提供了指导性意见。2 月，甘肃省委、省政府将 2018 年确定为“深化放管服改革工作突破年”，并制定《甘肃省 2018 年推行“一窗办一网办简化办马上办”改革实施方案》，为推进“四办”改革和政府职能转变指明了方向。7 月，甘肃省人民政府办公厅印发《关于进一步压缩企业开办时间的实施方案》，为解决开办企业过程中效率低、环节多、时间长等问题，降低制度性交易成本提供了可操作性的意见。8 月，甘肃省委、省政府出台《关于进一步支持非公有制经济发展的若干意见》，对营造“亲清型政商关系”、积极引导非公有制经济发展的主要举措进行了安排部署。9 月，甘肃省人民政府办公厅关于印发《甘肃省优化建设领域营商环境实施方案》旨在贯彻落实党中央、国务院在优化营商环境方面的决策部署，不断提高行政审批效率和服务水平，积极优化甘肃营商环境，助推甘肃经济高质量发展。此后，又陆续出台《甘肃省全面推开“证照分离”改革实施方案》《关于营造企业家健康成长环境弘扬优秀企业家精神更好发挥企业家作用的实施意见》《甘肃省加快建设一体化在线政务服务平台进一步推进政务服务“一网、一门、一次”改革重点任务落实方案》《甘肃省深化“一窗办一网办简化办马上办”改革推进审批服务便民化工作方案》等，不断推进甘肃省“放管服”改革。2019 年 1 月，甘肃省委、省政府印发《甘肃省促进中小微企业高质量发展若干措施》，给出了 58 条甘肃省民营经济和中小微企业发展环境的优化建设路径。在此基础上，相关部门高度重视并积极配合，从部门职责出发，为优化营商环境建设贡献自己的智慧和力量，如甘肃省药监局出台的《关于进一步优化审批服务利企便民23条措施的通告》，为甘肃省药品生产经营企业所反映的热点、难点、堵点问题提供了解决办法。

从总体情况看，甘肃省积极落实中央关于营商环境建设的各项决策部署，并立足甘肃省发展实际，采取切实有效的措施积极营造兴商、富商、安商、护商的良好氛围，不断为甘肃省经济高质量发展注入新的活力。尤其是甘肃省委、省政府将2018年确定为“营商环境建设年”以来，甘肃省大力推进行政审批改革，使群众和企业的获得感、满意度均得以提升。

## 二　甘肃省营商环境评价

### （一）甘肃省营商环境评价指标体系的构建

如前文所述，营商环境是一个多元素耦合的大系统，包含的内容要素非常丰富，因此需建立多指标评价体系，在此基础上采用综合评价的方法，对其建设水平进行定量描述。本课题对国内外大量关于营商环境的文献进行了阅读和梳理，在借鉴已有研究的基础上，充分考虑甘肃省实际情况，基于数据的可得性、可比性、科学性等原则，建立指标体系如表1所示，其中包含7个二级指标、30个三级指标。

其中，7个二级指标主要包括政府效率、人力资源环境、经济发展环境、市场环境、生活环境、创新环境、社会发展环境。由于政府效率的评价也是一个复杂的过程，为便于分析，本课题借鉴已有成果，将已有评价得出的政府行政效率指数直接引入，此外，还引入项目建成投产率、固定资产交付使用率和一般公共预算支出三个指标综合表征政府效率这一指标。在人力资源环境指标中，选取年末总人口

表 1　甘肃省营商环境评价指标体系及指标对应权重

| 一级指标 | 二级指标（权重） | 三级指标（权重） | 指标方向 |
| --- | --- | --- | --- |
| 营商环境 | 政府效率 0.04 | 政府行政效率指数（0.50） | + |
| | | 项目建成投产率（%）（0.10） | + |
| | | 固定资产交付使用率（%）（0.17） | + |
| | | 一般公共预算支出（亿元）（0.23） | + |
| | 人力资源环境 0.21 | 年末总人口（万人）（0.25） | + |
| | | 15～64 岁人口数比重（%）（0.02） | + |
| | | 万人高等学校在校学生数（人）（0.74） | + |
| | 经济发展环境 0.07 | 人均生产总值（元）（0.28） | + |
| | | 农林牧渔业总产值（亿元）（0.20） | + |
| | | 工业成本费用利润率（%）（0.46） | + |
| | | 第三产业占地区生产总值比重（%）（0.06） | + |
| | 市场环境 0.20 | 城镇居民人均可支配收入（元）（0.03） | + |
| | | 农村居民人均可支配收入（元）（0.06） | + |
| | | 固定资产投资额（亿元）（0.11） | + |
| | | 实际吸收外资金额（万美元）（0.29） | + |
| | | 进出口商品总值（万元）（0.24） | + |
| | | 社会消费品零售总额（亿元）（0.28） | + |
| | 生活环境 0.05 | 空气质量达到二级以上天数占全年比重（%）（0.03） | + |
| | | 一般工业固体废物综合利用率（%）（0.16） | + |
| | | 废水排放量（万吨）（0.39） | - |
| | | 工业废气排放量（亿立方米）（0.43） | - |
| | 创新环境 0.35 | R&D 人员（人）（0.49） | + |
| | | R&D 经费支出（万元）（0.47） | + |
| | | 开展创新活动的企业比例（%）（0.04） | + |
| | 社会发展环境 0.08 | 城镇人口比重（%）（0.12） | + |
| | | 万人床位数（张）（0.08） | + |
| | | 社会服务民政经费（万元）（0.16） | + |
| | | 万人公共图书馆藏书量（万册、件）（0.20） | + |
| | | 公路网密度（千米/万平方千米）（0.15） | + |
| | | 邮电业务总量（亿元）（0.30） | + |

从“量”上来衡量，选取万人高等学校在校学生数在“质”上来衡量，选取15～64岁人口数比重从结构上来衡量甘肃省人力资源状况。经济发展环境包含4个次级指标，其中人均生产总值从总体上反映区域经济的发展程度，农林牧渔业总产值、工业成本费用利润率、第三产业占地区生产总值比重分别反映了三次产业在地区经济发展中的效率和贡献。市场环境则由城镇居民人均可支配收入、农村居民人均可支配收入、固定资产投资额和社会消费品零售总额来反映国内市场的发展状况，同时引入实际吸收外资金额和进出口商品总值来反映国际市场环境。随着人们生活水平的提升，高品质、少污染的生活环境也是投资者关心的重要问题之一，本课题选取空气质量达到二级以上天数占全年比重、一般工业固体废物综合利用率、废水排放量、工业废气排放量4个指标来衡量生活环境状况。R&D人员、R&D经费支出、开展创新活动的企业比例均可以反映一个区域创新环境的状况。社会发展环境中，城镇人口比重反映了区域的人口城镇化状况，万人床位数、社会服务民政经费、万人公共图书馆藏书量、公路网密度、邮电业务总量等均反映了区域医疗、文化、交通、通信、民生等方面的发展情况。所有三级指标中，除废水排放量、工业废气排放量为逆向指标（值越小越好），其余均为正向指标。

## （二）资料来源与评价方法

1. 资料来源

本课题研究涉及30个指标，除政府行政效率指数来自当前已有的文献的研究成果外，其余指标的值均来自《甘肃发展年鉴》（2011、2016、2017及2018）。

2. 评价方法

（1）权重计算。在各二、三级指标的计算过程中，指标权重的计算主要用到变异系数法，设有 $n$ 项指标，具体计算过程为：$V_i = \sigma_i / \bar{x}_i$。

($i=1, 2, \cdots, n$)其中，$V_i$表示第 $i$ 项指标的变异系数，$\sigma_i$表示第 $i$ 项指标的标准差，$\bar{x}_i$表示第 $i$ 项指标的平均值。

各指标的权重则为：$W_i = V_i / \sum_{i=1}^{n} V_i$，($i=1, 2, \cdots, n$)。

（2）评价值计算。采用加权求和的办法计算一、二级指标的评价值，在计算之前，先采用下面公式对指标数据进行标准化处理。

正向指标：$x_i = (a_i - a_{min}) / (a_{max} - a_{min})$

逆向指标：$x_i = (a_{max} - a_i) / (a_{max} - a_{min})$

$x_i$为第 $i$ 项指标的标准化指标值，$a_i$为第 $i$ 项指标的原始指标值，$a_{max}$和 $a_{min}$分别为第 $i$ 项指标的最大值和最小值。

## （三）甘肃省营商环境评价

根据前文所述评价方法，计算甘肃省营商环境二、三级指标的权重，在此基础上得出甘肃省不同年份、不同市州营商环境建设水平的评价值。在所选七项二级指标中，创新环境的权重最大，为 0.35，人力资源环境的权重值为 0.21，居于第二位，市场环境的权重次之，为 0.20，社会发展环境、经济发展环境、生活环境及政府效率的权重分别为 0.08、0.07、0.05 和 0.04。由此也可以看出，科技创新在营商环境建设中扮演越来越重要的角色，而地区的人力资源状况、市场环境也是企业家投资办企业的重要参考依据，其优劣程度对营商环境具有举足轻重的影响。本研究中社会发展环境、经济发展环境、生活环境及政府效率的权重相对较小，但绝不能认为这些因素对营商环境水平影响很小，而有可能是这几项指标在甘肃省各市州之间的差异较小所致。

### 1. 甘肃省营商环境现状评价

由于统计年鉴数据所限，目前所能得到的最新数据为 2017 年数据，将 2017 年甘肃省各市州及甘肃省总体状况数据作为现状数据进行分析。首先测算二、三级指标权重，得到结果如表1所示。进而计算得到2017年甘肃省营商环境总体评价为0.83。分项来看（见图1），人力资源环境评价值最高，达到0.99，其次是社会发展环境，评价值为0.97，创新环境评分为0.93，居于第三位，评分排在第四位的是经济发展环境，分值为0.87，政府效率次之，评价值为0.76，市场环境评分为0.56，生活环境评分最低，为0.37。可见，从本课题研究的七个层面来看，目前，甘肃省营商环境的短板是生活环境欠佳，市场环境发展滞后，今后应在巩固强项的同时，注意短板环节的提升。

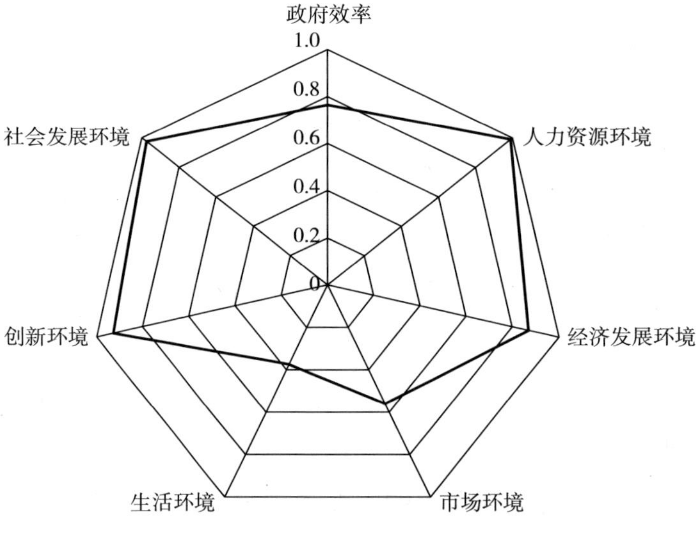


**图1　甘肃省营商环境二级指标评价值分布**

2. 甘肃省各市州营商环境评价

2017年，甘肃省各市州营商环境评价值如图2所示，直观来看，兰州市营商环境评价值高达0.80，远高于其他市州，呈现“鹤立鸡群”的局面，天水市居于第二位，评价值为0.26，陇南市以0.24分居于第三位，此外，酒泉市、武威市、金昌市、张掖市评价值均达到

0.2，其他几个市州营商环境评价值为0.15～0.19，但总体来看，除兰州外，其他市州之间差距较小。

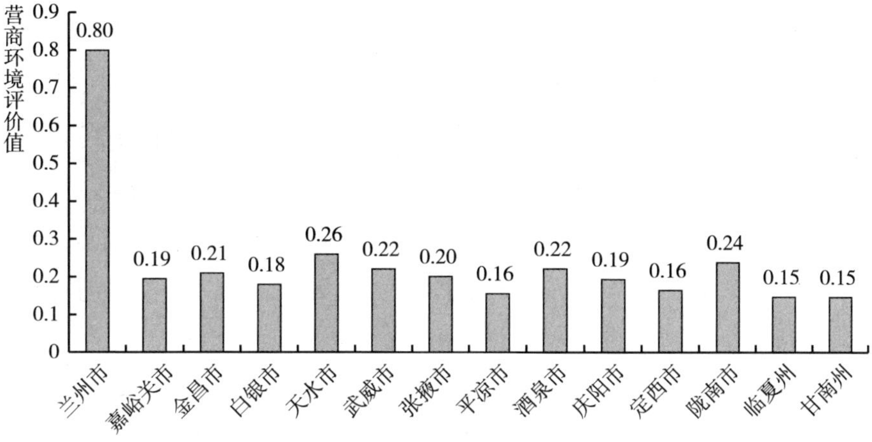


**图2　甘肃省各市州营商环境评价值**

从各市州七个层面的具体评价数值来看（见表2），政府效率最高的市州为嘉峪关市，其次为兰州市，其余市州评价值均低于0.5，可见，甘肃省总体政府效率不高。人力资源环境中，兰州市的评价值为1.00，天水市为0.31，张掖市为0.21，庆阳市为0.20，其余市州均低于0.2，说明除兰州外，其余市州人力资源在质、量、结构方面均存在严重不足。经济发展环境中，评价值最高的是陇南市，其评价值达到0.62，这得益于陇南较高的工业成本费用利润率，其余市州评价值均低于0.5，兰州市此项得分也仅为0.40，说明甘肃省各市州的三次产业效率均需进一步提升。市场环境指标评价值最高的是兰州，说明兰州市的贸易市场相对广阔，酒泉、陇南、武威、金昌、嘉峪关评价值均介于0.1～0.4，市场开拓力度不够，其余市州评价值不足0.1，特别是临夏、甘南两州，市场发育严重滞后。从生活环境看，评价值大于等于0.90的有四个市州，其中，临夏以0.94分居于第一位，甘南州以0.92分居于第二位，武威和庆阳分别以0.91和0.90分居于三、四位。而兰州生活环境评价值仅为0.20，可见，第二产业发展对生活环境存在较大影响，工业发展较强的兰州市生活环境较差，而工业发展较差的临夏、甘南生活环境较好。创新环境指标中，集聚大量人力资源的省会兰州市，其创新环境也是最佳的，其余市州评价值均小于0.2，说明除兰州市外，其余市州创新能力亟待加强。社会发展环境指标中，评价值最高的也是兰州市，其值为0.71，其余市州均低于0.4，说明兰州市公共服务供给较为健全，其余市州则存在较大不足。

**表2　甘肃省各市州营商环境及二级指标评价值**

| 地区 | 政府效率 | 人力资源环境 | 经济发展环境 | 市场环境 | 生活环境 | 创新环境 | 社会发展环境 | 营商环境 |
|---|---|---|---|---|---|---|---|---|
| 兰州市 | 0.48 | 1.00 | 0.40 | 0.69 | 0.20 | 0.98 | 0.71 | 0.80 |
| 嘉峪关市 | 0.50 | 0.10 | 0.33 | 0.13 | 0.47 | 0.14 | 0.35 | 0.19 |
| 金昌市 | 0.25 | 0.07 | 0.19 | 0.23 | 0.72 | 0.17 | 0.36 | 0.21 |
| 白银市 | 0.22 | 0.12 | 0.23 | 0.17 | 0.76 | 0.09 | 0.30 | 0.18 |
| 天水市 | 0.42 | 0.31 | 0.34 | 0.17 | 0.82 | 0.13 | 0.38 | 0.26 |
| 武威市 | 0.29 | 0.19 | 0.32 | 0.25 | 0.91 | 0.09 | 0.22 | 0.22 |
| 张掖市 | 0.32 | 0.21 | 0.31 | 0.06 | 0.89 | 0.13 | 0.24 | 0.20 |
| 平凉市 | 0.37 | 0.16 | 0.33 | 0.06 | 0.73 | 0.01 | 0.38 | 0.16 |
| 酒泉市 | 0.38 | 0.13 | 0.33 | 0.36 | 0.80 | 0.06 | 0.23 | 0.22 |
| 庆阳市 | 0.36 | 0.20 | 0.46 | 0.06 | 0.90 | 0.06 | 0.28 | 0.19 |
| 定西市 | 0.32 | 0.19 | 0.22 | 0.05 | 0.85 | 0.04 | 0.32 | 0.16 |
| 陇南市 | 0.35 | 0.18 | 0.62 | 0.33 | 0.77 | 0.03 | 0.31 | 0.24 |
| 临夏州 | 0.35 | 0.13 | 0.19 | 0.02 | 0.94 | 0.03 | 0.36 | 0.15 |
| 甘南州 | 0.40 | 0.15 | 0.43 | 0.02 | 0.92 | 0.01 | 0.14 | 0.15 |

3. 甘肃省营商环境变化趋势评价

从2010年、2015年、2016年、2017年四个年份甘肃省营商环境评价值的变化趋势来看（见图3），营商环境总体呈现逐步优化的态势。2010～2015年，营商环境评价值大幅跃升，由0.12增加到0.74，增幅为516.67%，2016年，评价值为0.81，较上年增长9.46%，2017年营商环境总体评价值达到0.83，比2016年增长了2.47%。2010～2017年，政府效率总体也呈现提升趋势，但2010～2015年，政府效率保持不变，评价值均为0.46，2016年，政府效率有大幅提升，评价值达到0.62，增幅为34.78%，2017年，政府效率评价值进一步增加，达到0.76，较上年增长22.58%。人力资源环境也呈现明显的逐步优化态势。2010年，该项的评价值仅为0.02，2015年达到0.79，是2010年的39.5倍，2016年达到0.87，较2015年增长10.13%，2017年该项评价值为0.99，增长13.79%。市场环境评价值呈现先升后降的趋势，2010年，其评价值接近于0，2015年，迅速提高至0.61，2016年，继续提高至0.93，2017年，受经济下行、市场需求不足等影响，市场环境评价值又降至0.56。生活环境评价值则呈现先降后升的态势，2010年，生活环境评价值为0.84，2015年降至0.16，2016年又提高为0.31，2017年达到0.37。2010～2015年，甘肃省创新环境有极大改善，评价值由0.01跃升为0.99，增长98倍，2016年有所回落，评价值降低至0.90，2017年，又有所提高，评价值增加至0.93。社会发展环境的总体变化趋势也是上升，2010年，社会环境的评价值为0.26，2015年提高至0.65，增长150%，2016年，回落至0.62，2017年又有大幅提升，评价值变化为0.97，较上年增长56.54%。

总体来看，甘肃省营商环境及各项指标的变化趋势是向好的，且甘肃省营商环境还存在较大的提升空间，因此，从省级层面到各个市州的各部门，都应该充分认识自身在提升区域营商环境中的重要性，不断采取有力措施，提升区域营商环境建设水平。

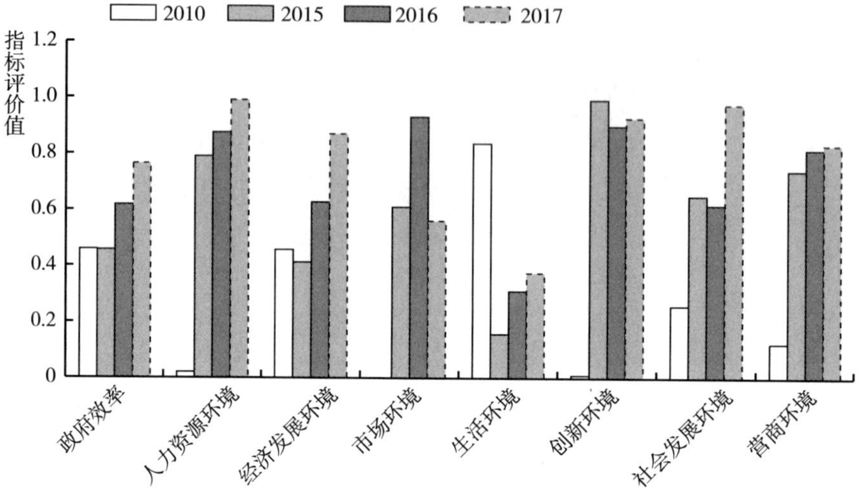


**图 3　2010～2017 年甘肃省营商环境变化情况**

4. 甘肃省营商环境同全国其他省份的对比评价

从前文研究得出结论，2017 年甘肃省营商环境评价值为 0.83（取值范围：0～1），但这是以甘肃省各市州为参考对象得出的评价值，那么，把甘肃省放在全国范围内，其营商环境评价结果如何呢？根据万博新经济研究院 2018 年对中国大陆 31 个省级行政区的评价结果（见图 4）（取值范围：0～100），甘肃省营商环境评价值仅为 29.47 分，在 31 个省级行政区中位列倒数第三位，这一评价值仅相当全国平均值 50.39 分的 58.48%，甚至低于西北五省区营商环境的平均值 34.58。可见，在全国范围内，甘肃省营商环境建设严重落后，今后应继续将优化营商环境作为促进地区经济发展、提高地区发展软实力的一项重点工作常抓不懈，不断缩小甘肃同其他省份之间的差距。

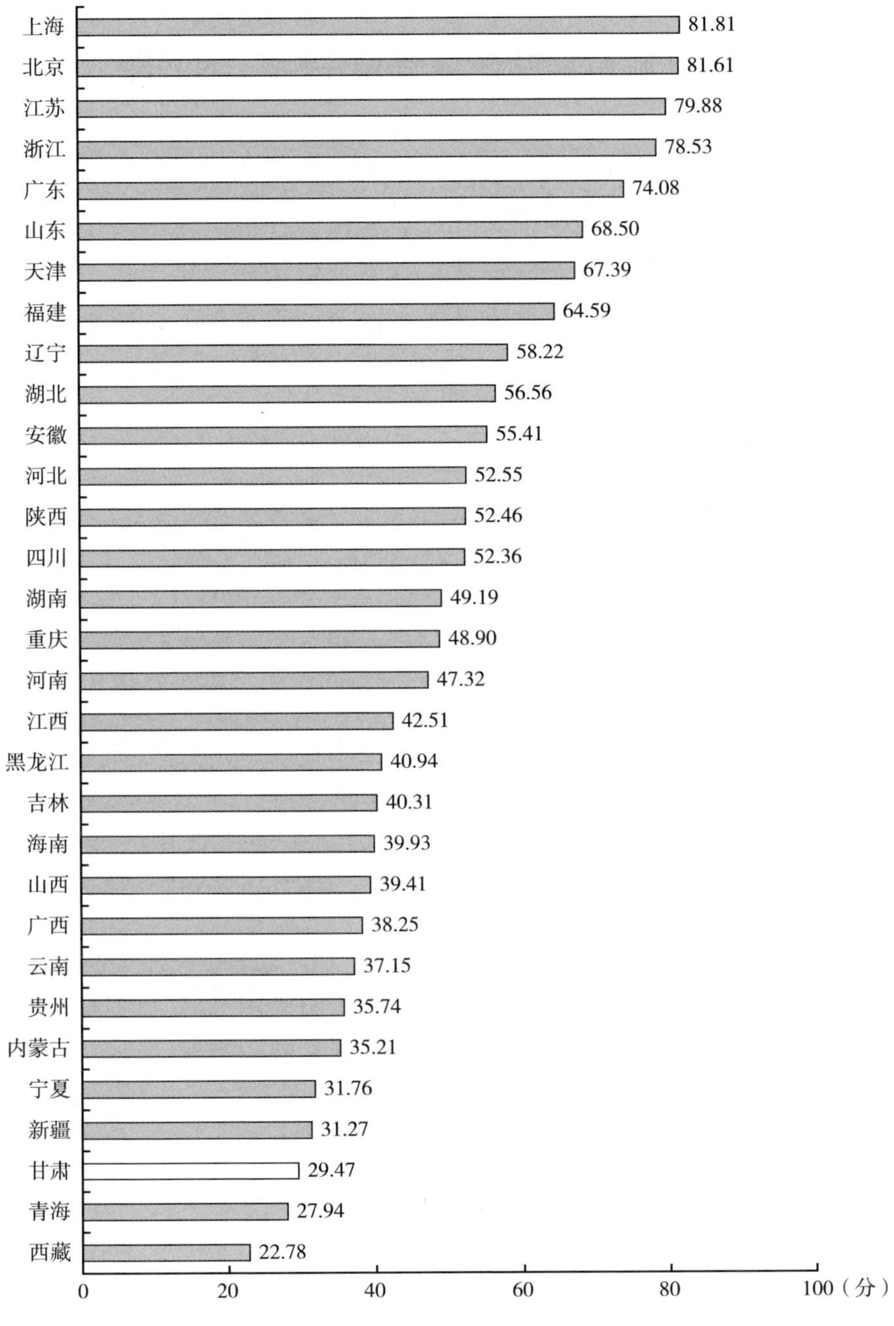


**图 4　中国 31 个省级行政区营商环境评价值**

## 三　甘肃省营商环境建设中存在的问题

近年来，甘肃省认真贯彻落实国家关于营商环境建设方面的方针政策，立足省情，采取多项措施优化省域营商环境，纵向比较，甘肃省营商环境建设取得了一定的成效，营商环境指数逐年提高。但与其他发达省份相比较，还存在较大差距。通过前文分析以及相关资料的查阅梳理，发现甘肃省在营商环境建设中还存在以下几方面的问题。

### （一）省内营商环境层级分化明显

本课题研究发现，甘肃省不同区域，尤其是作为省会城市的兰州市，与其他市州之间营商环境的差异巨大。一方面，作为省会城市，兰州市在产业发展、基础设施建设、资金和人力资源保障方面，具有绝对优势；另一方面，兰州作为全省的经济中心，并未发挥其引领作用，对其余市州的辐射带动能力不强，造成甘肃省内营商环境层次显著分化的现象。这种现象又会引起诸多不良后果：兰州市因为具有相对较好的营商环境而吸纳较多的企业，但由于城市自身承载能力有限，又未与其他市州形成良好的互动分流，这会对环境、基础设施等造成较大的压力；与此同时，其他市州对企业的吸引能力有限，可能引起区域间发展差距的扩大，不利于区域间的协调发展，因此，今后发展中应着力破解区域间营商环境难以协同发展的难题。

### （二）缺乏顶层设计，部门之间协调不足

营商环境建设是一个涉及多部门、多机构的复杂工程，需要在完善的顶层设计指导下，不断加强部门间的协作，才能不断提升整体的服务效率。当前，各个地区都非常重视招商引资，但甘肃省在打造优质的营商环境顶层设计上，缺乏成熟有效的体系。另外，据中山大学

徐现祥教授主持的“深化商事制度改革研究”课题组调查研究，2018 年，市场主体在甘肃省完成登记注册平均需要 9.1 天，比全国平均水平 7.0 天慢了 2.1 天，且在“实现一窗登记”中，甘肃平均需要跑 2.0 个窗口，略低于同期全国平均水平 1.9 个窗口，可见，在实际中，甘肃省营商环境建设相关部门间的沟通和协调不足，政府职能转变还不够彻底，服务意识还跟不上发展需要，行政审批改革还不够深入，导致企业和群众办事效率较低。另外，甘肃省一些与营商环境相关的部门对自己在营商环境建设中的重要性认识不足，例如，法制建设部门在地方性营商环境的法律法规建设中缺乏主动性，没有形成卓有成效的可以促进和保护营商环境的区域性法律法规。

### （三）缺乏营商环境建设的有效监督机制

营商环境建设的有效监督机制缺乏主要表现在以下方面。第一，对政府诚信的监督不足。部分政府机构和工作人员认为，只要能通过招商引资使企业入驻，就完成了自己的使命，因此在现实生活中，存在诸多企业入驻后，政府对引入企业不管不问，甚至不兑现承诺的现象，这严重损坏了地方政府的形象，也加剧了政企矛盾的形成，不利于良好的营商环境的建设。第二，营商环境体现的是政府的软实力，体现在政府点滴的工作之中，难以对其进行有效的监管，也让部分政府部门及工作人员认为营商环境建设是一项“虚无缥缈”的工作，难以做到“有章可循”，导致其思想懈怠，工作热情不高。第三，民营企业家等市场主体对自己在促进和策动区域营商环境建设中的作用认识不充分，在简政放权、规范收费等领域未充分发挥民主监督的作用，此外，社会监督及舆论监督的作用也未被充分发挥。

### （四）营商环境短板弱项较多

在万博新经济研究院对中国 31 个省级行政区营商环境的综合评

估中，甘肃省硬环境指数排名第30位，软环境指数排名第28位，在全国均处于非常靠后的位置。在前文的分析中，也可知甘肃省各市州的营商环境均存在一些短板弱项，各市州政府效率评价值均比较低，嘉峪关市人力资源环境、市场环境及创新环境均发展不佳，甘南州人力资源环境、市场环境、创新环境及社会发展环境均十分落后。这一方面是甘肃省客观的自然地理条件所致，另一方面也反映出省内一些干部思想解放不够、担当作为不足的问题。例如，部分市州人力资源环境不佳是由于人力资源管理部门未制定有效的人才引进政策，创新环境不良是对创新的激励机制不健全所致，有些市州制定了较好的政策，但在实际落实中打了折扣，导致营商环境短板弱项较多。

## 四　优化甘肃省营商环境的对策建议

李克强总理提出："良好的营商环境是建设现代化经济体系、促进经济高质量发展的重要基础。"随着国家层面对营商环境的高度重视和极力推进，各地区都将营商环境建设作为提升自身竞争力的重要手段。甘肃省也要多方发力，不断推进区域营商环境建设。

### （一）因地制宜，统筹省内营商环境发展

甘肃省各市州营商环境表现出的特征各不相同，且各市州在发展基础、发展目标、区域功能定位等方面也存在较多差异，在进行顶层设计时，应充分尊重这些差异，做到因地制宜、分类指导、统筹推进。第一，对于各市州普遍存在的问题，例如政府行政效率不高问题，应从省级层面继续深入推进商事制度改革，简化行政审批流程，推进政务服务标准化，进而提高政府服务效率。第二，对于某个或某几个市州出现的问题，则要深入分析问题成因，根据区域发展的实际情况，来制定合理有效的对策。例如，在省内其余市州都具有相对较

好的生活环境的背景下，兰州和嘉峪关生活环境较差，分析其中的原因，两城市均有较大的工业企业布局，工业企业对生活环境的负面影响较大，因此，兰州和嘉峪关应按照自身人力、物力和财力状况，制定合理措施来改善工业污染状况，改善区域营商环境。总之，甘肃省各级政府应该结合本地区的区位特性、资源禀赋、经济社会发展程度等实际情况，有针对性地出台指导意见，在提升效率的同时，兼顾区域间营商环境公平发展、协同发展。

### （二）提高认识，强化部门之间有效协作

在纵向上，各级政府之间要就营商环境建设在机制建设、考核管理等方面加强沟通，做到统一指挥、协同推进。下级政府部门要保质保量落实上级政府部门制定的政策规定，并自觉接受上级部门监督。上级部门要深入实践，多了解下级组织在工作推进中存在的困难，对下级所反映的问题要进行科学评判，并提供指导性意见。在横向上，不同部门之间要做到权责分明，各部门严格履行自己职责，在招商引资的过程中不夸海口、不说空话，不对企业胡乱承诺非自己职权范围内的优惠条件。在招商引资及企业进驻的各环节，均会涉及较多部门，应在各个环节上建立起“由特定部门牵头，相关部门高效协作”的工作机制，充分发挥牵头部门统筹协调的作用，实现信息及资源共享，形成多部门联动的良好工作局面。各地各部门主要负责人要敢于承担责任、克服困难、真抓实干，参与人员应各司其职，将工作具体落实到位。另外，各部门均应该提高服务意识，加强对部门职责重要性的认识，不断创新服务模式，为建设高质量的区域营商环境贡献自己的力量。

### （三）多方发力，完善监督机制建设

不断加强对营商环境的监管力度，是建设现代化经济体系的必然

要求，也符合习近平总书记提出的建设“稳定公平透明、可预期的营商环境”的总体目标。第一，要加快建立区域营商环境评价机制，量化的评价结果可以相对客观和准确地反映各地区营商环境的现状和问题，这不仅便于政府部门明确未来营商环境建设的工作重点和方向，也便于群众和企业直观了解政府在营商环境建设中是否有作为，作为的程度如何，形成监督的基础，倒逼政府落实工作责任，提升服务效率。第二，要创新市场监管方式。在充分利用“双随机、一公开”手段进行监管的前提下，利用互联网、大数据等高新技术，推进“互联网+监管”系统的建设，提高监管的智能化和便利化。第三，要积极引入第三方，对营商环境建设的成效进行评估，通过实地调研、座谈交流等方式，发现营商环境中存在的隐性壁垒和客观问题，找到有效的解决对策，形成可供政府、企业、群众参考的研究报告，作为多主体履行监督职责的客观凭证。第四，成立专门的营商环境监督机构，例如，辽宁省成立了全国首个“营商环境建设监督管理局”，专门负责受理营商环境建设中的投诉和举报，查处营商环境建设中的违法违纪行为，为推动营商环境法制化提供了一个良好的平台。

### （四）聚焦问题，积极弥补弱项短板

从全国范围来看，甘肃省营商环境在软硬两项指标上，均处于弱势位置，在省域范围内来看，各市州又在不同的层面存在不同程度的短板弱项，因此，提升甘肃省营商环境质量，首先要弥补甘肃省营商环境上存在的“硬伤”。各市州要客观认识自身在营商环境建设中存在的短板弱项，做到不回避问题，不惧怕问题，认真梳理哪些属于可以在短期内攻克的问题，哪些是需要长期努力才能有所缓减的问题，在此基础上，制定科学合理的营商环境发展规划，并将其付诸实践。对于全省范围内存在的共性问题，则要从省级层面出台可行的指导意

见，相关部门狠抓落实，争取将营商环境的“短板”，变成区域跨越发展的“跳板”，最终达到甘肃省营商环境、社会经济高质量发展的目标。

## 参考文献

《世界银行关于营商环境的评价标准》，http：//www. sohu. com /a/207616821_ 711398。

朱羿锟、高轩、陈胜蓝等：《中国主要城市 2017～2018 年度营商环境报告——基于制度落实角度》，暨南大学出版社，2019。

董志强、魏下海、汤灿晴：《制度软环境与经济发展——基于 30 个大城市营商环境的经验研究》，《管理世界》2012 年第 4 期。

代明：《从打造营商环境看政府投资的乘数效应》，《开发研究》2005 年第 1 期。

宋林霖、何成祥：《优化营商环境视阈下放管服改革的逻辑与推进路径——基于世界银行营商环境指标体系的分析》，《中国行政管理》2018 年第 4 期。

李志军、张世国、李逸飞等：《中国城市营商环境评价及有关建议》，《江苏社会科学》2019 年第 303（2）期。

《2019 中国城市营商环境指数评价报告》（附前 100 强名单），http：//www. zgsxzs. com/a/20190515/6069689. html。

《2019 中国县域营商环境调查评价指标体系公布》，http：//news. eastday. com/eastday/13news/auto/news/china/20190514/u7ai8565351. html。

张晋平：《甘肃营商环境建设状况调查报告》，载《甘肃商贸流通发展报告（2019）》，社会科学文献出版社，2019。

《甘肃营商环境调研结果怎么样?》http：//gs. ifeng. com/a/20190326/7295821_ 0. shtml。

# 皮 书

## 智库报告的主要形式
## 同一主题智库报告的聚合

### 皮书定义

皮书是对中国与世界发展状况和热点问题进行年度监测，以专业的角度、专家的视野和实证研究方法，针对某一领域或区域现状与发展态势展开分析和预测，具备前沿性、原创性、实证性、连续性、时效性等特点的公开出版物，由一系列权威研究报告组成。

### 皮书作者

皮书系列报告作者以国内外一流研究机构、知名高校等重点智库的研究人员为主，多为相关领域一流专家学者，他们的观点代表了当下学界对中国与世界的现实和未来最高水平的解读与分析。截至2020年，皮书研创机构有近千家，报告作者累计超过7万人。

### 皮书荣誉

皮书系列已成为社会科学文献出版社的著名图书品牌和中国社会科学院的知名学术品牌。2016年皮书系列正式列入“十三五”国家重点出版规划项目；2013~2020年，重点皮书列入中国社会科学院承担的国家哲学社会科学创新工程项目。

# 中国皮书网

（网址：www.pishu.cn）

发布皮书研创资讯，传播皮书精彩内容
引领皮书出版潮流，打造皮书服务平台

## 栏目设置

◆ **关于皮书**

何谓皮书、皮书分类、皮书大事记、
皮书荣誉、皮书出版第一人、皮书编辑部

◆ **最新资讯**

通知公告、新闻动态、媒体聚焦、
网站专题、视频直播、下载专区

◆ **皮书研创**

皮书规范、皮书选题、皮书出版、
皮书研究、研创团队

◆ **皮书评奖评价**

指标体系、皮书评价、皮书评奖

◆ **互动专区**

皮书说、社科数托邦、皮书微博、留言板

## 所获荣誉

◆ 2008 年、2011 年、2014 年，中国皮书网均在全国新闻出版业网站荣誉评选中获得“最具商业价值网站”称号；

◆ 2012 年，获得“出版业网站百强”称号。

## 网库合一

2014年，中国皮书网与皮书数据库端口合一，实现资源共享。

# S 基本子库
# SUB DATABASE

## 中国社会发展数据库（下设 12 个子库）

整合国内外中国社会发展研究成果，汇聚独家统计数据、深度分析报告，涉及社会、人口、政治、教育、法律等 12 个领域，为了解中国社会发展动态、跟踪社会核心热点、分析社会发展趋势提供一站式资源搜索和数据服务。

## 中国经济发展数据库（下设 12 个子库）

围绕国内外中国经济发展主题研究报告、学术资讯、基础数据等资料构建，内容涵盖宏观经济、农业经济、工业经济、产业经济等 12 个重点经济领域，为实时掌控经济运行态势、把握经济发展规律、洞察经济形势、进行经济决策提供参考和依据。

## 中国行业发展数据库（下设 17 个子库）

以中国国民经济行业分类为依据，覆盖金融业、旅游、医疗卫生、交通运输、能源矿产等 100 多个行业，跟踪分析国民经济相关行业市场运行状况和政策导向，汇集行业发展前沿资讯，为投资、从业及各种经济决策提供理论基础和实践指导。

## 中国区域发展数据库（下设 6 个子库）

对中国特定区域内的经济、社会、文化等领域现状与发展情况进行深度分析和预测，研究层级至县及县以下行政区，涉及地区、区域经济体、城市、农村等不同维度，为地方经济社会宏观态势研究、发展经验研究、案例分析提供数据服务。

## 中国文化传媒数据库（下设 18 个子库）

汇聚文化传媒领域专家观点、热点资讯，梳理国内外中国文化发展相关学术研究成果、一手统计数据，涵盖文化产业、新闻传播、电影娱乐、文学艺术、群众文化等 18 个重点研究领域。为文化传媒研究提供相关数据、研究报告和综合分析服务。

## 世界经济与国际关系数据库（下设 6 个子库）

立足“皮书系列”世界经济、国际关系相关学术资源，整合世界经济、国际政治、世界文化与科技、全球性问题、国际组织与国际法、区域研究 6 大领域研究成果，为世界经济与国际关系研究提供全方位数据分析，为决策和形势研判提供参考。

# 法律声明